Искусство Сфокусированной беседы

100 способов доступа к групповой мудрости в рабочей среде

Искусство Сфокусированной беседы

100 способов доступа к групповой мудрости в рабочей среде

ГЛАВНЫЙ РЕДАКТОР

Р. Брайан Стэнфилд

Technology of Participation (Top™)
of the Institute of Cultural Affairs

The Canadian Institute of Cultural Affairs

Искусство Сфокусированной беседы

100 способов доступа к групповой мудрости в рабочей среде

Копирайт © 2017 принадлежит «Canadian Institute of Cultural Affairs».

This work was first co-published in English in 1997 by The Canadian Intitute of Cultural Affairs and New Society Publishers under the title *The Art of Focused Conversation: 100 Ways to Access Wisdom in the Workplace*, by R. Brian Stanfield.

Для прямого заказа книги у издателя, пожалуйста, обращайтесь по бесплатному номеру (в Северной Америке): 1-800-567-6772 или закажите онлайн на сайте: www.newsociety.com

Впервые опубликовано в 1997 «Canadian Institute for Cultural Affairs».

Все права защищены.

The Canadian Institute of Cultural Affairs: 401 Richmond St. W., Suite 405, Toronto, Ontario, Canada M5V 3A8

Перевод: Ирина Токарева

Редакционная команда русскоязычного издания: Анна Брезга, Юлия Кривенцева, Светлана Дидушок

Организация: Билл Стэплз (Bill Staples), Алексей Светличный, Анна Брезга

Дизайн и макет: Илона Стэплз (Ilona Staples).

iUniverse books may be ordered through booksellers or by contacting:

iUniverse
1663 Liberty Drive
Bloomington, IN 47403
www.iuniverse.com
1-800-Authors (1-800-288-4677)

ISBN: 978-1-5320-3128-1 (sc)
ISBN: 978-1-5320-3129-8 (e)

Print information available on the last page.

iUniverse rev. date: 08/25/2017

Содержание

Введение: Происхождение метода 1

Часть I Теория и практика

Глава 1. Почему беседы? И почему рабочая среда? 6

Фрагментация коммуникации 7

Традиционные ментальные привычки 8

Изменения в рабочей среде 13

Глава 2. Метод Сфокусированной беседы: обзор 17

Глава 3. Структура метода Сфокусированной беседы 24

Естественный процесс и метод жизни 24

Глава 4. Ведение Сфокусированной беседы 32

Как вести одну из бесед в этой книге 33

Некоторые моменты, о которых важно помнить 36

Глава 5. Этапы разработки беседы с нуля 40

Подготовительные шаги 41

Почему моя беседа не сработала? И что с этим делать? 47

Часть II **100 бесед**

А. Беседы для обзора и оценки 52

   А1. Обзор года 55

   А2. Обзор воркшопа 56

   А3. Обзор выступления консультанта 57

   А4. Обзор сессии планирования 58

   А5. Обзор дня 59

   А6. Обзор истории компании 60

   А7. Оценка семинара 61

   А8. Оценка учебного плана 62

   А9. Оценка прогресса проекта 63

  А10. Анализ продукта, который не удалось продать 64

  А11. Оценка маркетингового предложения 65

  А12. Обзор общего отчета 67

  А13. Оценка программы обслуживания персонала 69

  А14. Оценка выставочного мероприятия 70

  А15. Оценка нового формуляра 72

В. Беседы, относящиеся к подготовке и планированию 73

   В1. Фокусировка группы перед воркшопом 76

   В2. Представление новой темы обучения 77

   В3. Подготовка короткой презентации 78

   В4. Сбор мнений для рецензии на книгу 79

   В5. Подготовка группы к написанию отчета 80

   В6. Разработка эмблемы и лозунга 81

   В7. Создание группы обучения на рабочем месте 82

   В8. Подготовка повестки дня к собранию 83

   В9. Организация сервисной группы на рабочем месте 84

  В10. Планирование корпоративной вечеринки 85

  В11. Разработка брошюры 86

  В12. Составление бюджета 87

  В13. Обустройство рабочего пространства 88

  В14. Разработка нового интерьера 89

  В15. Выбор темы для предстоящей конференции 90

  В16. Разработка руководства по обслуживанию клиентов 91

B17. Подготовка маркетингового планирования 92

B18. Подготовка стратегической презентации нового продукта 93

C. Беседы для коучинга и наставничества 95

C1. Коучинг коллеги 98

C2. Пересмотр должностной инструкции 99

C3. Предоставление обратной связи тренерам 100

C4. Проведение разъяснительной беседы с сотрудником 101

C5. Обсуждение набора инструкций с сотрудником 102

C6. Размышление над сложной ситуацией 103

C7. Менторская беседа с сотрудником по поводу семейного кризиса,
влияющего на работу: #1 104

C8. Менторская беседа с сотрудником по поводу семейного кризиса,
влияющего на работу: #2 106

C9. Менторство нового сотрудника 108

C10. Разрешение давнего конфликта 109

C11. Ответ на личную жалобу 110

C12. Работа с недовольным клиентом 111

D. Беседы для интерпретации информации 112

D1. Интерпретация истории 115

D2. Обсуждение статьи 116

D3. Обсуждение обучающего видео 117

D4. Обсуждение фильма 118

D5. Оценка социальных трендов 119

D6. Обсуждение новостей 121

D7. Обсуждение организационных изменений 122

D8. Оценка коммерческого предложения 123

D9. Моделирование ваших услуг под потребности клиента 124

D10. Интерпретация рекомендаций после системного аудита 125

D11. Оценка выполнения бюджета 126

D12. Обсуждение беспорядка на собрании 127

D13. Рассмотрение влияния новых государственных стандартов на продукт 128

D14. Обсуждение предложения о реорганизации отдела................................129

E. Беседы на тему принятия решений..130

    E1.   Помощь коллеге в принятии решения................................132

    E2.   Распределение обязанностей в команде 133

    E3.   Расстановка приоритетов по проекту...............................135

    E4.   Обсуждение реакции сотрудников на стратегический документ 136

    E5.   Выход из тупика в процессе принятия решения 137

    E6.   Выбор профильной выставки или конференции для участия 138

    E7.   Пересмотр миссии команды 140

    E8.   Внедрение новой директивы 141

    E9.   Определение приоритетных программ............................142

    E10. Разработка модели исходных требований для оценки выполнения крупного проекта 144

    E11. Составление годового бюджета 145

    E12. Решение проблем, связанных с рабочим пространством 147

    E13. Пересмотр офисного регламента 148

F. Беседы на тему управления и контроля 149

    F1.   Регулярная беседа руководителя с сотрудниками 151

    F2.   Пересмотр должностных инструкций 152

    F3.   Проведение собеседования с кандидатом на новую должность 153

    F4.   Размышления над сорванным собранием 154

    F5.   Оценка работы сотрудника 155

    F6.   Оценка рабочих потребностей сотрудников 156

    F7.   Поиск реальных проблем в проекте, зашедшем в тупик ...157

    F8.   Разбор взаимных жалоб сотрудников 159

    F9.   Обзор перемен на рынке 160

    F10. Анализ статистики сбыта 161

    F11. Обсуждение проблемы делегирования............................162

    F12. Обсуждение процесса поставки товара 164

    F13. Обмен мнениями о переходном периоде в компании 165

    F14. Определение конкурентного профиля компании 166

    F15. Создание поэтапного временного графика для проекта реструктуризации......168

    F16. Обсуждение лидерской роли руководителями-новичками 169

    F17. Оценка результатов обучающего мероприятия 171

    F18. Создание руководящих принципов для совместной работы 173

G. Беседы на личные и праздничные темы 174

   G1. Анализ дня 174

   G2. Извлечение уроков из непростой жизненной ситуации. 178

   G3. Размышления на тему личностного роста 179

   G4. Внутренние размышления фасилитатора во время проведения сессии 181

   G5. Размышления над согласием вести дополнительный проект 182

   G6. Празднование большого успеха 183

   G7. Празднование выхода сотрудника на пенсию: индивидуальная беседа 184

   G8. Празднование выхода сотрудника на пенсию: групповое обсуждение 185

   G9. Празднование дня рождения сотрудника 186

   G10. Беседа с сотрудником месяца 187

Часть III **Приложения**

A. Список рефлексивных и интерпретативных вопросов 191

B. Диалогический метод Бома 194

C. Сила беседы применительно к искусству 198

D. Принц Пяти Оружий (к беседе D.1) 201

E. Проведение неформальной беседы 203

F. Institute of Cultural Affairs International (ICAI) 205

G. Кто разработает эти беседы для меня? 207

H. Ведение Сфокусированной беседы. Резюме 208

I. Создание Сфокусированной беседы 211

Библиография 212

Таблицы и примечания

   Стрелки отношений 27

   Объективный уровень – кратко 28

   Рефлексивный уровень – кратко 29

   Интерпретативный уровень – кратко 30

   Уровень Принятия решений – кратко 31

   Как насчет ответов, которые неэтичны или не соответствуют реальным фактам? ..38

   Сила фокуса 42

   Сколько вопросов на каждом уровне? 44

   Форма для подготовки беседы 46

   Почему моя беседа не сработала? И что с этим делать? 47

   Создание Сфокусированной беседы 211

Предисловие

История создания этой книги

ICA-Канада продает много книг. «Побеждать вовлекая» (*Winning Through Participation*) Лоры Спенсер (Laura Spencer) из ICA-Чикаго стала первой книгой о Технологии Партисипативной Фасилитации (ToP™). После этого вышли «Вовлечение работает» (*Participation Works*) и «Правительство[1] работает» (*Government Works*) – обе под редакцией Джима Троксела (Jim Troxel). После них следовали «Методы активного участия» (*Methods for Active Participation*) Терри Бергдалла (Terry Bergdall), «50 способов прийти к консенсусу в группе» (*Fifty Ways to Build Team Consensus*) Брюса Уильямса (Bruce Williams) (наш бестселлер), «Справочник международного фасилитатора» (*International Facilitators Companion*) Джона Дженкинса (John Jenkins) (из Нидерландов), книга Belden-Hyatt-Ackley, «На пути к самообучающейся организации» (*Towards the Learning Organization*) и самая недавняя – «Больше, чем Принц и Купец: вовлечение граждан и рассвет гражданского общества» (*Beyond Prince and Merchant*) под редакцией Джона Бербриджа (John Burbidge). Мы хотим, чтобы фасилитаторы имели доступ к максимальному количеству методологических ресурсов. Большая часть этих книг была написана людьми из сообщества ICA за пределами Канады.

Возможно, пришло время и для ICA-Канада написать свою собственную книгу? – задумались в организации. Но о чем? Началась беседа, разжигаемая отчетами от нескольких выпускников курса «Групповая фасилитация ICA». Мы вспомнили их комментарии относительно Сфокусированной беседы и перемены, которые она вызвала в их организациях:

---

[1] (Примечание к русскоязычному переводу) В этой книге описано использование методов ToP/ICA в правительстве и государственной администрации США.

• «Продолжительное использование Сфокусированной беседы изменило рабочую среду в нашей организации»

• «Метод беседы – инструмент, который постоянно углубляет обучение моих сотрудников»

• «Этот метод позволяет вести гораздо более эффективный диалог с руководством в моей компании»

• «Этот метод позволяет нам справиться с проблемой, пока она не перерастет в катастрофу»

По мере того как мы вспоминали эти и многие другие комментарии о Сфокусированной беседе, стало ясно, что этот метод, сам по себе, мог высвободить нечто совершенно новое из глубин делового мира. Мы поняли, что это отличный обучающий инструмент, по своей природе способный сотворить революцию в том, как люди слушают и говорят друг с другом. Об этом стоило написать. И мы приступили.

Первым шагом было определить структуру совместной работы над этим проектом, и мы выделили специальные дни для этого, на ежемесячной основе – каждый первый понедельник месяца. В первый день, в формате мозгового штурма, мы определили 130 тем для наших Сфокусированных бесед.

Следующим шагом было определить фокус книги. Поскольку больше половины тем, которые мы выбрали, относились к рабочей среде, мы решили сделать акцент на этом, таким образом одновременно затронув бизнес, политику и неправительственные организации.

Следующий шаг – разработка форма́та каждой беседы. Когда все это было сформулировано, мы приступили к работе. А когда были завершены 30 бесед, мы вынуждены были отвлечься от книги до конца года для работы над другим проектом.

В январе 1997 мы снова очень серьезно взялись за книгу. Мы попросили партнеров, коллег и выпускников курсов прислать нам примеры бесед, которые они действительно применяли на практике в рабочей среде. На протяжении многих лет ICA преподает метод Сфокусированной беседы в контексте курса групповой фасилитации. Практикующие выпускники курса откликнулись на нашу просьбу и стали активно сообщать о том, как они применяли наш метод в своих организациях. Многие из них разработали свои собственные беседы и прислали их нам. Коллеги из разных уголков мира также предоставили нам беседы из своего опыта. Другие люди предлагали варианты названия книги.

До конца мая у нас было уже 90 бесед, и мы приступили к их анализу и проверке. Мы сгруппировали беседы по 7 основным тематическим направлениям, присутствующим

1. Обзор и оценка
2. Подготовка и планирование
3. Коучинг и наставничество

4. Работа с информацией и интерпретация медийных сообщений

5. Принятие решений

6. Управление и контроль

7. Личные и праздничные случаи

Когда книга приобрела свои очертания, мы создали три рабочие группы. Первая занималась проверкой содержания, другая формировала бизнес-план и маркетинговую стратегию, третья занималась макетом и вопросами издания. Еще одна группа внештатных специалистов занималась редактированием текста. Это зачастую наиболее щекотливая часть подготовки корпоративного издания. Чистый порыв «сделать это правильно» сталкивается с отчаянным стремлением «покончить с этим».

Мало по малу, все части собрались воедино. По мере поступления отчетов от разных рабочих групп, были приняты ключевые решения о названии, внешнем виде и стиле книги.

Команда создателей этой книги состоит из штатных сотрудников ICA, представленных ниже. Тренеры-консультанты, указанные здесь, ежегодно тренируют 1500 человек и со столькими же людьми работают в контексте своей консалтинговой деятельности – по всей Канаде, в каждой отрасли. Эта книга вобрала в себя их знания и мудрость, полученные из богатого практического опыта.

Дункан Холмс, исполнительный директор ICA-Канада. Его заразительный стиль сделал его одним из наиболее востребованных фасилитаторов, помогающих организациям и сообществам в планировании изменений. Сейчас он работает над фасилитацией эффективных организационных изменений и обучением лидеров действенным методам участия. Благодаря Дункану в книге присутствует глубокий экскурс в исторический контекст метода, а также высокая методологическая целостность материала.

Джо Нельсон придерживается концепции достижения консенсуса и повышения групповой мотивации в течение многих лет и в различных странах. Одновременно преподавая по всей Канаде, она также консультирует организации в их индивидуальных ситуациях. Принимая участие в создании этой книги, Джо настаивала, чтобы каждая беседа основывалась на конкретной ситуации. Она написала Рациональную и Объективную цели для каждой беседы.

Совершенное владение методологией и умение управлять процессами, а также способность видеть глубинные модели, свойственные **Уейну Нельсону**, позволяли команде добираться до сути материала. На протяжении 27 лет он сотрудничает с организациями и сообществами по всему миру, помогая им планировать и внедрять разнообразные проекты. Уэйн специализируется на разработке и фасилитации групповых процессов, которые позволяют людям формировать свои собственные инновационные планы. Превосходный персональный коуч, он много часов еженедельно посвящает наставничеству выпускников программ ICA. Совершенная процессуальная грамотность Уэйна, управление процессом и знание глубинных моделей различных ситуаций снова и снова применялись во время редакции первого и второго черновых вариантов книги.

Билл Стэплз, чрезвычайно творческий и энергичный человек, который вот уже 25 лет помогает обществам, больницам и бизнес-организациям по всей Канаде. Билл специализируется на тимбилдинге, навыках стратегического мышления и эффективных стратегиях. В дополнение ко всему, он занимается производством обучающих видео-материалов и трижды в год выпускает информационный бюллетень ICA, «Edges». Глубокие познания и проницательность Билла как консультанта и издателя слились воедино, когда он создавал беседы для множества организационных ситуаций, вместе с этим контролируя бюджет и просчитывая тираж книги.

Жанетт Стэнфилд – опытный педагог, которая на протяжении вот уже 30 лет работает в направлении образного образования – в дошкольных учреждениях, начальной школе и в обучении взрослых. В последнее время исследования привели ее к применению мультимодального стиля обучения в практике фасилитации и в тренинговых курсах ICA. Идеи Жанетт о том, как когнитивная среда может высвобождать или подавлять креативность, были очень полезны нам всем в непростом процессе разработки бесед.

Брайан Стэнфилд – консультант по формированию учебных программ, преподаватель, писатель и редактор. На протяжении многих лет он был деканом Международной академии ICA. Тысячам людей он преподавал теорию и практику навыков участия и личностного развития. Богатый международный тренерский опыт Брайана обеспечивает учебным курсам практичность, фокусировку и надежную внутреннюю согласованность. Он курировал создание книги по всем ее аспектам до самого завершения процесса.

В создании этой книги участвовали и другие люди. Мы выражаем особую благодарность за воодушевление и практическую поддержку, оказанную нашими коллегами из большого количества стран. Многие прислали беседы, которые используют в своей практике, и дали интересные предложения названия книги; другие показали нам, как можно ее применять. Вот они: Шелли Клеверли, Майк Коксон, Дэвид Дайк, Брайан Гриффит, Бетси Хители, Сюзанна Джексон, Дебра Косеметзки Д'Арси Макензи, Джерри Мингс, Даррелл Филлипс, Маделин Уэбб, Майкл Зробак – из Канады; Джон Бербридж, Линда Джонс, Дэвид Макклески и Лора Спенсер из США; Сью Чепмэн, Джон и Джули Мисен – из Австралии; Джон Эппс из Малайзии; Джек Джайлз из Индии.

сокровищницы Рефлексивных вопросов, которые представлены в этой книге. Джон Клофер щедро поделился с нами своей докторской диссертацией для подготовки материала о методе, стоящем за нашими беседами. Благодарность также Шейле Хики и Саре Голдман за их кропотливую вычитку и упорядочение бесед, Кристин Вонг – за ее постоянную материальную поддержку, и Дженис Кленнетт – за ее помощь в разработке бесед в сфере маркетинга и продаж. Благодарим также Илону Стэплз за столь тщательно продуманный макет этой книги.

И, наконец, мы благодарны Брайану Гриффиту и Ронни Сигрен за их энергичную приверженность материалу, за их безграничную редакторскую компетентность и безупречное чувство стиля, позволившие сделать текст этой книги максимально доступным читателю.

— Брайан Стэнфилд, главный редактор

Предисловие к русскоязычному переводу

Большая честь представить выход перевода на русский язык книги «Искусство Сфокусированной беседы». Она выходит в печать практически одновременно с переводом на французский язык. Ранее она также была переведена на испанский и китайский языки. Теперь и русскоговорящие фасилитаторы получают возможность углубить свое понимание базового метода партисипативной (ТОП) фасилитации, ознакомившись с практическими примерами сфокусированных бесед.

Уникальность выхода в свет этого перевода в том, что это совместный международный волонтерский проект Институтов Культурных Отношений ICA Ukraine и ICA Canada. Инициировал и вдохновил перевод этой книги один из самых известных и успешных мировых ТОП фасилитаторов Билл Стэплз (ICA Canada). Поддержали перевод этой книги Ирина Фурсман, Светлана Саматова, Алексей Светличный, Юлия Кривенцева, Светлана Дидушок и другие члены ICA Ukraine. Версткой занималась Илона Стэплз, параллельно уча русский язык. Редактирование русскоязычного издания делали профессиональные фасилитаторы, учитывая реальные практические ситуации из собственного опыта. Мы редактировали и координировали выход этого перевода, находясь в разных городах и странах. За время перевода и подготовки к печати успел родиться и научиться ходить еще один подрастающий фасилитатор.

Неоднократно применяя этот метода в консалтинговой и тренинговой деятельности, я все больше убеждаюсь в его эффективности и универсальности в любой ситуации.

Не смотря на то, что оригинальное издание на английском языке вышло еще 20 лет назад, эта книга остается актуальной и применимой на практике. Этот классический метод гармонично вписывается в современные инструменты дизайн-мышления, скрам, хакатоны и старт-апы, то есть во все новые бизнес-ситуации, когда необходимы групповые обсуждения поставленных задач. Когда моя дочь научится говорить, я обязательно тоже научу ее этому методу.

Уверена, что эта книга станет настольной для всех, кто работает с группами - фасилитаторов, руководителей, бизнес-консультантов, политических и общественных деятелей, тренеров и учителей. Она поможет Вам на глубинном уровне освоить еще одно мастерство - Искусство Сфокусированной беседы.

— Анна Брезга (Бабич), сертифицированный ТОП фасилитатор (CTF)
Главный редактор русскоязычного перевода

Происхождение метода

> Как только общество утрачивает способность [вести диалог], все, что остается, - какофония из голосов, перекрикивающих друг друга в стремлении узнать, кто победит, а кто проиграет. В таких условиях нет способности пойти дальше, получить более глубокое понимание, выходящее за рамки индивидуальных взглядов и личной выгоды. Вполне уместно спросить, не выходят ли большинство наших глубинных проблем в поведении, так называемых «заторов», и потеря взаимного уважения и заботы ... из этой утраченной способности говорить друг с другом, мыслить всем вместе как целостной части большого сообщества.
>
> Peter M. Senge, "A New View of Institutional Leadership" in *Reflections on Leadership*

Самый большой в истории провал диалога, Вторая мировая война, произошел в нашем современном технологическом веке. Люди, стремящиеся понять происходящее, – будь то художники, теологи или матери – смотрели в ужасе на то, как целые нации систематически пытались уничтожить друг друга. Но, пожалуй, ни одна социальная группа не была так глубоко поражена, как выжившие солдаты, которые вернулись с войны домой, часто не в состоянии говорить о том, что они там видели. Они изо всех сил пытались понять этот ужасающий провал человеческой цивилизации. Они пытались отыскать способ, чтобы как-то осознать то непостижимое, что они там видели.

Одним из таких искателей был армейский капеллан, Джозеф Метьюз, который сопровождал американские военно-морские силы в Тихом океане в регионе островов

Тарава, Сайпан, Иводзима и Окинава. Когда он вернулся с войны к преподавательской работе в университете, он был поглощен идеей помочь людям возвращаться к своим жизням. Но как может человек понять смысл своих собственных страданий?

Одним человеком, который больше всего помогал Метьюзу, была профессор искусств. Она показала ему, что любой контакт с искусством влечет за собой триалог или беседу с трех точек зрения – произведения искусства, его создателя и созерцателя. Поэтому, например бесполезно спрашивать пианиста, что означает та или иная мелодия. Все, что может музыкант, - это воссоздать эти ощущения, проиграв их снова, и позволить слушателю отозваться на них.

«Сначала вы должны серьезно отнестись к произведению искусства, внимательно рассматривая, что там есть, а чего нет. Далее вы, так же серьезно, должны понять, что происходит внутри вас, по мере того как вы смотрите на это произведение, чтобы понять, как вы реагируете – что вас отталкивает, что нравится. Вам нужно «отделить слои сознания», чтобы вы могли спросить себя, что это для вас означает». Искусство, объяснила профессор, это как слушание. Вы должны потрудиться над тем, чтобы сформировать свое собственное понимание произведения искусства. Или беседы.

Внезапно Метьюза озарила идея. Это было связано с трудами датского философа 19 века Сёрена Кьеркегора и некоторых европейских мыслителей 20 века. Кьеркегор и представители феноменологии описывали самость как нечто, наблюдающее и осознающее то, что происходит в жизни, внутренне реагирующее на эти наблюдения, определяющее значение этих двух процессов и принимающее решения на основании этого значения.

Метьюз решил создать метод беседы, используя этот подход, и поэкспериментировать с темами о различных произведениях искусства в своем университетском сообществе. Он начал с картины «Звездная ночь» Ван Гога. После этого он провел групповые обсуждения поэзии Эдварда Каммингса, а также нового на то время фильма, «В порту» (*On The Waterfront*). Он стал называть свой метод «беседы о произведениях искусства».

В беседе о «Гернике» Пикассо Меттьюз попросил своих студентов описать элементы картины. Потом он попросил их прислушаться к своей внутренней реакции. «А теперь я попрошу вас подумать о том, какой звук исходит от картины. Я сосчитаю до трех, а потом каждый их вас издаст звук, который слышит. Пусть он будет таким же громким или тихим, каким вы его слышите. Готовы? Один, два, три!» - и аудитория взорвалась криками боли и ярости. Дверь отворилась, и два студента из коридора сунули головы в аудиторию. На их лицах отобразились те же эмоции, которые изображены на картине. В ошеломленной тишине, учитель спросил: «Где в вашей собственной жизни просматривается эта картина?»

Результаты были поразительными. Раньше эти студенты воспринимали искусство как «культурное понятие» или «декоративный объект». Теперь они увидели, что их жизни тесно связаны с искусством и отображены в нем. Они стали воспринимать произведение искусства как силу, ставящую под сомнение их привычное отношение к жизни. Один участник сказал: «Внезапно я увидел, что эти картины обращались ко мне. Они говорили мне: «Проснись, живи своей подлинной жизнью!»

Коллеги Метьюза в университете переняли его экспериментальный подход к преподаванию. Они пробовали разные стили включенного обсуждения в разных дисциплинах. Со временем они создали формат, который был достаточно пластичным, чтобы его можно было использовать для разных дисциплин, но вместе с тем достаточно структурированный, чтобы его можно было назвать методом. Так появилась Беседа о произведениях искусства.

Пять лет спустя, в 1960-м, Метьюз и несколько его коллег приехали в трущобы Чикаго, чтобы поработать там с лидерами общин. Там они активно использовали Беседу о произведениях искусства, побуждая соседей вместе выражать свои мнения. Это стало неотъемлемой частью работы ICA по построению сообществ во всем мире.

Тридцать лет спустя, в 1990-х, бизнес-организации и правительство тяжело переживали перемены. Люди задавали вопросы: «Как нам разобраться с тем, что происходит в наших жизнях, как мы можем пережить эти кризисные времена, собрать воедино нашу мудрость и создать что-то новое? Нам нужен новый способ участия в этих изменениях, чтобы мы могли принимать наши собственные решения в группах и двигаться вперед. Мы устали от этого кишащего акулами котла офисной политики. Нам нужен способ, который позволит нам говорить с нашими руководителями и коллегами и решать проблемы открыто. Вы можете помочь нам с этим? Нам нужны действенные методы!»

Действие происходит в конференц-зале Generic Corporation. Фасилитатор, стоя перед всеми, спрашивает: «В чем заключаются ваши основные проблемы? Что, как вам кажется, мешает вам с ними разобраться? Какие следующие шаги вам нужно предпринять?»

Вопросы несколько изменились, но метод остается тем же. Это метод, который использовался для обсуждения произведений искусства, но с новым названием: Сфокусированная беседа. Этот подход совместной рефлексии используется компаниями по всему миру.

Читателю следует помнить, что понятия «фасилитатор», «ведущий беседы» и «ведущий обсуждения» в этой книге используются как взаимозаменяемые.

Часть I
Теория и практика

Глава 1

Почему беседы?
И почему рабочая среда?

По своей сути, каждая организация – это продукт того, как мыслят и взаимодействуют
ее члены.
Senge, Kleiner, Roberts, Ross and Smith: *The Fifth Discipline Fieldbook*

Осажденные чрезмерными объемами информации, искушенные знаниями из книг и
разнообразных видеоматериалов, многие люди, очевидно, забыли, насколько ценна
мудрость, полученная в обыкновенной беседе. Но, все же, остались еще те, кто верит, что
реальные ситуации нужно решать, обсуждая их с реальными людьми. В то время как
информация может передаваться множеством способов, кажется, что поистине стоящие
идеи могут появиться лишь в общении с другими.

Разговор с одним человеком может решить проблему или помочь «залечить рану».
Разговор с несколькими людьми способен усилить ответственность, объединить команду,
сгенерировать новые идеи или оформить видение. Беседы могут изменить рабочие модели,
выстроить дружеские отношения, сфокусировать и наполнить энергией, укрепить решимость.

Почему же тогда проблемы в общении людей – один из самых серьезных вызовов,
которые стоят перед организациями? Почему людям сложно говорить друг с другом?

Почему мы так плохо умеем слушать? Почему разговор так часто превращается в спор или пустячную болтовню? Почему мы так критикуем то, что говорят наши коллеги? Почему мы так боимся, что небо упадет на землю, если мы не поспешим исправить чье-то мнение? Как могут столько людей быть настолько высокомерными и полагать, что они непогрешимы и всезнающи?

Причин для этого много – фрагментация коммуникации в век телевидения, традиционные ментальные модели, которые мы переняли и продолжаем использовать – не важно, насколько плохо они работают, – а также новые тенденции в самой рабочей среде. Эти причины рассмотрены в следующих подразделах.

Фрагментация коммуникации

Мир страдает от информационного пресыщения. Когда-то информация была для нас необходимым ресурсом для решения технологических и социальных проблем, но наша же технологическая искушенность превратила информацию в мусор. Чем больше необработанной информации скапливается у нас в компьютерах, тем большими «собирателями мусора» мы становимся, выражаясь словами Нейла Постмана. В то время как разработчики информационных технологий трудятся день и ночь, чтобы создать лучшие компьютеры и более объемные жесткие диски, мир уже не в состоянии взять из этих объемов ту необходимую информацию, которая бы помогла нам жить, решать реально существующие социальные, экологические, политические и даже экономические проблемы. Образование заботится только о том, чтобы вбить студентам в голову побольше цифр и фактов, при этом связь между единицами этой информации продолжает ослабевать. Эти же схемы повторяются в нашем общении друг с другом. Большинство из нас под понятием «беседа» понимает простую болтовню. Искусство же серьезной беседы исчезает. В эпоху телевидения, где звуковые фрагменты измеряются в секундах и долях секунды, большинство наших реальных разговоров становятся такими же торопливыми. Обмен словами становится быстрым, отрывистым и довольно часто не предполагает никакого развития мысли. Мы подражаем стилю дикторов на ТВ, где суждения идут перед вопросами. Вероятно, многие из нас согласятся, что мы нивелируем процесс мышления, и на настоящий обмен мнениями у нас просто нет времени.

Образ беседы

Преобладающий образ беседы – это болтовня людей, встретившихся на улице или у

– это, как правило, вереница слабо между собой связанных фраз. «Вчера я пошел в кино и смотрел «Гаргантюа» – это было потрясающе!», «Сегодня после работы я делаю новую прическу – нашла лучшего в мире стилиста!», или «Ты видел отчет, который подготовила

Анжела? Она буквально наизнанку вывернулась – даже не знаю, как ей это удалось». Конец разговора. Возвращаемся к работе.

Но если бы кто-то на этом кофе-брейке захотел завести серьезный разговор, то следовало бы задать следующие вопросы по каждому утверждению из тех, что выше. По первому: «Что в фильме было такого хорошего? Почему он тебе так понравился?». По второму утверждению: «Почему он самый лучший стилист в мире?». По третьему: «Что было такого особенного в отчете Анжелы? Почему для нее было так важно «вывернуться наизнанку»?» Другими словами, в каждой беседе должен быть человек, который, неважно какими словами, скажет: «Расскажи об этом больше».

Фрагментарность беседы

Жизнь быстро движется, столько всего втискивается в каждый день, что появляется негласное правило: если вам есть что сказать, говорите кратко. Люди привыкают максимально сжимать и сокращать свои слова. Их экономия слов подобна жадности Дядюшки Скруджа: «Прекрасно! 5 баллов! Очень мне помогло», или «Нужна доработка». А школьный учитель в таких случаях мог бы написать красным: «ПОЖАЛУЙСТА, раскройте эти идеи лучше». Как можно научиться чему-то с такой ограниченной коммуникацией?

С такими ограничениями в выражении мыслей наступает смерть способности к рефлексии. Сократ сказал: «Неосмысленная жизнь не стоит того, чтобы жить». Мы замечаем, что все двигаемся от одного дела к другому, не останавливаясь чтобы спросить «Что произошло? Почему это было для меня важно?», или «Почему я так разозлился на том собрании?». Мы также не спрашиваем себя «Какие долгосрочные последствия имеет это мое решение?»

Традиционные ментальные модели

Есть еще один набор паттернов, ограничивающих коммуникацию. Он основан на том, как людей учат думать – во всяком случае, в западной модели образования. В одной из своих работ, «Советы к эссе о беседе» (Hints toward an Essay on Conversation), Джонатан Свифт (Jonathan Swift) описал вечные оскорбления и брань, которыми пестрило личное общение, и отвратительный разговорный сексизм в современном ему обществе. Многие из его наблюдений применимы и в наше время. Он жаловался, что «таким полезным и невинным удовольствием, как разговор друг с другом … так нещадно пренебрегают и злоупотребляют». Он подкрепляет свое утверждение мыслью: «нетерпение прервать друг друга и опасение самим быть прерванными заставляют людей потворствовать собственным коммуникационным слабостям, чрезмерно стараться показаться умными, использовать жаргон, чтобы выделиться и иметь обыкновение отстранять женщину от серьезного разговора». (Swift, *A Complete Collection of Polite and Ingenious Conversations*). Наблюдения Свифта указывают на гораздо более глубинную преграду для разумного общения.

Культура пропаганды

Пропагандист – это тот, кто ходатайствует, рекомендует, выдвигает особое мнение, предложение, точку зрения или определенный продукт. Пропагандист убежден, что его позиция правильная, и ищет того, кто поддержит ее. Искатель, напротив, подходит к предмету с открытым умом, пытаясь найти творческое и жизнеспособное решение или определенные факты. Он пытается нащупать новую почву или по-новому взглянуть на установившуюся правду.

У нас не очень получается уравновешивать продвижение идей и пытливость. Многие из нас научены что бы то ни было отстаивать свою позицию. Несмотря на то, что нет ничего плохого в умении убеждать, позиционная пропаганда часто принимает форму конфронтации, в которой идеи скорее сталкиваются, чем несут информацию.

Рик Росс и Шарлотта Робертс отмечают, что руководителей в западных корпорациях основательно и долго учат быть четкими и убедительными пропагандистами. Они знают, как уверенно представить и защитить свою позицию. Но по мере своего роста в организации они вынуждены разбираться с более комплексными и взаимозависимыми проблемами, где никто не знает правильного ответа. В таких сложных комплексных ситуациях единственный уместный вариант – чтобы люди, которые хорошо знают проблему и осознают свою ответственность, собрались и вместе выработали идеи по ее решению. На этом этапе им нужно научиться мастерски балансировать пропаганду с пытливостью. (Ross and Roberts, *The Fifth Discipline Field Book*, с. 253-259)

Провал попытки понять друг друга

Наше эго настолько одержимо стремлением высказать наши собственные идеи, что мы едва ли можем дотерпеть, пока кто-то другой закончит говорить. То, что говорят другие, становится невыносимым прерыванием того, что хотим сказать мы. Таким образом, нам не просто не удается понять, что говорят другие, но мы даже не слышим их. Описание параллельного мышления, данное Де Боно, четко описывает поток, который может быть в беседе, где позволяется и поощряется высказывание разных идей:

> "В противоположность беседе, которая на самом деле является спором, где сталкиваются различные мнения и выигрывает один лучший, в хорошей беседе работает параллельное мышление, где идеи ложатся рядом, без какого-либо
>
> правдивых и неправдивых суждений. Вместо этого есть глубокое исследование предмета, из которого впоследствии могут быть развиты выводы и решения". (de Bono, *Parallel Thinking*, p.36)

В своей книге о культуре аборигенов, Росс говорит о тяжелом камне, который спадает с его плеч, когда он погружается на некоторое время в группу аборигенов, зная, что он не должен оценивать и осуждать все, что кто-то говорит или делает. Ношу, которую несут все представители нашей культуры, он называет «весом этого обязательства сформировать и выразить мнение в любое время и обо всем». (Ross, *Returning to the Teachings*, p. 108)

Властелины абсолютной истины

Некоторые люди предпочитают быть правыми, вместо того, чтобы быть счастливыми. Беседа, которая до этого шла хорошо, тут же погибает, если кто-то заявляет: «Это неправда!» Тогда, разумеется, следует ответ: «А кто сделал тебя единственным властелином истины?». Люди, чьи наблюдения были подданы критике, подумают дважды, прежде чем снова вступать в подобную беседу. Многие по-настоящему взрываются, пытаясь отстоять свою правду, но, как говорит де Боно, «отстаивание абсолютной истины отвергает реальность комплексных системных взаимодействий, отдает предпочтение анализу, а не устройству чего-либо, ведет к самодовольству и высокомерию, сохраняет существующие парадигмы, вместо того чтобы их менять». Де Боно предлагает использовать такие прекрасные слова, как «возможно», «может быть», «это один взгляд на предмет», «и да, и нет», «кажется» и «порой». (de Bono, *Parallel Thinking*, p. 66)

Здесь становятся полезны идеи, почерпнутые из системы правосудия аборигенов. Аборигены часто оспаривают стремление белых людей постигать истину в процессе противостояния и испытаний. Традиционные аборигенские учения предполагают, что у людей всегда будет разное восприятие того, что произошло между ними. Проблема, таким образом, заключается не столько в поиске «истины», но в поиске – и в почитании – различных взглядов, которых мы придерживаемся. Истина, в таком понимании, связана с правдивостью реакции каждого и ощущением вовлеченности в обсуждаемые события, в то, что действительно реально для них.

Тирания «ИЛИ»

Если десять человек беседуют за круглым столом, истина находится не в одном из них, а в середине стола, между и среди точек зрения всех десятерых. Эти десять человек совместно создают то, что есть правдой (или реальностью) в их ситуации. Это не лучшая новость для тех из нас, кто привык придерживаться только своего мнения. Джеймс Коллинз и Джерри Поррас говорят о «тирании ИЛИ». Эта тирания заставляет людей верить, что все должно быть А ИЛИ Б, но не то и другое. Например, «Вы можете развиваться путем методичного процесса ИЛИ «оппортунистической ощупью». «Вы можете иметь творческую автономию ИЛИ последовательность и контроль». (Collins, and Porras, *Built to Last*, p. 43-45.)

Вместо того чтобы быть угнетенными «тиранией ИЛИ», визионерские организации освобождают себя с помощью «гениального И» - способности принять несколько точек зрения одновременно.

Критика

Около 1900 года, во времена расцвета эмпирической мысли в Британии, молодой математик Бертран Рассел сказал, что цель беседы – провести различие между правдой и ошибкой. И в наше время многие верят ему и не упускают возможности поправить коллегу, друга или близкого человека. Многих из нас в детстве учили «никогда не перечить старшим». Но нас не учили не перечить ровесникам. На самом деле, тех из нас, кто имеет опыт участия в дебатах, учили разрывать в клочья аргументы других людей. Руперт Росс описывает, как языковые различия заставляют нас по-разному реагировать на обыкновенные события нашей жизни: «Я никогда не осознавал, насколько сложный английский язык, и насколько осуждающими и спорящими мы становимся, когда говорим на нем. Я понятия не имел, что люди могут жить – и живут – иначе, не испытывая необходимости отвечать на все, что происходит вокруг них, такими боевыми и осуждающими способами». Росс перечисляет огромное количество прилагательных, таких как «ужасный», «поднимающий настроение», «утомительный» и «вдохновляющий», которые являются, по сути, не столько описаниями вещей, сколько выводами о них. Он пишет также о бесконечном количестве негативных существительных, которыми мы регулярно описываем друг друга: вор, трус, обидчик, странный, идиот – и это далеко не все. В отличие от нас, аборигены редко высказывают подобные суждения в ежедневных беседах, даже когда говорят на английском. Для них коммуникация совершенно ничего от этого не теряет. (Ross, Rupert, *Returning to the Teachings*, p. 107.)

В «Параллельном мышлении» Эдвард де Боно утверждает, что западная культура всегда слишком высоко оценивала умение критически мыслить. Преподаватели всегда побуждают студентов «реагировать» критически на то, что они перед собой видят. Самое простое критическое замечание – негативное. На встрече или во время беседы любой человек, который хочет поучаствовать в обсуждении и быть замеченным, должен сказать что-то. Проще всего сказать что-то негативное. Более того, критицизм еще и эмоционально привлекателен и удовлетворителен. Когда я атакую чью-то идею, я тут же становлюсь выше этой идеи и того, кто ее высказал. Критицизм – это также один из способов, которыми люди, которым недостает креативности, могут достичь чего-то и

Более того, говорит де Боно, критицизм не требует много усилий. Все, что вам нужно сделать, это выбрать аспект, направление или форму суждения, отличные от того, что уже было сказано кем-то - и перед вами откроется непаханное поле для ваших собственных интеллектуальных снарядов. Если ведется разговор об архитектуре, и кто-то восхищается работой в стиле Баухаус, а я предпочитаю классику, я могу просто сказать, что Баухаус простой, ему недостает изящества, и вообще он скучен. Если кто-то следует подходу «целого слова» в обучении чтению, я могу сказать о том, что этому подходу недостает внимания к ударениям и фонетике. Если разговор на этом заканчивается (а как правило, так и происходит), я никогда не пойму восприятия красоты моим собеседником, которое привело его к восхищению стилем Баухаус. Я никогда не услышу, что преподаватель скажет о пробах и ошибках, которые помогают детям справиться с их внутренними блоками в обучении чтению.

В этом, вкратце, и заключается проблема – критицизм как первый шаг в беседе собственно останавливает беседу и, таким образом, становится и последним шагом. Совершенно другой подход – разговаривая с человеком, сперва понять, что он пытается сделать, а затем обсудить с ним то, как это можно сделать лучше. Де Боно указывает, что критицизм – ценная и необходимая составляющая мышления, но сам по себе, он совершенно неполноценный. (de Bono, *Parallel Thinking*, p. 27-28.)

Критицизм – это излюбленный интеллектуальный инструмент идеологий. Для ярого критика открытие, что это способ мышления, может стать шоком. За годы неудовлетворительного опыта такие люди могут медленно прийти к осознанию того, что:

Я фокусирую свое внимание на поиске недостатков в других людях.

Я надеюсь дискредитировать то, что они говорят.

Я устанавливаю состязательные отношения с коллегами.

Режим состязания

Как кто-то сказал однажды, противоположность одной великой истины – это просто другая великая истина. В западной культуре просто стало архетипом то, что противостоящим идеям не позволяется находиться рядом друг с другом. Если представляются два взгляда, они часто полагаются взаимоисключающими, как если бы мысль находилась в некой дарвинистской борьбе, в которой выживает сильнейший. В контексте такой ментальной битвы людям остается бороться, бежать или застыть. Некоторые из нас настолько научены относиться к другим как к оппонентам, что сдерживать себя в такой беседе дается очень сложно. Мы чувствуем, как из нас вырываются все древние воинственные порывы. Мы можем противоречить чьей-то идее, дискредитируя человека, который ее высказывает. Мы можем помечать чужое мнение как негативное, а чужие мотивы – как подозрительные. Если цель такого поведения – отогнать от себя других, это сработает. Если люди видят, что к ним относятся как к противнику, пусть даже на короткий миг, они отстраняются или закрываются. Они расходятся по вражеским лагерям и превращаются в противников, вместо того чтобы совместно обсуждать общую проблему.

Возможно, сам наш умственный склад нуждается в переработке – взгляд, основанный на картезианском и других дуализмах, которые настаивают на разделении мира на «нас» и «их», «хорошее» и «плохое», «тех, кто движется в ногу со временем», и «тех, кто отстает». Мы, разумеется, принадлежим к «тем, кто прав», к «хорошим», и к «тем, кто не отстает». Перестройка такого мышления позволит нам легче уживаться с идеями, которые противоречат нашим.

Изменения в рабочей среде

Вся вереница изменений в рабочей среде, которую порой называют «организационной революцией» или «парадигмой нового рабочего места», поддерживает возрастающую коммуникацию, искусство беседы и участие. Эти изменения, на первый взгляд кажущиеся несколько частичными, требуют нового, более гуманного подхода в отношениях на работе на всех уровнях.

Организация как целостная система

В то время как информация стоит на первом месте, во многих организациях ее передача пребывает в упадке. Один писатель сказал, что единственный случай, когда информация повышается по иерархической лестнице, это когда кто-то приносит хорошие новости, или когда что-то серьезно пошло не так и не может быть скрыто. Неудовлетворенность таким ведением бизнеса растет, и многие лидеры пытаются это изменить. Благодаря работе Питера Сенге и многих других наблюдается существенный сдвиг в том, чтобы начинать рассматривать организацию как целостную систему, а не как иерархическую вертикальную структуру власти или гипотетическую машину с водителем. (Сенге, «Пятая дисциплина: искусство и практика самообучающейся организации», с. 57-67.) Авторы бизнес литературы сегодня говорят о смещении устройства организации от пирамидальной модели к новым круговым моделям. Среди таких моделей – «самообучающаяся организация» Питера Сенге, «целостные системы» Рассела Акоффа и примеры «лидерства как служения» Роберта Гринлифа.

Для того, чтобы вся целостная система эффективно работала, информация должна поступать во всех направлениях – вверх, вниз, из стороны в сторону и по диагонали. Согласно принципу субсидиарности, решения, которые относятся к определенному уровню организации, должны приниматься именно на том уровне. В противном случае, люди будут либо перекладывать друг на друга ответственность, либо брать на себя слишком много. Возможность обсуждать все вопросы в групповом формате – это ключевой принцип.

Самообучающаяся организация

Самообучающаяся организация появляется из осознания того, что изменения требуют постоянного обучения и переучивания. Это представление предполагает, что организации сами находятся на пути развития, на котором они изменяются и растут. Брайан Холл описывает семь циклов развития, которые может пройти любая организация. В этом путешествии организации могут продвигаться очень вяло, шатко, или напротив – прыгать по различным стадиям зрелости. Они начинают расти от реактивных или бюрократических моделей деятельности к более проактивным фазам развития, которым Холл дает следующие названия: межличностная, совместная, фаза обучения и пророческая фаза. Следующие этапы развития отмечены возросшим «сочетанием» людей друг с другом и способностью учиться на каждом опыте. (Hall, *Values Shift,* p. 121.) Из работы Холла ясно, что развитие организации зависит от качества взаимообмена и групповой рефлексии среди персонала.

Ключевой залог обучения – это когда небольшие группы в организации постоянно трансформируют сырой опыт в идеи и в перевоплощенный личный эксперимент. В таком случае беседа может дать возможность группам выражать мнение по поводу того, что происходит, и по поводу того, что прошло плохо и почему. Такие беседы могут быть вопросом жизни и смерти для самообучающейся организации.

Лидеры как те, кто задает вопросы

С таким сдвигом в сторону самообучающейся организации происходит изменение в понимании себя лидерами и топ-менеджерами. Их образ смещается от харизматичных «принимателей решений» и «непогрешимых боссов» к людям, которые задают вопросы, развивают перспективное видение и способствуют решению проблем. Принцип участия требует владения искусством задавать вопросы. В течение очень длительного времени от руководителей организаций ожидалось умение решить любую проблему и ответить на любой вопрос. Но с теми изменениями, о которых мы говорим, приходит осознание того, что сила заключается в умении задавать вопросы, и что первостепенным навыком для руководителя сегодня является его способность ставить вопросы и получать ответы.

Лидеры и руководители начинают осознавать, что, хотя собрать людей вместе и четко им сказать, что делать – гораздо проще, но неэффективно в долгосрочной перспективе. Получение приказов не стимулирует нестандартное мышление, не привлекает к участию, не вовлекает и не поощряет индивидуальные таланты каждого. Но каждый улавливает изменение тона, когда руководитель заходит в комнату и говорит: «У нас проблема. Давайте обсудим, как ее решить».

Все больше и больше лидеров начинают рассматривать фасилитацию как абсолютно необходимый навык для руководителей. Почему? Потому что в наши дни каждый хочет участвовать во всем, но преимущество получают те, кто действительно способен развить полезное обсуждение.

Больше, чем номинальное участие

Истинное вовлечение не начинается за один день. У руководителей и сотрудников все еще остается много старых привычек и моделей поведения. Дункан Холмс отмечает, что, несмотря на то, что многие серьезные беседы сейчас и происходят на общих собраниях, к несчастью такие собрания организовываются единственно для того, чтобы отметить, что «с сотрудниками проконсультировались». Сотрудники и сами устали от такого лицемерия. Делается презентация, и в конце присутствующих спрашивают, все ли согласны с этим. Два или три человека могут отреагировать достаточно быстро и быть достаточно храбрыми, чтобы высказать свою точку зрения, но они знают, что их мнение исчезнет в черной дыре бюрократизма. Такое «участие» в своем основании ограничивающее. Наблюдая, как обратная связь обесценивается из года в год, люди начинают цинично относиться к участию. Даже если обратная связь по поводу их идей отрицательная, людям все же нужна правда. Они скажут: «Даже если наше предложение отклонено, скажите нам об этом. Но также скажите, почему, в чем заключаются ограничения для внедрения этой идеи, чтобы мы могли подумать, как это улучшить». (Holmes, "Proactive Public Meetings", *Edges*, January 1996)

Руководители часто скептически относятся к тому, как персонал принимает участие в делах компании. На встрече, организованной для того, чтобы разобраться с жалобами клиентов, некоторые сотрудники могут усмотреть возможность высказать личные жалобы. Некоторые представители профсоюзов или сообществ могут выдвигать односторонние требования и не желать обсуждать другие проблемы. Ни в одном из приведенных вариантов «вовлечение» не может считаться эффективным. Некоторые сотрудники и вовсе могут посчитать, что цель собрания – переложить вину на кого-то другого. Во многих организациях в таком случае могут вешать на стену постер с надписью жирным шрифтом: «ВЫСКАЗЫВАНИЕ ЖАЛОБ БЕЗ ПРИНЯТИЯ ОТВЕТСТВЕННОСТИ – ЭТО ФАЛЬШИВОЕ УЧАСТИЕ».

Но сегодня многие устали от обвинений и требований – они хотят решения проблем. Они хотят большего - продвигать инновационные идеи и принимать ответственность за внедрение желаемых изменений.

Бдительные СЕО и руководители понимают, что «вовлечение» - это не просто быстрое решение для поднятия морального духа персонала и доходов компании, а совершенно другой способ общения с людьми. Этот новый подход признает, что в каждом сотруднике скрыта настоящая сокровищница мудрости. И часть деятельности организации заключается в постоянном извлечении и обмене этой мудростью.

Методология настоящего участия

Если номинальное участие лишает участников возможности выразить свое истинное мнение, хаотичные встречи с неконтролируемым посещением также не оказывают благотворного влияния на развитие практики участия. Встречи, в которых обсуждение перепрыгивает с темы на тему – очевидная трата времени впустую. В организациях, в которых на собраниях одновременно гордятся тем, что они настоящие маркетинговые профи, и что они выпустили «очень своевременный продукт», и что у них «отлично работает управление качеством», часто не осознают, какой вред им наносят такие неэффективные встречи. Их стимулирование участия – очевидно положительный порыв. Но без методологии участие становится более болезненным, чем его недостаток. Результат – хаос, болезненные ощущения и безответственность. Говоря о проблемах в коммуникации в компаниях, Крис Арджирис утверждает, что методы, используемые руководителями для урегулирования относительно простых проблем, на самом деле не позволяют им получить подробную информацию и глубокое понимание предмета, а также выработать идеи и внедрить эффективные изменения, необходимые для решения более комплексной проблемы обновления организации:

> Много лет назад, когда в корпорациях еще хотели, чтобы сотрудники делали только то, что им говорили делать, подходящими и эффективными инструментами были опросы персонала и спонтанные контрольные обходы руководителей. Они и сейчас могут предоставить полезную информацию по таким рутинным вопросам, как обслуживание в столовой или парковочные привилегии. Чего такие инструменты не делают, это не позволяют получить мнение людей об их работе и поведении. Они не поощряют индивидуальную ответственность. И они не выносят на поверхность информацию, которая может угрожать кому-то или стыдить, и вместе с тем заставлять учиться и меняться. (Argyris, "Good Communication That Blocks Learning" *Harvard Business Review,* July-August 1994, p.77)

Организации сегодня нуждаются в таких встречах с сотрудниками, которые помогут перевести фокус в рассмотрении решений с реактивного состояния на проактивное. Им нужны встречи, на которых у людей будет как можно больше возможностей высказать свое мнение по поводу вопросов, влияющих на их работу и жизнь. Такие встречи необходимы на всех уровнях организации, чтобы было понятно, что вклад и участие каждого важны, и что испытанные методы позволяют выполнить поставленные задачи, максимизируют участие и обеспечат конечное выполнение работы. Эта книга об одном из таких методов – скромном, но способном тихо вызвать революцию, и который сейчас уже используют во многих организациях. Этот подход основывается на том, как люди говорят. Он изменяет неэффективные привычки, упомянутые в первой части этой главы, и поддерживает более позитивные тенденции в рабочей среде. Этот метод называется Сфокусированная беседа.

Глава 2

Метод Сфокусированной беседы: обзор

Беседа – это единственный и сильнейший инструмент обучения в вашей организации – более важный, чем компьютеры или детальные исследования. Нам как членам общества известно «искусство светской беседы»; мы можем говорить о том, как поживают «Red Sox», или о том, куда мы ездили в отпуск. Но когда мы сталкиваемся с непрекращающимися проблемами – когда вовлечены чувства и права, или когда два устоявшихся мнения сталкиваются друг с другом – у нас срабатывает столько защитных механизмов, которые затрудняют коммуникацию и делают нас абсолютно несносными.

Уильям О'Брайен, бывший президент компании «Hanover Insurance»

Беседа, на первый взгляд, очень проста. Мы постоянно это делаем – за ужином, с попутчиками в машине или в автобусе, у кулера в офисе.

Но многие испытывают потребность в более сфокусированной беседе, где можно самостоятельно проработать определенные вопросы или проблемы, а не получать указания, что делать и как. Питер Сенге отмечает, что над этим, казалось бы, обыденным словом – «беседа» - следует задуматься серьезнее. Он утверждает, что есть сведения о том, что Будда провел значительную часть своей жизни размышляя над понятием беседы, и утверждал, что это единственный и наиболее значимый аспект человеческой жизни. Он говорит, что фраза «искусство беседы» значила что-то для нашей культуры еще совсем недавно – каких-то сто лет назад…. Сенге обращает внимание на то, что «люди рассматривали способность к беседе как одну из самых важных составляющих человеческого роста в течение всей жизни» (Senge, *Reflections on Leadership*, p. 225). Такое рассмотрение более глубоких возможностей беседы проступает время от времени в течение всей истории человечества – в древнегреческом Лицее, во французских салонах, в лондонских кофейнях 18-го века. В наше время эта тема снова оказалась на поверхности в дискуссионных группах (таких, как те, что были вдохновлены американским журналом «*The Utne Reader*» и работами о диалогах физика Дэвида Бома. *(См. Приложение I)*

Вероятно, все люди, если их спросить, будут считать, что умеют вести беседу – такую, как, например, возле изгороди с соседом или за столом на кухне. Но большинство таких разговоров, какими бы приятными и занимательными они ни были, не сфокусированы: они блуждают в множестве разных направлений, продвигаются вперед лишь вдохновением в данный момент. А что если бы беседу кто-то направлял, и она бы, скажем, в течение получаса велась на одну тему? Что бы могло получиться? Сфокусированная беседа.

Сфокусированная беседа

Один из методов, позволяющих провести более эффективную беседу, - подход, разработанный ICA как элемент Технологии Партисипативной Фасилитации (ТоР). Этот метод заключается в проведении людей через определенные этапы рефлексии, предоставление им возможности проанализировать свой опыт в группе. Многие ведущие исследователи образования и межличностных отношений описывали потребность именно в таком процессе. В «Совместном мышлении» (*Thinking Together*) Говард и Бартон из гарвардского центра исследования философии образования описывают то, что они называют «рациональной дискуссией».

> Рациональная дискуссия – это открытый, сфокусированный, серьезный диалог, в котором участники одновременно говорят и действительно слышат друг друга. Заявляя о своем мнении, вы предлагаете и другим высказать их мнение. Вы слушаете их различные взгляды и предлагаете свое видение; более того, вы не просто обмениваетесь взглядами с другими – вы, скорее, меняете свои взгляды. Вы высказываете свое мнение как бы экспериментально, поскольку цель заключается в том, чтобы протестировать ваш собственный способ мышления и развить ваше понимание». (Howard and Barton: *Thinking Together*, p. 20)

Эти исследования на тему эффективной коммуникации помогают объяснить, как метод Сфокусированной беседы помогает людям в общении и пошагово погружает в еще большую глубь обсуждения.

Четырехэтапный процесс

Метод Сфокусированной беседы от ICA может помочь людям совместно выражать свое мнение на любую тему. Он может содействовать улаживанию ссоры в офисе, разработке успешной стратегии, обмену впечатлениями на вечеринке в честь Дня рождения друга или обсуждению фильма. Сфокусированная беседа – это сравнительно простой процесс, состоящий из четырех уровней. Беседу ведет лидер/фасилитатор, который задает набор вопросов, чтобы получить ответы, которые позволят группе добраться от поверхности темы до более глубинных аспектов ее влияния на их жизни и работу.

Умение задавать вопросы – мощный инструмент во многих профессиях. Любая цитата в этой книге говорит о том, что ответить проще, чем задать действительно хороший вопрос. Еще до того как Сократ начал задавать свои знаменитые вопросы, мудрые учителя делали попытки увести людей от простых ответов и направить их к постановке умных вопросов. Некоторые люди – это правда – сопротивляются вопросам, и называют тех, кто их ставит, «шумными». Сам Сократ был вынужден принять яд, потому что задавал слишком много «неудобных» вопросов. Сталкиваясь с этим методом, некоторые говорят: «Ох, вы никогда не заставите людей ответить на все эти вопросы – они подумают, что вернулись в школу!» Действительно, всегда найдется тот, кто скажет: «Почему бы вам просто не назвать тему и позволить беседе свободно течь?» В главе 1 поданы несколько причин, почему этого делать не стоит. Беседа, которую никто не направляет, имеет тенденцию бесцельно блуждать и никуда не привести.

В Сфокусированной беседе используются вопросы на 4-х уровнях:
1. *Объективный уровень* – вопросы о фактах и внешней реальности.
2. *Рефлексивный уровень* – вопросы, призванные вызвать немедленную индивидуальную реакцию на информацию, внутренний ответ, порой эмоции или чувства, скрытые образы и ассоциации с представленными фактами. Каждый раз, когда мы сталкиваемся с внешней реальностью (факты/задачи), в нас появляется внутренний ответ.
3. *Интерпретативный уровень* – вопросы для того, чтобы определить смысл, ценности, важность и последствия.
4. *Уровень Принятия решений* – вопросы, позволяющие сделать выводы, подвести беседу к завершению и позволить группе принять решения на будущее.

Объективные вопросы и те, которые относятся к впечатлениям, идут первыми. Это, главным образом – вопросы вроде «Что мы знаем?». Далее, вопросы Рефлексивного уровня – вызывают личную реакцию, внутренний ответ, чувства или ассоциации. Вопросы на Интерпретативном уровне побуждают группу погрузиться глубже – добраться до идей, уроков, значения. Вопросы уровня Принятия решений вызывают шаги.

Эти четыре уровня рефлексии формируют схему, на основе которой может быть простроено бесчисленное множество бесед. В следующих главах этот метод будет рассмотрен детально. Но следующий шаг – рассмотреть, как он может быть применен в некоторых стандартных ситуациях.

Что если бы правительства использовали метод Сфокусированной беседы?

Что бы произошло, если бы законодательные органы использовали метод Сфокусированной беседы? Что бы произошло, если бы парламент или правительство разбились на группы по восемь-десять человек, в каждой из которых был бы свой умелый фасилитатор, и провели сфокусированное обсуждение поданного законопроекта? Представьте, как могла бы пойти такая беседа, и как политики могли бы ответить на следующие гипотетические вопросы:

Вопросы Объективного уровня:

1. О чем говорится в этом законопроекте?

2. Что конкретно в нем предлагается?

3. Что в нем не предлагается?

Вопросы Рефлексивного уровня:

4. Какую первичную реакцию у вас вызвали предложения этого законопроекта?

5. Какие его части обрадовали вас?

6. Что в нем вас злит?

Вопросы Интерпретативного уровня:

7. В чем заключается действительная цель этого законопроекта? Какие его задачи?

8. Будет ли он работать?

9. Какие изменения мы рекомендуем внести в этот законопроект?

Вопросы уровня Принятия решений:

10. Какой уровень приоритетности должен быть у этого законопроекта? Насколько он важен в сравнении с другими законопроектами, находящимися на обсуждении?

11. Какие рекомендации вы сейчас слышите в этой группе?

12. Пусть кто-нибудь зачитает принятое нами только что решение. Еще раз: это действительно то, что мы рекомендуем?

Представьте себе, какой эффект может иметь такая беседа! Представьте, как может отреагировать пресса на измененный стиль рассмотрения законопроектов!

Встречи с общественностью

Если взглянуть на это с другого ракурса, подумайте о тех ужасных публичных митингах или лекциях, когда кто-то на сцене говорит что-то аудитории, которая находится внизу, под трибуной. А что, если после речи, обстановка в помещении позволила бы людям разделиться на группы и в течение 15 минут обсудить презентацию с помощью вопросов вроде:

Вопросы Объективного уровня:

1. Какие слова или фразы вы запомнили из выступления?

2. Какие ключевые идеи или образы были в выступлении?

Вопросы Рефлексивного уровня:

3. Что вас удивило?

4. Какая часть презентации вам особенно понравилась и была интересной?

Вопросы Интерпретативного уровня:

5. Что говорилось в выступлении? О чем была речь?

6. Какие вопросы это выступление подняло для вас?

7. Какие еще, более основательные вопросы, мы могли бы задать докладчику или прояснить самостоятельно?

Вопросы уровня Принятия решений:

8. Что мы можем сделать, чтобы решить эти проблемы? Какие действия мы можем предпринять?

9. Что будет нашим первым шагом?

Что если бы каждая подгруппа должна была сделать доклад перед всей общей группой о результатах своих бесед и о принятых решениях? Это был бы совершенно другой уровень вовлечения – участие, ориентированное на действие.

Рабочая среда

Именно в рабочей среде у нас есть много шансов научиться вести хорошие беседы. Ежедневные проблемы обеспечивают много возможностей для сбора идей, обмена мудростью или поиска новых решений. Такие беседы могут стать жизненно необходимыми для любой группы, считающей себя самообучающейся организацией. Сфокусированная беседа - это инструмент для обеспечения свободного потока интеллектуального капитала в организации со всех позиций и отделов, в противовес «закупорке» их в умах нескольких «экспертов». Люди, которые непосредственно соприкасаются с проблемой в своей деятельности – вот настоящие практические эксперты. В большинстве случаев они сразу непосредственно решают свои проблемы.

В рабочей среде существует бесчисленное количество применений Сфокусированной беседы. Искусство направления беседы необходимо для того, чтобы прийти к консенсусу, решить проблемы, найти неполадки, провести коучинг или исследование, получить и интерпретировать информацию любого рода. Отчеты организаций, использующих метод Сфокусированной беседы, указывают на то, что, чем больше используется диалогический метод, тем больше новых возможностей открывается для его применения. Он применяется для оценки должности, в переговорах

урегулирования конфликтов в офисе, для проведения обзора дня, квартала, года, для оценки проектов, для побуждения группы принять решение, и даже для празднования дня рождения и выхода на пенсию.

ПОДГОТОВКА ПОВЕСТКИ ДНЯ РАБОЧЕЙ ВСТРЕЧИ

Ситуация: Вы руководите небольшой командой, ответственной за подготовку повестки дня для ежемесячного собрания персонала.

Вопросы Объективного уровня

1. Какие пункты из предыдущей встречи перенеслись на эту?
2. О каких других пунктах мы еще слышали?

Вопросы Рефлексивного уровня

3. С какими пунктами будет разобраться легко?
4. С какими сложно?

Вопросы Интерпретативного уровня

5. С какими вопросами очень важно разобраться на этой встрече?
6. Какие можно решить другим способом или в другой раз?
7. С какими нужно разобраться в первую очередь, чтобы можно было перейти к следующим?
8. Сколько времени примерно понадобится, чтобы разобраться с каждым пунктом?

Вопросы уровня Принятия решений

9. Как нам наилучшим образом организовать перечень этих пунктов, чтобы убедиться, что мы выполним все необходимые задачи?
10. Кто будет вести эту встречу?

Нет правильных или неправильных ответов

Для участия в Сфокусированной беседе не нужно специально ничему учиться. Это именно то, как и называется – беседа. В ней нет правильных или неправильных ответов. У фасилитатора «не спрятано в рукаве» ничего, кроме вопросов, призванных помочь добраться до сути предмета обсуждения. С этой целью, все вопросы в Сфокусированной беседе открытые, в них нет предполагаемых ответов, и начинаются они со слов «как», «что», «какой» или «почему». Вопросы, на которые можно ответить «да» или «нет», или дать единственно правильный ответ, не подходят для эффективной беседы.

Преимущества

Существует много преимуществ использования этого метода в рабочей среде.

- Он чрезвычайно гибкий – Сфокусированная беседа работает одинаково хорошо как в группе незнакомцев, так и в группе давних коллег. Она работает с людьми различного происхождения и возраста так же успешно, как и в более однородных группах.

- Этот метод позволяет отлично сфокусировать людей на теме достаточно долго, чтобы определить, какое требуется направление для решения поставленных задач. Такой фокус экономит время и энергию.

- Метод предполагает недопущение агитации или борьбы за власть. Он заставляет людей быть креативными, а не критичными.

- Этот метод обеспечивает настоящее слушание. Людям не нужно кричать и бороться за место на трибуне, чтобы быть услышанными.

- Этот метод не допускает отрицательного мышления. Принимаются комментарии каждого участника, никого не отстраняют и не игнорируют.

- Метод позволяет структурировать процесс мышления, что предотвращает бесцельное блуждание беседы. Дисциплинированный процесс мышления экономит время и позволяет сократить количество встреч для решения проблемы.

- Этот метод позволяет быть честными: каждый участник, зная, что его ответы будут приняты так же, как и ответы остальных, понимает, что может спокойно сказать все, что думает и чувствует. Опыт такой честности часто позволяет ощутить свободу, по-хорошему удивляться и получить заряд мотивации.

В следующих трех главах подробно описывается практическая сторона искусства Сфокусированной беседы.

Глава 3

Структура метода Сфокусированной беседы

Первым человеком, который привлек мое внимание к понятию «пережить свой опыт», была преподаватель по искусству в моем университете. Годы спустя, я понял, что «переживание своего опыта» значит познание высшего смысла в каждой жизненной ситуации; это значит преобразование материи в дух. Размышляя над этой фразой, я начал понимать, какая существенная часть каждого дня единственной и неповторимой жизни человека уходит в никуда, потому что он не научился действительно переживать свой опыт и внимательно относиться к жизни.
Joseph Mathews: "Experiencing Your Experience", Golden Pathways CD-ROM

«Слушайте! Слушайте!
Здесь и сейчас, ребята!
Здесь и сейчас!»
Олдос Хаксли, «*Остров*» (Aldous Huxley: *Island*)

Естественный процесс и метод жизни

Четырехэтапный метод, который анализируется в этой главе, - не новое изобретение. Он попросту выходит из естественных внутренних процессов восприятия, реакции, суждения и решения. Например, только надавив на газ, водитель такси замечает впереди желтый свет (Объективный уровень). «Вот черт!» - вскрикивает он (Рефлексивный уровень). Он делает мгновенные подсчеты в уме, оценивая шансы проскочить перекресток до того, как загорится красный (Интерпретативный уровень). Затем, на основании этих подсчетов, он давит на тормоз, заставляя автомобиль с визгом затормозить (уровень Принятия решений). Этот четырехэтапный метод повторяет естественный процесс человеческого мышления, который мы, как правило, не осознаем. Реагируя на события или определенный опыт, мы просто не осознаем полученную информацию и «откладываем ее в сторону». Мы «пробуем ее на вкус», решаем, принять ее или отвергнуть, и определяем ее возможное применение. В этом процессе мы придаем значение нашему опыту и определяем нашу реакцию.

Следующий пример. Прекрасным воскресным днем я выбрался на велопрогулку по велодорожке вдоль набережной озера Онтарио в Торонто. По мере того как я с легкостью кручу педали, трафик на дорожке становится плотнее. Это час пик воскресного полуденного пляжного движения. Народ на роликовых коньках совсем разгулялся – несколько человек почти заставили меня съехать с дорожки. Бабушкам, гуляющим с детьми, непременно нужно болтать посреди дороги. И даже коврики для пикника вылезли на мою дорожку. Моя езда превращается в вереницу рывков, по мере того как я пытаюсь объехать всех этих людей. Пресытившись этим, я хочу свернуть с дороги, и тут же меня справа подрезает парень на роликах. «Все, это предел!»

Я начинаю вскипать: «Ну почему люди не могут держаться своей стороны дорожки?». Я рычу себе под нос. Какой-то мальчишка-подросток поставил свой велосипед поперек дороги и проверяет покрышки, заставляя меня полностью остановиться. «Прошу прощения! - говорю я. – Будьте так любезны убраться у меня с дороги!». Я нервно выдыхаю: «Идиот!» Теперь я киплю, я в полной ярости.

Солнце светит высоко в небе, озеро сверкает миллионом алмазных бликов. У берега швартуются яхты, желая стать элементом этой идиллической картины. Дети поглощают огромные порции мороженого. И я говорю себе: «Что происходит? Как же так, что эти люди так веселятся? Почему я так злюсь по любому поводу? И кто сказал, что это моя личная дорожка? Весь мир собрался на этой дорожке, но ведь я часть его. Все эти люди – семьи на пикниках, ребята на роликах, дети, другие велосипедисты – все они те, кем хотят быть. Соберись!»

Внезапно я понимаю, что могу расслабиться. Нужно просто позволить всему идти своим чередом, и плыть по течению, на моей собственной скорости. Я ведь могу наслаждаться счастливым хаосом всего происходящего. Я могу жить реальной жизнью,

Таким образом, моя естественная реакция прошла четыре уровня, позволила мне перестроить опыт проживания этого воскресного дня, и я смог раствориться в ситуации, вместо того чтобы противиться ей.

Истоки метода

Этот четырехэтапный метод уходит корнями в более целостные теории человеческого существования, которые мы наблюдаем в работах Жан-Поля Сартра, Эдмунда Гуссерля и Сёрена Кьеркегора. Они считали, что когда человек думает, реагируя на что-то или принимая решение, это происходит как комплексный процесс. Как отмечает Эдгар Шейн, наша нервная система – это одновременно система сбора данных, система обработки эмоций, система создания значений и система принятия/внедрения решений. (Schein, Edgar, *Process Consultation Part II*, p. 63) Мы наблюдаем за тем, что происходит вокруг нас, потом внутренне на это реагируем, мы используем наши когнитивные возможности для того, чтобы разобраться в этом и понять последствия наших действий. На каждом уровне мы объединяем осознанные нами факты, когнитивные связи – и таким образом живем.

Жизненные предпосылки

Очень важно уловить предпосылки, стоящие за этим методом. Во-первых, метод предполагает, что мы воспринимаем реальность жизни в осязаемом, наблюдаемом, чувственном измерении. Мы познаем мир путем эмпирического опыта, а не живем с каким-то абстрактным представлением в башне из слоновой кости или некой виртуальной реальности.

Во-вторых, данный метод предполагает, что истинные чувства и эмоции происходят от эмпирического опыта, который мы проживаем. Эта внутренняя информация, полученная через чувства, эмоции и ассоциации, - так же реальна, как и «видимая» информация, и должна рассматриваться серьезно во время принятия решения. Порой люди возражают против Рефлексивного уровня, считая его «трогательно-чувственным» и отстаивая мнение, что людей не нужно просить делиться своими личными чувствами. Книга «Эмоциональный интеллект» Дэниела Гоулмана напоминает нам о том, что для того чтобы восстановить человеческие эмоции и чувства в качестве интегральной части того, что мы называем «быть человеком», нужно еще проделать огромную работу.

Третья предпосылка заключается в том, что значимость – это не что-то, что можно отыскать лишь в покорении горных вершин или в эзотерической литературе, напротив, значимость – это то, что содержится в повседневных связях в течение всей нашей жизни. Значимость – это то, над чем нам всем следует постоянно работать, осознавая реальную жизнь, которая находится у нас в руках.

В-четвертых, что касается уровня Принятия решений, метод предполагает, что процесс выработки определенного видения жизни включает в себя проецирование этого видения в будущее. Если мы не определим будущие последствия наших действий, наша реакция застрянет на обработке внутренних откликов, которые никогда не увидят света. Они станут еще одной формой самосозерцания.

Системный процесс

Этот четырехэтапный инструмент – целостный процесс. Он использует все ресурсы тела, чтобы познать окружающую среду: ощущения, память и чувства. Он задействует оба полушария мозга, интуицию и логику. Он вовлекает силу воли для того, чтобы подвести процесс к принятию решения. В таком понимании, Сфокусированная беседа – это системный инструмент. Выражаясь словами Сьюзан Лангер (Susan Langer), этот метод «субъективирует внешнее и объективирует внутреннее». Он наполняет чувством и значением то, что находится за пределами «Я». Это может вывести на поверхность эмоции и идеи, которые в других обстоятельствах просто не проявились бы.

Стрелки отношений

На этой схеме показаны четыре вида отношений или этапов.

Этот образ основан на постмодернистком понимании человечности и себя не как субстанции, а как совокупности взаимоотношений.

Эту совокупность отношений отображают четыре вертикальные линии. Это одно изображение – не четыре. Представьте, что эта схема – анимационное видео, которое проявляется слева направо. Каждый уровень строится на информации из предыдущего.

Эта визуализация основана на изречении Сёрена Кьеркегора: «Самость – это отношение [четыре вертикальные линии], которое в отношении себя к себе [первая стрелка] и желании быть собой [вторая стрелка], основывает себя во власти, которая постулирует ее [третья стрелка]». (Кьеркегор, *Болезнь к смерти* – Kierkegaard, *The Sickness Unto Death* с. 13-14)

Применение метода для построения беседы

Метод Сфокусированной беседы использует четырехэтапный процесс как основу для разработки вопросов, которые вовлекут группу в диалог. Ситуации с светофором и велопрогулкой являются частными случаями. Но такие примеры из личного опыта могут служить отличной пищей для групповой рефлексии, если они прорабатываются структурировано. Некоторые могут спросить, почему такой естественный мыслительный процесс нуждается в структурировании для проведения беседы. Лора Спенсер комментирует это так:

> Наше образование и обучение преимущественно учит нас сокращать этот [мыслительный] процесс и двигаться прямо к … оценке и анализу вещей и понятий, например, поэзии, политической системы, потенциала человека или источника проблемы – без предварительного сбора всей доступной информации. Нас также

учат, что эмоциональные реакции не имеют значения, что их нужно избегать или подавлять. Как только мы подходим к Интерпретативному уровню, мы часто там останавливаемся, так и не формулируя ответа, который привел бы нас к действиям. (Spencer, Laura, *Winning Through Participation*, p. 48)

Метод Сфокусированной беседы основывается на этих четырех уровнях осознания и смещает акцент с индивидуальной реакции на групповые идеи. Такая беседа фокусируется на определенной теме. Вопросы в ней призваны подвести нас к конкретному измерению ситуации, к эмоциональной реакции, к ее интерпретации и к решению, которое требуется принять. Далее мы подробнее рассмотрим все четыре уровня.

Объективный уровень

В словаре понятие «объективный» (objective, прилагательное) поясняется как внешний по отношению к разуму, относящийся к внешним объектам, означающий факты, не подкрашенные чувствами или мнениями. «Объект» (objective, существительное) означает такие понятия, как информация, факты и внешняя реальность, или то, что кто-то назвал «ННД» (D.O.D.) – непосредственно наблюдаемые данные (Directly Observable Data). Не поработав на Объективном уровне, группа не сможет быть уверенной, что все участники в ней говорят об одном и том же. Подобно слепцу, трогающему слона, они могут не охватить общую картину, которая бы объединила все их мнения воедино.

Беседа запускается с контекста или некоторых вступительных слов, которые определяют для группы, о чем эта беседа, и почему она важна. Если этот метод не знаком группе, контекст раскроет его в общих чертах – достаточно для того, чтобы позволить группе участвовать.

Первые вопросы беседы извлекают факты. Это, как правило, вопросы об ощущениях: что вы видите, слышите, какое оно на ощупь, какой у него вкус и запах? В зависимости от темы, некоторые ощущения, особенно зрительные и слуховые, более релевантны, чем другие. Обсуждение впечатлений от большого банкета будет содержать

Объективный уровень – кратко

Фокус вопросов	Данные, факты по теме, внешняя реальность
Что этот уровень делает для группы	Помогает убедиться, что все говорят об одном и том же, и что каждый в курсе всех аспектов темы
Вопросы касаются	Ощущений: что видят, слышат, осязают и т.д.
Ключевые вопросы	Какие предметы вы видите? Какие слова или фразы особенно выделяются? Что произошло?
Ловушки и подводные камни	Закрытые вопросы или недостаточно точные вопросы; нечеткий фокус; игнорирование Объективных вопросов, потому что они «слишком тривиальные»
Если опустить этот уровень	Не будет общего понимания того, что обсуждает группа; комментарии участников будут несвязными, разрозненными

вопросы о запахах и вкусах, а обсуждение скульптуры наверняка будет опираться на осязание, на ощущения от прикосновения к поверхности скульптуры. Правильные вопросы зависят от того, какая информация релевантна. Это могут быть вопросы о конкретных фактах прошлого, например: «Что Джон сказал на самом деле?».

Поскольку на Объективные вопросы отвечать проще всего, фасилитатор, или чрезмерно активная группа, могут поддаться искушению сократить их или вообще опустить. И лишь позднее они выяснят, что говорят не об одном и том же. Твердая решительность фасилитатора задать эти вопросы, невзирая на всеобщее сопротивление, создает движение от этого сопротивления к участию.

Рефлексивный уровень

Далее следует Рефлексивный уровень, на котором каждый участник выражает свое собственное впечатление от темы. Вопросы на этом уровне касаются чувств, настроения, воспоминаний и ассоциаций. Под ассоциациями мы понимаем те мысли, которые начинаются с «Это напомнило мне о…». Этот вид информации, поступающий изнутри, так же реален и важен, как и объективные факты. Если меня что-то волнует, очень важно сказать об этом. Правильная интерпретация и эффективные решения должны основываться как на внешних, так и на внутренних данных.

Этот уровень предполагает, что каждый из нас имеет свою собственную реакцию на любую ситуацию. Эта реакция основывается на наших приобретенных с годами знаниях. Она может основываться на определенном воспоминании, но также может быть интуитивным ответом.

На этом уровне участникам задают вопросы, для ответа на которые им нужно задействовать свои аффективные способности. Их просят высказаться по поводу того, что они услышали ранее, только для того, чтобы еще раз подтвердить уже известное. Вопросы на Рефлексивном уровне отображают то, что люди чувствуют относительно чего-то – нравится ли им это, злит ли это их, воодушевляет, интригует, пугает или

Рефлексивный уровень – кратко

Фокус вопросов	Внутреннее отношение к информации
Что этот уровень делает для группы	Отображает внутреннюю реакцию участников
Вопросы касаются	Чувств, эмоций, настроения, воспоминаний и ассоциаций
Ключевые вопросы	Что это вам напомнило? Какие чувства вызвало? Что вас удивило?
Ловушки и подводные камни	Сведение всей беседы к этому уровню, или сбор ответов вроде «нравится \не нравится».
Если опустить этот уровень	Не будет учтено измерение интуиции, памяти, эмоций и воображения

радует. Вопросы Рефлексивного уровня могут быть следующими: Какой свой опыт вы ассоциируете с этим? Когда вы были в подобных ситуациях? Что вас удивило? Что вам понравилось? С чем вам пришлось побороться?

Западная философия и психология склонны подчинять мир внутренних переживаний восприятию и мысли. Эмпирики считали этот мир блеклой версией восприятия; рационалисты рассматривали его как нечто испорченное и вырожденное. Дэниел Гоулман, однако, утверждает, что высокий IQ (который измеряет лишь рациональный интеллект) не гарантирует успех и счастье, а вот «эмоциональный интеллект», чрезвычайно много значит для нашей судьбы. (Goleman, Daniel: «*Emotional Intelligence*», p. 36)

Без вопросов Рефлексивного уровня скрытые образы, ассоциации и эмоции не раскроются в группе. Если не задавать Рефлексивных вопросов, никогда не проявится необходимый мир интуиции, памяти, эмоций и воображения. Не получив возможности разобрать тему на этом уровне, участники почувствуют разочарование. Они могут подумать, что их чувства считаются неважными. После встречи они озвучат свои ощущения друг другу в неформальной обстановке, но без структурированной обработки пользы от них не будет.

Интерпретативный уровень

Третья сфера вопросов – это Интерпретативный уровень, на котором проводится глубинный анализ, для того чтобы добраться до сути темы. Интерпретативные ответы основываются на объективных фактах, плюс ассоциации и чувства, выраженные на Рефлексивном уровне. Интерпретативные ответы освещают уровни значимости и значения, которые люди приписывают ситуациям и реакциям. Они побуждают группу придать важность событию. Ключевое слово на этом уровне – почему. Вопросы

Интерпретативный уровень – кратко

Фокус вопросов	Значение темы
Что этот уровень делает для группы	Позволяет определить значение и важность информации, предоставленной группой
Вопросы касаются	Уровней значения, целей, важности, последствий, «истории» и ценностей, альтернатив, вариантов
Ключевые вопросы	Что здесь происходит? О чем все это? Что это для нас значит? Как это повлияет на нашу работу? Какие уроки мы можем извлечь из этого? В чем основная идея этого?
Ловушки и подводные камни	Искажение фактов приписыванием им заранее подготовленного значения; интеллектуализация, абстракции, оценка ответов как правильных или неправильных
Если опустить этот уровень	Группе не удастся понять смысл первых двух уровней, и принятие решений будет совершаться менее обдуманно и менее осознанно

Уровень Принятия решений – кратко

Фокус вопросов	Решения, последствия, новые направления
Что этот уровень делает для группы	Делает беседу релевантной будущему
Вопросы касаются	Консенсуса, внедрения, действий
Ключевые вопросы	Какой наш ответ? Какое решение от нас требуется? Какие наши следующие шаги?
Ловушки и подводные камни	Заставлять группу принять решение, когда она еще не готова, или не подталкивать группу к принятию решения
Если опустить этот уровень	Ответы из предыдущих уровней не применяются и не проверяются в реальной жизни

Интерпретативного уровня помогают выстроить «историю» того, что происходит. Здесь может встать вопрос ценностей, например: «Какие ценности это раскрывает?»

Если не развить в группе динамику, намеченную на Объективном и Рефлексивном уровнях, эффективность третьего уровня будет гораздо меньшей.

Этот уровень может занять большую часть времени, поскольку вопросы апеллируют к более глубинному измерению. (См. Список рефлексивных и интерпретативных вопросов, Приложение А)

Уровень Принятия решений

Четвертая часть Сфокусированной беседы – уровень Принятия решений, на котором обсуждаются последствия решений и новые направления. Здесь необходима определенная мера решимости, чтобы завершить беседу. Вопросы позволяют участникам на основании информации, полученной на предыдущих уровнях, сделать осознанный выбор. Это могут быть краткосрочные или долгосрочные решения. Они могут включать действия или слова. Но если никакого решения не принимается, беседа будет пустой тратой времени.

Вопросы уровня Принятия решений позволяют людям определить их собственные сознательные связи с их ситуацией путем называния их. Здесь названия, которые люди дают событиям или вещам, отражают их решения и выбор.

Другие названия Сфокусированной беседы

Метод Сфокусированной беседы известен уже долгие годы под несколькими названиями. Впервые он назывался «метод произведений искусства» ("art form method"); потом – «метод дискуссии». Некоторые называли его «базовым разговорным методом» или «управляемой беседой». Практики с большим опытом просто называют его методом О-Р-И-П, производным от названий его четырех уровней. В этой книге мы используем название «Сфокусированная беседа».

Глава 4

Ведение Сфокусированной беседы

О моя душа, будь готова к приходу Незнакомца, Будь готова для того, кто знает, как задавать вопросы.

Т.С. Элиот, «Камень» (T.S. Eliot: "The Rock")

Коллективный разум просто так не случается. Нужен метод.

Mirja Hanson in *Beyond Prince and Merchant* (Ed. John Burbidge)

Задача ведущего беседы – высвободить идеи, мудрость, развернуть опыт группы в контексте темы и подвести группу к обдуманному решению.

Однако групповые беседы – это непросто. Зачастую они больше напоминают сплав по порогам, чем греблю по спокойной реке. На каждом участке скалистые выступы грозят разбить плот беседы. Всегда найдутся участники, которые будут пытаться доминировать в обсуждении, практически не оставляя другим возможности выразить себя. Если беседа медленно ползет или начинает повторяться, людям становится скучно, и они могут уйти. Или же, как только беседа взяла правильное направление, кто-то обязательно бросит камень, который грозит потопить лодку разговора, сказав что-то, вроде, «Мы уже пробовали это два года назад, и ничего не получилось». Или же, группа приходит к решению, которое кажется таким простым, что заставляет людей улыбаться.

Невзирая на эти опасности, групповые дискуссии чрезвычайно важны и необходимы, и во многих случаях гораздо более уместны, чем индивидуальные разговоры. С их помощью можно быстро собрать информацию от многих людей, а объединенный коллективный разум может часто помочь решить проблемы или, по крайней мере, сделать существенный прорыв, а остальное уже сделает рабочая группа.

Как вести одну из бесед в этой книге

Вы можете спросить: «Зачем вообще вести сфокусированные беседы? Разве беседа не должна быть спонтанной? Разве попытка направлять беседу не разрушает спонтанность и не убивает весь интерес к беседе?». Если бы мы все достигли седьмого уровня человеческого восприятия, – да, возможно так и было бы. Но поскольку мы все еще находимся на пути обучения, нам может быть полезно определенное направление в этом процессе. Если бы каждый пытался подвести разговор к его глубинному смыслу, если бы мы никогда не пытались красоваться, спорить, прикидываться дураками или говорить назло друг другу, может, нам бы и не понадобился навык вести, направлять. Но опыт показывает, что если кто-то выделяет время, чтобы продумать беседу, собрать группу и продумать этапы беседы вплоть до выводов, все, как правило, проистекает лучше. Ведущий беседы может заставить группу пройти через поверхностные мелочи, наскоро слепленную аргументацию и тучи абстракций. Но если избежать таких распространенных подводных камней, беседа пройдет лучше. Люди участвуют в обсуждении более свободно, факты строятся на последующих фактах рациональным образом.

Итак, в чем заключается процесс проведения одной из бесед, поданных в этой книге?

1. Выберите подходящую обстановку

Ответственный ведущий предварительно проверяет обстановку помещения, где будет проводиться беседа. Выбирайте подходящее место: в идеале, оно должно быть таким, где участники смогут сесть за круглый стол, за столы, выставленные прямоугольником, или просто в круг на стульях – важно, чтобы люди имели возможность поддерживать друг с другом зрительный контакт. Кафе с десятками других разговоров вокруг будет не лучшим местом. Убедитесь, что беседу не будут прерывать. Поставьте свой телефон не беззвучный режим. Если обсуждение потребует использования флипчарта, убедитесь, что он готов. Если группа обсуждает документ, позаботьтесь о том, чтобы перед каждым участником лежала его копия. Все в таком месте должно говорить: «Это важно». Обстановка должна быть такой же располагающей, как и в хорошем ресторане.

2. Приглашение

Пригласите участников занять свои места. Вы же принимаете нейтральную позицию и ждете, пока все рассядутся.

3. Вступление

Начните с нескольких заготовленных вступительных фраз. Если участники группы болтают между собой, дождитесь естественного перерыва и тогда начинайте говорить. Это гораздо лучше, чем пытаться успокоить их. В большинстве случаев участники собираются, если вы скажете «Давайте начнем». Затем скажите, почему эта группа здесь сегодня собралась, какая тема, и сообщите любой другой необходимый контекст.

4. Первые вопросы

Как правило, полезно, чтобы на первый вопрос ответил каждый участник. Это «разбивает лед» во всех присутствующих. Пусть это будет простой вопрос, с которым ни у кого не возникнет трудности. Если первый вопрос звучит следующим образом: «По мере того как вы просматривали этот отчет, какие фразы привлекли ваше внимание?» - скажите: «По первому вопросу начнем с Романа – и потом по очереди. Роман, какие фразы привлекли ваше внимание?» (После того как Роман ответит, переведите взгляд на другого участника и ждите). Ответы должны поступать плавно, один за другим, и они должны быть краткими. Не допускайте, чтобы кто-то пытался красоваться или выступать с речью. Скажите им, что обсуждение ответов и рекомендаций будет позднее. Если вы подозреваете, что некоторые молчат потому, что боятся сделать ошибку, скажите им: «В этой беседе нет неправильных ответов».

Отвечать на Объективные вопросы может быть как самой легкой, так и самой сложной частью беседы. Некоторым людям кажется абсолютно несерьезным делиться очевидными наблюдениями. Они захотят немедленно перепрыгнуть к выражению своего мнения о предмете обсуждения или к быстрым решениям того, что нужно с этим делать. Вам может понадобится помочь группе разобраться с Объективными вопросами. Если они перепрыгивают к абстрактным замечаниям, вы можете повторить вопрос, проясняя его. Порой, вам нужно самому дать ответ, в качестве примера: «Я, например, отметил в этом документе часть о правах временных сотрудников».

Вам может понадобиться напомнить участникам о том, чтобы они в полной мере использовали возможность высказаться, и чтобы каждый присутствующий мог их слышать. Ответы группы обращены к вам как к лидеру или к центру стола, то есть, к общему вниманию. Каждый участник должен иметь возможность услышать все ответы.

5. Последующие вопросы

Следующие вопросы адресуйте всей группе. Отметьте, что кто угодно из участников может ответить: «А теперь я попрошу кого-нибудь из вас ответить на эти вопросы». Это сообщит им о том, что вы не будете пускать эти вопросы по кругу, и что кто угодно может отвечать в любом порядке.

6. Если сбились с темы, что делать?

Если участники потеряли нить дискуссии, это не проблема дисциплины. Человеческий ум очень ассоциативен, поэтому отступления от темы случаются очень легко. Однако поскольку вы ведете Сфокусированную беседу, фокус – это суть всей «игры». Если вы замечаете, что кто-то отклоняется от темы, подтвердите, что этот человек говорит важные и интересные вещи. Затем резюмируйте все, что группа до сих пор сказала в ответ на последний вопрос. Возможно, понадобится повторить этот вопрос. Отклонение от темы может также сигнализировать о том, что пришло время переходить к следующему вопросу.

7. Длинные или абстрактные ответы: что вам делать?

Если кто-то затягивает свой ответ, попросите этого человека привести конкретный пример «Сергей, а как бы вы это сказали другими словами?», или «Сергей, вы могли бы привести конкретный пример того, о чем говорите?». Такие вопросы помогают прояснить идею говорящего и подать ее более аргументированно. Оставить смутные ответы не уточненными – в данном случае неуместная вежливость по отношению к спикеру. Покажите говорящему, что вы заботитесь о том, чтобы его мысль была понята.

8. Если начинается спор, что вам делать?

Если участники начинают спорить друг с другом, напомните группе о необходимости уважать все точки зрения, что каждый обладает нужными знаниями, и что у каждого есть свой элемент общего пазла, который группа должна собрать. Затем спросите, думает ли кто-нибудь иначе. Как только кто-то начинает перебивать другого участника или перечить ему, фасилитатор может попросить этого человека придержать свой комментарий до тех пор, пока не закончит свой ответ говорящий. Хороший ведущий беседы должен уметь действительно быстро реагировать в таких ситуациях. Затем, когда закончит говорить первый человек, предложите второму высказать его возражения. В таком случае спора не будет. Фасилитатор позволяет противоречивым взглядам стать рядом, как равноправным ответам на вопрос. Затем повторите вопрос и позвольте ответить всем остальным, или переходите к следующему вопросу.

9. Если люди чрезмерно реагируют на ответы других, что вам делать?

В каждой беседе найдется два-три человека, которые не будут позволять пройти ничему, с чем они не согласны. Если начинаются такие прерывания, попробуйте сказать следующее: «Я понимаю вашу мысль, но мне неясно, каким образом она отвечает на заданный мною вопрос. Похоже, вы не согласны с ответом Николая. Тогда скажите нам, пожалуйста, как бы вы ответили на этот вопрос». Позвольте этому человеку ответить, а затем продвигайтесь дальше.

10. Заключение

Подведите беседу к завершению, в нескольких словах подводя итог выводов, к которым пришла группа, и поблагодарите участников. Вы можете использовать слова, подобные тем, что поданы в модели беседы в этой книге, или придумать свои собственные. Если вы делали заметки во время беседы, скажите группе, как вы будете их использовать, и заверьте участников, что сделаете копии ваших записей для их дальнейшего использования.

Некоторые моменты, о которых важно помнить

В дополнение к этим общим инструкциям ведущий беседы должен придерживаться определенных принципов и ценностей. Эти ценности внедрены в сам метод, но все же они должны быть четко сформулированы и здесь.

1. Фасилитатор ничему не учит

Базовое качество фасилитатора, который задает вопросы, согласно Джону Клоепферу, - это его открытость, или то, что Сократ назвал docta ignorantia, «ученое незнание». В то время как фасилитатор – это умелый методолог (часть «docta» известной фразы), он открыто признает свое неведение – ignorantia – незнание, крайнюю открытость чему угодно, что может получиться из беседы. Однако, бывают фальшивые беседы, в которых метод попросту используется для утверждения существующей позиции – им недостает искренней открытости, необходимой для получения настоящего понимания и озарения. (Kloepfer, John, *The Art of Formative Questioning: A Way to Foster Self-Disclosure,* p.146)

Это значит, что человек, задающий вопросы, должен находиться в позиции «незнания», необходимого для того, чтобы быть открытым. Любой фасилитатор, который «уже знает ответы», не может вести открытую беседу. Часть подготовки фасилитатора – развить в себе искренний интерес к тому, что может знать группа – в противоположность надежде, что вопреки всему участники додумаются до «правильных» ответов.

Тот, кто был или является учителем или тренером, всегда испытывает непреодолимое желание вмешаться. Его учили исправлять ошибки, расширять или поправлять то, что говорится кем-то. Но Сфокусированная беседа ничему не учит. Единственным провалом здесь может стать неспособность понять, что группа на самом деле думает, чувствует и хочет.

Временами, разумеется, ведущий беседы располагает некоторым массивом данных, которыми лучше всего делиться в формате презентации. Если фасилитатор – эксперт, скажем, в системе здравоохранения, он может начать с вопросов, которые прояснят для него, в чем заключаются беспокойства и вопросы участников относительно системы здравоохранения. После этого он может выбрать соответствующий фокус своей презентации. В таком случае, докладчик сперва проведет Сфокусированную беседу и после этого адаптирует свою презентацию к уровню знания группой темы. После презентации фасилитатор может провести еще одну беседу о том, что группе показалось полезным или не до конца понятным в презентации, или же сессию по решению проблем, основанную на принципах, которые он представил во время доклада. В таких случаях, когда выступление и высказывание впечатлений совмещены, очень важно разделить роли фасилитатора беседы с одной стороны и выступающего с презентацией – с другой. Если нет возможности, чтобы эти роли исполняли разные люди, докладчику следует избегать соскальзывания в роль эксперта во время ведения группового обсуждения.

2. Мудрость группы

Хороший лидер беседы доверяет мудрости группы. Если только он не имеет доказательств обратного, он предполагает, что группа в целом знает больше, чем кто-либо один из ее членов, включая его самого. Когда услышаны все мнения, получается более целостная картина, подобно алмазу с множеством граней. Цель беседы – получить «многогранную мудрость».

3. Абстрактные вопросы, абстрактные ответы

Абстрактные ответы могут быть частично или полностью нейтрализованы четкими и конкретными вопросами. Нам всем известна поговорка: «Мусор на входе – мусор на выходе». Подобная схема существует и для вопросов с ответами. Если ведущий беседы задает неясные или абстрактные вопросы, он, вероятнее всего, получит такие же ответы. Конкретные вопросы дают больше шансов получить конкретные ответы. «Что нам необходимо, чтобы иметь возможность лучше общаться?» - это неясный вопрос. Отметьте разницу между ним и вот таким конкретным вопросом: «Из каких элементов состоит эффективная система общения?». Конкретные вопросы дают лучшие результаты. Например, «Какие результаты вы видите?» - более конкретный вопрос, чем: «Что вы видите?».

4. Правильная группа

Если фасилитатор не верит в группу, это, пусть и едва различимо, но проявится. Он будет предварительно принимать любые ответы и не будет пытаться разъяснить абстрактные реплики. Фасилитатор будет слепо принимать все ответы, поскольку они, на

с этим, чтобы уже, наконец, пойти и поговорить с людьми «поумнее», которые смогут дать ответы получше. Любая группа заметит, когда ее не воспринимают всерьез и не уважают. Люди больше не будут доверять такому фасилитатору.

Фасилитатор должен верить в группу, даже если это сложно. Чтобы справиться с этим, одна фасилитатор придумала себе мантру и повторяла ее перед началом каждой сессии: «Это именно те люди, которые могут справиться с этой проблемой в данный момент. Эта группа обладает мудростью, необходимой для решения вопросов и проблем, которые стоят сейчас перед ней. Эта группа находится в правильном месте и решает правильные проблемы». Ей эта мантра очень помогает.

5. Достоверность информации

Когда участник делает свой вклад в беседу, мы, как правило, полагаем, что его утверждение достоверно и взято из его собственного неповторимого жизненного опыта. Ведущий беседы не должен соглашаться с любыми ответами на свои вопросы. Он должен понимать их, чтобы иметь возможность помочь группе разглядеть варианты и обсудить их. Если взгляды одного участника кажутся странными другим, возможно, у них есть существенное основание, кроющееся в некоторых жизненных ситуациях этого участника. В конце концов, мы продолжаем расти благодаря нашим усилиям понять различные точки зрения и идеи, а это часто предполагает избавление от наших собственных предубеждений.

Несмотря на то, что каждый элемент информации, предоставленной участниками, может считаться достоверным, ни один из них не предоставляет целостной картины.

Как насчет ответов, которые неэтичны или не соответствуют реальным фактам?

Бывает, кто-то из участников дает неэтичный или не соответствующий реальным фактам ответ. Он может носить расистский, сексистский характер, выражать нетерпимость по отношению к чему-либо, быть циничным, исторически или географически неправильным (это может быть ответ того, кто хочет выдвинуть на обсуждение свои проблемы или не дающие ему покоя вопросы). Если ответ был неверным фактически, очень важно послушать тон, которым он был высказан. Фасилитатор не должен пропустить такой ответ, но то, как на него отреагировать, будет зависеть от ситуации.

Фасилитатор может спросить: «Почему вы это говорите?», или «Это не совпадает с той интерпретацией, которую я слышал, но я могу ошибаться. Пожалуйста, проясните это для меня». Можно также спросить: «Что из вашего опыта привело вас к такому мнению?»

Важно выказать уважение такому человеку. В то же время, его комментарий не может стать фокусом всей беседы. Поэтому, если фасилитатор считает, что группа способна принять такой ответ, можно игнорировать его и продолжать. Но если он видит, что группа явно оскорблена таким ответом и ждет, что он что-нибудь предпримет, тогда можно применить один из указанных выше подходов.

Важно, чтобы и «личный багаж» фасилитатора не повлиял на обсуждение. Например, если фасилитатор всю жизнь борется с расизмом и ревностно относится к расовой справедливости, для него может возникнуть соблазн направить всю беседу в это русло. Это злоупотребление методом и оскорбление группы.

Каждый имеет свой фрагмент паззла, но целостную картину можно получить лишь если к визуальному восприятию добавить слух и понимание каждой точки зрения. Когда людям не удается понять точку зрения или опыт другого, всегда возникают конфликты. Эта книга настаивает на возможности того, что любая группа может прийти к общему пониманию. Важно также, чтобы это понимание было искренним и полным. Только тогда группа обретет необходимую мудрость. Временно это становится правдой для данной группы. Потому что правда не залита в цемент – она подвижна. Это двигающаяся цель, переменчивая конструкция. Группа всегда должна приходить к своему собственному пониманию своей темы.

6. Принятие группой содержания беседы

Пока фасилитатор задает вопросы, группа владеет темой обсуждения, считает ее своей. Участники действительно видят себя в ситуации и выдвигают свои варианты ее решения. Следовательно, они признают свои ответы, и им интересно, как будут использованы их идеи. Некоторые руководители забывают об этом. Они собирают группу, чтобы обсудить проблему, берут протокол встречи с собой и никогда больше не говорят об этом с группой. Разумеется, члены этой группы предполагают, что их ответы ушли в никуда. Очень важно позаботиться о том, чтобы группа узнала, как будут использованы ее ответы.

7. Ответственность фасилитатора

Существует разница между следованием плану беседы и принятием полной ответственности за то, как она развивается в действительности. Фасилитатор, который просто читает подготовленные вопросы с листа, оказывает группе плохую услугу. Никому не нравится, когда с ним обращаются как с роботом.

Лидер должен сделать больше, чем просто составить план и следовать ему на автопилоте. Ключ к эффективному диалогу – это активный взаимный обмен репликами между вопросами и ответами. Посреди беседы вы можете обнаружить, что вопросы, которые вы подготовили заранее, не совсем подходят ситуации. На каком-то уровне может оказаться недостаточно вопросов для получения полной информации. Тон вопросов может быть слишком формальным и не подходить под настроение группы. В таких случаях вам необходимо реагировать соответствующим образом – где-то задать дополнительные вопросы, а где-то пропустить вопрос или перефразировать его. Это, как правило, значит, что нужно приложить немалые усилия для того, чтобы

на ходу, чтобы продолжать направлять группу и «копать глубже».

Глава 5

Этапы разработки беседы с нуля

Ключевой фактор развития организации – это качество взаимного обмена мнениями и групповое обсуждение того, что происходит в этой организации.
Brian Hall, *Values Shift*

Беседы в этой книге уже прописаны и готовы к использованию, и большинство из них может быть использовано в том виде, в котором есть. Однако ситуации, для которых они разработаны, не идентичны вашим ситуациям, и вам, вероятно, потребуется несколько адаптировать их под вашу группу и задачи. Но что если беседа, которая вам понадобится, в этой книге отсутствует? Тогда вам придется готовить ее с нуля.

Качественная беседа начинается с качественной подготовки. Фасилитатору действительно нужно для этого время. После применения этого метода в течение многих лет приходит умение делать это спонтанно. Но даже тогда, лучшие беседы – это все же те, которые готовятся заранее. Предварительная подготовка сохраняет время на встрече. Процесс подготовки также имеет пошаговую структуру.

Пожалуй, первый шаг – определить, действительно ли беседа – тот инструмент, который вам нужен в данной ситуации. Возможно, это не так. Возможно, более уместным будет воркшоп, сессия планирования, сессия построения модели. Если персонал с нетерпением и опасением ждет предстоящих изменений в их работе, будет целесообразно сразу же перейти к планированию. Группе, уже до краев наполненной идеями, необходим воркшоп, чтобы поделиться этими идеями друг с другом и обсудить их.

Только после рассмотрения ряда возможных следующих шагов и выяснения, что Сфокусированная беседа целесообразна, следует переходить к следующим этапам подготовки. Эта глава проводит вас через все этапы подготовки качественной беседы. Все этапы также кратко описаны в таблице в Приложении I.

Подготовительные шаги

1. Сфокусируйте беседу

Сфокусировать беседу значит выбрать ее цель. Например, недавно вышел обширный отчет с результатами анализа рынка, и маркетинговый директор хочет обсудить его со своей командой. Отчет – это общая тема беседы, но требуется большая точность. Директор видит предмет обсуждения сквозь ненастроенный объектив – его нужно отрегулировать, чтобы появился четкий фокус. Поразмыслив, он говорит себе: «Что нам действительно нужно обсудить, так это применение результатов из отчета к нашей ценовой политике относительно новой модели корабля на воздушной подушке». После того как каждый изучил раздел о кораблях, директор говорит: «Давайте поговорим о том, что мы узнали о структуре ценообразования для суден на воздушной подушке».

Для того чтобы достичь необходимого уровня четкости, нужно время на размышления. Человек, готовящий беседу, должен установить четкую связь между темой беседы и потребностями группы. Без четкого фокуса группа будет говорить об общих понятиях и не будет знать, что, собственно, происходит. После нескольких таких попыток, группа начнет отстраняться от подобных собраний. Вместо того чтобы чувствовать, что их объединенные творческие идеи эффективно применяются в полезном русле, участники будут чувствовать, что их драгоценное время тратится впустую. Они поймут, если их будут бессмысленно использовать, вместо того чтобы позволять им решать насущные проблемы.

2. Запишите цель беседы

Много потенциально продуктивных бесед уходят в никуда, потому что они будто корабли без штурвала – бесцельно блуждают или ходят по кругу. Если фасилитатор рулевой, то цель беседы – его штурвал. Эффективная беседа одинаково нуждается в хорошем фасилитаторе и в сфокусированной цели. Думая о цели беседы, полезно записать ее с двух точек зрения:

Рациональная цель – это польза беседы. Рациональной целью может быть прояснение недоразумения, решение определенных проблем, или извлечение уроков из прошедшего трудового года.

Практическая цель беседы относится к внутреннему влиянию на участников. Например, практической целью может быть восстановление уверенности команды в проекте, залечивание ран, полученных в прошлом, или повторное открытие дверей коммуникации.

Лидеру следует поразмыслить над этими целями и записать их.

3. Определите конкретный исходный пункт для ваших Объективных вопросов

Если цель вашей беседы – установить лучшие отношения в команде, начинать прямо с вопроса об этих отношениях не следует. Гораздо лучше начать с очень конкретного вопроса, например: «Что вы помните с совещания, которое было на прошлой неделе?». Это побудит людей подумать о конкретном случае из реального опыта, а не о каких-то абстрактных понятиях. После того как все обменяются своим видением того, как они взаимодействовали на прошлом собрании, у группы будет основа для движения к своему восприятию их командной работы. Тогда ведущий может спросить: «Какие эмоции вы заметили в этой комнате?» или «Какие эмоции вы отметили в себе?». На Интерпретативном уровне вы можете спросить: «Что это говорит о нашей командной работе? Что мы узнали о том, как следует работать совместно?». И, наконец, на уровне Принятия решений группа может рассмотреть варианты того, «как мы можем делать что-то по-другому» и «что для этого потребуется». Но все это будет возможно только при условии, что беседа изначально построена на конкретном общем опыте. Это будет совершенно другая беседа, чем была бы, если бы первый вопрос звучал как: «Что мы знаем о командной работе?»

Сила фокуса

Точный фокус беседы имеет огромное значение. Руководитель отдела в одной из наших компаний-клиентов обратилась в ICA за помощью в фокусировании беседы. Был ноябрь. В предыдущие полгода все праздничные выходные для ее сотрудников были отменены в связи со срочным проектом.

Она сказала нам: «Я не могу провести открытую беседу о том, что мы будем делать с Новым годом. Я только что получила от высшего руководства абсолютно бесчеловечное указание работать еще над одним проектом следующие полгода, а это значит, что праздники для нас снова отменяются. Как мне вести разговор об этом?»

Мы спросили ее: «Что позволено обсуждать в группе? И какие решения можно принимать? Каковы пределы полномочий группы? Суть в том, чтобы отменить праздничные выходные, или в том, чтобы закончить проект к определенной дате?» Она ответила: «Мы можем решать, как нам спланировать наше время, чтобы мы могли завершить этот проект».

После этого она смогла вернуться к своей команде и сказать: «Я только что получила от руководства указание о том, что мы снова будем работать над новым проектом без праздников в следующие полгода. Я хочу обсудить с вами, как нам организовать это наилучшим образом и принять самое человечное решение. В итоге, они все обсудили и решили работать сверхурочно и по выходным, но уйти в отпуск на праздники.

---

4. Вопросы для мозгового штурма, чтобы понять Рациональную и Практическую цели

Здесь можно дать себе полную свободу и записать все вопросы, которые можно задать по теме.

Нет необходимости продумывать вопросы в порядке О-Р-И-П. Просто посмотрите на тему, Рациональную и Практическую цели, и начинайте мозговой штурм. Записывайте вопросы в любом порядке – так, как они приходят вам на ум. Пишите карандашом – вы можете захотеть стереть их или переписать. Позвольте вашей креативности раскрыться и свободно литься. Вычеркивание вопросов или попытка организовать их по уровням преждевременно – прервет свободный поток идей. Просто позвольте вопросам самостоятельно возникать.

5. Выберите вопросы, которые вам нужны

Вам не понадобятся все вопросы, которые вы написали, и они не все одинаково полезны. Теперь вам нужно выбрать из них самые лучшие. В свете ваших Рациональной и Практической целей, выберите только те вопросы, которые смогут предоставить вам необходимую информацию, а остальные отбросьте.

Затем распределите отобранные вопросы на четыре колонки под названием О-Р-И-П, как показано в таблице ниже. Если вы запишете эти вопросы на небольших карточках или стикерах, их будет проще двигать и расставлять по порядку.

Объективные	Рефлексивные	Интерпретативные	Принятие решений

6. Организуйте порядок вопросов

На всех уровнях расставьте вопросы таким образом, чтобы каждый из них плавно подводил к следующему.

Сколько вопросов на каждом уровне?

Порой нас спрашивают, как узнать, сколько вопросов нужно задать на каждом уровне? В таблице выше отображено по четыре вопроса на каждом уровне, но это всего лишь для симметрии. Ситуации и потребности бывают разные. Однако, как правило, Объективный уровень имеет столько вопросов, сколько нужно для получения полной информации и целостной картины, из чего дальше будут исходить участники, принимая решение. На каждом уровне нужно исследовать предмет достаточно глубоко, чтобы можно было двигаться дальше.

Если быть точнее, то наименьшее количество вопросов, которое у вас может быть, это четыре – по одному на каждом уровне. Но, как правило, беседа требует по меньшей мере два Рефлексивных вопроса – позитивный и негативный – чтобы позволить людям высказать их истинные ощущения.

Интерпретативные вопросы могут требовать несколько подвопросов для конкретизации и проникновения на более глубокий уровень. Порой нужно каждый аспект исследовать по принципу О-Р-И-П, создавая беседы внутри беседы. Это требует особого умения.

На уровне Принятия решений может понадобиться два или три вопроса, в зависимости от беседы: один для утверждения того, что было решено, второй – для определения следующих шагов, и порой третий – для распределения ответственности за внедрение этих шагов.

7. Отрепетируйте беседу у себя в голове

После того как вы создали свою беседу, снова «прогоните» ее, задавая себе каждый вопрос. Фиксируйте свою реакцию на вопросы и то, как бы вы на них ответили. Это позволит вам взглянуть на вопросы глазами участника беседы. После того как ответите, вы, вероятно, подумаете: «Я хочу изменить этот вопрос. Это не то, что я на самом деле хотел/а спросить». Проведя беседу сначала с собой, вы узнаете, где ее слабые места, и сможете исправить это до начала беседы. Некоторые вопросы можно сформулировать проще. К некоторым вам может понадобиться несколько дополнительных подвопросов. Некоторые могут звучать слишком формально. С каждой такой правкой представляйте, как бы вы себя чувствовали на месте участника. Распределите ваши стикеры с вопросами по четырем колонкам и перемещайте их, пока не выстроите в наилучшем порядке. Лучше всего представлять себе беседу как непрерывный поток, а не последовательность шагов. Плавный переход вопросов один в другой поможет группе воспринимать беседу как некую бесшовную поверхность, по которой ответы «текут» потоком сознания.

8. Внимательно подготовьте ваше вступительное слово

Вступительное слово выполняет некоторые или все из этих функций:

• *Приветствие*: группу пригласили принять участие в беседе. «Здравствуйте. Я рад, что вы все смогли выделить время, чтобы встретиться сегодня. Нам нужны идеи каждого из вас, чтобы мы могли преодолеть затор в работе и закончить нашу брошюру».

• *Фокус*: лидер озвучивает фокус беседы. «Эта беседа посвящена маркетинговой стороне описания продукта в нашей брошюре. Вы помните, что когда мы рассматривали брошюру в прошлую пятницу, мы выяснили, что описаниям недостает четкости».

• *Консенсус*: возможно, понадобится привязка беседы к некоторому предыдущему консенсусу: «Вы помните, что мы договорились выделить время в понедельник утром, чтобы окончательно утвердить описания».

• *Контекст*: несколько слов контекста могут указать причины, почему это стоит делать именно сейчас. «Я думаю, для всех очевидно, что у нас нет иного способа завершить работу над этой брошюрой, пока мы не перепишем эти описания продукта так, чтобы они «заиграли».

• *Предупреждайте* любые возражения: заранее пресекайте попытки избежать беседы по каким-либо причинам: «Я знаю, что утро понедельника не самое удачное время для этого, но нам действительно нужно разобраться с этой брошюрой сегодня к полудню, вы согласны?»

Вступление может выполнять несколько этих функций. Например, беседа, призванная определить потребности коллег в открытом офисном пространстве, может иметь следующее вступление:

«Мы все согласились с тем, что нужно собраться и обсудить наши потребности в пространстве, необходимые для совместной эффективной работы в этом офисе. Следует помнить, что то, чего требует один человек для своей работы, может значительно отличаться от требований другого. Нам не нужно заниматься морализаторством. На этой встрече мы хотим определить, каковы наши потребности, и совместно разработать решение, которое максимально устроит каждого. Вероятно, это не будет идеальное решение, но важно, чтобы оно устроило всех. Давайте же поговорим о наших потребностях в офисном пространстве. Сергей согласился вести заметки, и он также будет участвовать в дискуссии».

Первое предложение напоминает участникам, что они согласились обсудить их потребности в пространстве. Второе и третье подчеркивают то, что все люди разные, и у всех свои потребности. В следующих предложениях указывается цель беседы – узнать, какие потребности имеют участники. Также сообщается, что группе нужно будет проделать еще некоторую работу и создать некую модель, которая будет соответствовать потребностям. Этот комментарий предупреждает любые перфекционистские порывы определением «решение, которое устроит всех». Остальные предложения приглашают участников приступить к беседе. Ремарка о том, что ответы будут записываться, дает людям понимание, что их мнение будет воспринято всерьез.

считая, что главное в беседе – вопросы. Но тщательно продуманное каждое слово вступления значительно помогает ведущему заинтересовать группу и вовлечь ее в обсуждение.

9. Тщательно готовьте заключение

Таким же образом запишите слова, которыми вы будете завершать беседу. Это позволит вам не споткнуться в конце, подыскивая изящный способ закончить разговор.

Заключение – это также способ расставить все точки на «i». Беседа, вероятно, решила некоторые проблемы, но какие-то проблемы остались. Не пытайтесь делать вид, что это не так. Скажите: «Я думаю, все заметили, что эта беседа не полностью решила вопросы, поднятые Светланой и Натальей. Это важные моменты, и я записал их в повестку дня для нашего совещания на следующей неделе».

10. Оцените беседу, группу, себя

После того как вы подготовили каждую часть беседы, перечитайте ее всю целиком и посмотрите, как она «течет». Убедитесь, что каждый вопрос естественным образом подводит к следующему, без каких-либо неожиданных прыжков. Возможно, понадобится перефразировать некоторые вопросы, какие-то добавить, а какие-то убрать.

Теперь выделите немного времени для того, чтобы сформировать мнение о группе, и что с ней происходило в последнее время. Спросите себя, в каком стиле нужно разговаривать с сотрудниками, чтобы они смогли решить проблему. Подумайте о себе: о своих наклонностях, слабых и сильных сторонах. После того как вы проведете беседу, оцените, как это было в действительности.

Весь процесс разработки беседы помещен в таблице в Приложении I.

Форма ниже позволяет вам записать намерение проведения беседы в формате Рациональной и Практической целей. В ней также есть место для записи ваших вступительных и завершающих слов и нескольких вопросов на каждом уровне. Вы также можете распределить время для каждого уровня и посчитать, сколько времени займет вся беседа.

Форма для подготовки беседы			
Рациональная цель		Практическая цель	
Вступление			
Объективный уровень	Рефлексивный уровень	Интерпретативный уровень	Уровень Принятия решений
Время (мин.)			
Заключение			

Почему моя беседа не сработала? И что с этим делать?

Те, кто попытается использовать беседы из этой книги или создать свои, неизбежно столкнутся с проблемами. Беседа может перерасти в скандал, «сойти с нужной колеи», или просто иссякнуть, так никуда и не приведя группу. Вместо того чтобы отмечать себе этот опыт как «то, что я не мог сделать иначе», полезно поразмыслить над тем, что произошло, и почему. Такое размышление превратит провал в жизненный урок.

Приведенная ниже таблица, составленная на основе богатого опыта, - общий справочник по тому, что в беседе может пойти не так. Разумеется, она не охватывает все проблемы коммуникации. Каждая ситуация уникальна с разными участниками, разными темами и разными вопросами. Проведите беседу с собой, используя эту таблицу для проработки этих возможных проблем.

Распространенные сложности	Возможные причины	Возможные решения
1. Группа не фокусируется	Беспорядочная, неуютная обстановка	Измените обстановку, сделайте ее более спокойной, позаботьтесь, чтобы участники могли видеть друг друга со своих мест.
	Внимание группы не удалось заполучить с самого начала	Запланируйте определенное время для неформального общения, пока участники собираются. Уважительно попросите внимания группы, начиная беседу. Начинайте вовремя, чтобы показать серьезность события.
	Неясен контекст	Предоставьте исчерпывающую информацию о цели этой встречи и о методе.
	Тема нерелевантна для этой группы	На этапе подготовки беседы консультируйтесь с несколькими людьми, чтобы получить лучшее представление о том, что нужно группе.
2. Группа не отвечает на вопросы	Слабое взаимопонимание с фасилитатором, или отсутствие доверия к фасилитатору	Делайте вступление в уважительной и благожелательной манере. Смотрите участникам в глаза и действительно слушайте их. В своей вступительной речи объясните, что вы здесь как фасилитатор и стремитесь помочь группе высказать самые лучшие идеи, и что лично у вас нет ответов.

Распространенные сложности	Возможные причины	Возможные решения
		Начните с вступительного разговора, в котором вы спрашиваете каждого человека, как его зовут, и чего он ожидает от этой беседы, затем попросите их высказать вам их групповые указания и пожелания.
3. Группа дает неправильные ответы	У вас есть скрытое видение – вы думаете, что есть один правильный ответ	Напомните себе, что «на вас надет колпак фасилитатора», и что вы хотите получить мнения и мысли группы. или Перестаньте задавать вопросы и сделайте презентацию.
	Вопросы следуют в неправильном порядке	Проверьте уровень вопроса. Скажите: «Погодите, позвольте сначала спросить вот это…», и замените вопрос другим. Перефразируйте вопрос, чтобы четче сфокусировать уровень ответа.
	Вопрос недостаточно четкий и сфокусированный	Если группа верит в то, что вы действительно хотите получить их ответы, можно привести им пример ответа на недостаточно понятный вопрос – чтобы дать им понять, чего вы от них хотите.
4. Группа дает неправдивые ответы	Участники не чувствуют себя в безопасности; группа не готова к беседе	Попробуйте развить беседу на менее серьезные темы, пока у участников не появится уверенность, что их воспримут всерьез и/или пока они не примут ответственность за результат беседы.
	Вопросы недостаточно конкретные	Протестируйте вопросы заранее, представляя, как будет на них отвечать группа.
	У участников имеются скрытые мотивы. См. выше: #2	Задавайте четкие и конкретные вопросы, чтобы выявить скрытый контекст и мотивы участников.

Распространенные сложности	Возможные причины	Возможные решения
5. Некоторые участники пытаются доминировать	Возможно, им кажется, что их не услышали.	Слушайте серьезно, демонстрируйте то, что вы их слышите – записывайте их ответы, задавайте уточняющие вопросы, и останавливайте их уважительно: «Думаю, мы поняли вашу мысль. Мне бы очень хотелось услышать об этом больше в перерыве. А теперь, пусть выскажется кто-нибудь еще.»
	«Босс», который чувствует на себе вес ответственности за результат, не доверяет группе	Отведите «босса» в сторону, узнайте, в чем заключается его беспокойство, дайте ему знать, какой у него выбор и какими могут быть последствия доминирования, умерьте его беспокойство.
	Стиль ведения беседы может быть слишком открытым	Задайте несколько вопросов каждому участнику, по кругу. Попросите их отвечать кратко.
	Неравенство между тихими участниками и теми, кто любит выступать перед группой	Разделите их на подгруппы и смешайте тихих и активных. Затем пусть подгруппы сделают доклад о своих результатах перед всей группой.
6. Группа уходит от темы	Группа хочет уйти от темы и ответственности	Обсудите с ними, что происходит (используйте метод О-Р-И-П).
	Тема не сфокусирована или воспринимается как незначительная	Уважительно, но твердо верните группу к теме. Смените фокус контекста и вопросов. (См. также: 1. «Группа не фокусируется»)
	Фасилитатор не проявляет достаточной твердости	Напомните себе, что фасилитация проводится не для того, чтобы понравиться группе, а для того, чтобы помочь ей справиться с проблемами. (См. также 1. «Группа не фокусируется)

Распространенные сложности	Возможные причины	Возможные решения
7. Отсутствуют результаты	Тема воспринимается группой как несущественная	См. выше: 1. «Группа не фокусируется»
	Тема слишком велика для того, чтобы можно было ее как следует разобрать в одной беседе	Разработайте отдельные беседы по различным аспектам темы.
	Вопросы не приносят полезных ответов	Проверьте подготовленные вопросы. Работайте в обратном направлении – от необходимого результата к информации, необходимой на каждом уровне.
8. Начинается спор	Не был установлен контекст уважения мнения друг друга, или людям не известны способы слышать друг друга.	Установите четкий контекст многомерной реальности: «мы все видим грани одного алмаза». Вмешивайтесь уважительно – позвольте первому человеку договорить, затем спросите: «Что вы об этом думаете?» Затем спросите кого-то еще. Спросите: «В чем заключаются основополагающие причины этих противоречащих друг другу ответов?»
	Фасилитатор демонстрирует предвзятость	Убедитесь, что вы принимаете все ответы и ставите во главу всего консенсус. Напомните себе: «Мне любопытно».
9. Группа бросает фасилитатору вызов	Фасилитатор не демонстрирует уверенности в себе	С самого начала сообщите группе, что вы используете тщательно продуманный метод, и что вы не даете никаких ответов.
	Фасилитатор говорит смешанно – как эксперт и как человек, задающий вопросы	Проверьте свои вопросы и убедитесь, что они открытые.
	Группа чересчур чувствительна к власти фасилитатора	Используйте О-Р-И-П для совместного обсуждения извлеченных уроков. Используйте О-Р-И- П с самим собой, чтобы определить извлеченные вами уроки. Предложите свой уход. Объясните возможные последствия – негативные и позитивные.

Часть II

100 бесед

Раздел А

Беседы для обзора и оценки

Нам всегда не хватает времени. В каждой организации, которую мы посещаем, всегда говорят о времени как о непобедимом враге. Мы летим, бежим, несемся, как тот кролик из рекламы батареек Energizer. Нам нужно выделить пространство для определения и изучения наших собственных предположений, и нам нужно расти. Рефлексия не должна отнимать много времени, но она может многократно окупиться.

Belden, Hyatt and Ackley: *The Learning Organization*

Рефлексия – вот чего нам чрезвычайно не хватает в бизнесе. Больше никакого планирования. Хватит стратегий. Больше рефлексии.

John Dalla Costa: *Meditations on Business*

Беседы в этом разделе относятся преимущественно к прошлому: прошедшие события, годы, день, презентация или воркшоп, в котором группа только что приняла участие. В них делается обзор прошедшего события или времени, оценивается то, что было создано, или анализируется определенный аспект организационных программ. В этом разделе читатель найдет следующие беседы:

    A1.   Обзор года
    A2.   Обзор воркшопа
    A3.   Обзор выступления консультанта
    A4.   Обзор сессии планирования

A5. Обзор дня

A6. Обзор истории компании

A7. Оценка семинара

A8. Оценка учебного плана

A9. Оценка прогресса проекта

A10. Анализ продукта, который не удалось продать

A11. Оценка маркетингового предложения

A12. Обзор общего отчета

A13. Оценка программы обслуживания персонала

A14. Оценка выставочного мероприятия

A15. Оценка нового формуляра

Эти беседы проще, чем беседы в других разделах. Тот факт, что в них делается обзор уже совершенных дел, предоставляет готовый массив фактов и информации, чего может недоставать другим беседам. Эти обсуждения заглядывают в прошлое, отмечают его влияние на настоящее и раскрывают его последствия в будущем.

Многие из этих бесед – рассуждения, которые проводятся непосредственно после определенного события. Некоторым такие беседы кажутся направленными в прошлое, а потому не имеющими смысла. Размышления на тему прошедшего события, почти всегда являются отличной учебной практикой. Даже краткое двухминутное размышление в разы окупает потраченное на него время.

В целом, рассуждения о событиях должны быть скорее краткими, чем длинными, и должны проходить динамично. Если группа уже поучаствовала в каком-то продолжительном мероприятии, а вы будете пытаться провести с ними еще одно собрание, они могут разойтись или отказаться участвовать. Если требуется более развернутое обсуждение, группе нужно пойти на перерыв, а затем вернуться. Если людям действительно не терпится уйти, проведите беседу за три минуты, по одному вопросу на каждый уровень. Если группа выглядит расслабленной, можете потратить немного больше времени.

Самое лучшее время для рефлексивных бесед – сразу же после события/ мероприятия, поскольку важна свежая реакция. Однако в таких рассуждениях часто доминирует первое впечатление. Участники склонны либо петь дифирамбы событию, либо разносить его в пух и прах. Обсуждения, которые проводятся по истечении какого-то времени, предоставят меньше деталей, но будут иметь более сбалансированное видение, будут больше концентрироваться на Интерпретативном уровне.

Результат оценочной беседы – это вывод, прошел ли предмет обсуждения проверку, соответствует ли он целям и философии организации. Некоторые беседы, например, «Оценка маркетингового пакета» или «Анализ продукта, который не удалось продать» нацелены на то, чтобы запустить процесс, а не завершить его. Они обеспечивают первый шаг в привлечении всех к анализу или оценке. После такой беседы может быть создана небольшая рабочая группа, которая на основании идей, высказанных во время обсуждения, разработает конкретный план внедрения принятых решений.

Некоторые из этих бесед могут занять 15-20 минут; другие потребуют полчаса. Беседа «Обзор общего отчета» может длиться до двух часов. Если вы ограничены во времени, можете использовать меньше вопросов, но убедитесь, что использовали по меньшей мере по одному с каждого уровня О-Р-И-П.

A1 Обзор года

Ситуация
Наступил конец года, и сотрудники вашей компании, отдела или команды готовы пересмотреть планы на будущий год с учетом продуктивности прошедшего. Вы хотите проанализировать весь год, с его удачными и менее удачными для вас периодами.

Рациональная цель
Проанализировать уроки, преподнесенные этим годом, и применить полученные знания в следующем году.

Практическая цель
Почтить прошедший год и убедиться в том, что усвоены все его уроки.

Советы
Добавьте или удалите из общего списка те вопросы, которые релевантны/ нерелевантны для вашей конкретной группы. Например: совет директоров может сосредоточиться на своей собственной эффективности и ролях; а в случае, если беседа ведется в команде, можно добавить вопросы о том, как им работалось вместе.

Другие применения
Такую беседу может использовать совет директоров, команда, отдел, организация в целом, а также один человек – для обзора своих личных впечатлений и размышлений об определенном периоде жизни.

БЕСЕДА

Вступление
Перед тем как начать планирование на следующий год, будет полезно проанализировать прошедший год. (*Просмотрите все имеющиеся объективные факты о прошедшем годе, такие как финансовые показатели, статистические данные о продажах и объеме предоставленных услуг, информацию о клиентах и расстановке кадров*).

Вопросы Объективного уровня
Какие ключевые для вас события произошли в прошедшем году? (*Пусть каждый из присутствующих выскажется по очереди.*)
Над какими крупными проектами мы работали? Какие были проекты поменьше? Какие еще события вы помните — важные разговоры, дискуссии и принятые решения?
Есть ли события, о которых вы хотели бы узнать подробнее?

Вопросы Рефлексивного уровня
Опишите динамику этого года: каким он был для нас? На что он был похож – на землетрясение, на медведя, на белку, на кактус, или на что-то еще?
Что стало самой большой неожиданностью в этом году?
В какой период вы были больше всего подавлены?
Какие события многое для вас изменили – то, как вы думали и как чувствовали?
О каких из упомянутых событий вы забыли?

Вопросы Интерпретативного уровня
Чему мы научились из наших успехов?
А чему научили нас случаи, когда приходилось бороться?
Учитывая все это, что бы вы сказали о наших достижениях в этом году?

Вопросы уровня Принятия решений
Как наш опыт и уроки, полученные в этом году, повлияют на наши действия в следующем году?
Что мы хотим делать по-другому?

Заключение
Это было продуктивное обсуждение года. Я по-новому взглянул/ла на некоторые вещи из нашего опыта, как, впрочем, и каждый из нас. Я позабочусь о том, чтобы все озвученные идеи были записаны и предоставлены всем участникам.

А2   Обзор воркшопа

Ситуация
Группа только что завершила свое участие в воркшопе. Фасилитатор хочет получить от них краткую обратную связь об опыте, приобретенном в ходе этого мероприятия.

Рациональная цель
Определить влияние воркшопа на группу.

Практическая цель
По достоинству оценить проделанную работу и лично убедиться в ее важности.

Советы
Эта беседа должна быть короткой – около 10-12 минут.
Если необходимо более глубокое обсуждение, группе следует сделать перерыв и потом снова вернуться к обсуждению.

Другие применения
Подобные вопросы можно использовать для обсуждения любой групповой активности.

БЕСЕДА

Вступление
Давайте оглянемся назад и поговорим об опыте, полученном нами на этом воркшопе.

Вопросы Объективного уровня
Чем мы занимались в течение этого мероприятия?
Какие слова или фразы вы слышали в групповых докладах?

Вопросы Рефлексивного уровня
Какие моменты воркшопа были для вас увлекательными?
Какие моменты – скучными?
В какие моменты нам было сложнее всего?

Вопросы Интерпретативного уровня
Что стало поворотным моментом в воркшопе?
Какие новые перспективы открыл для нас этот воркшоп?

Вопросы уровня Принятия решений
Каким будет наш следующий шаг на пути внедрения того, что мы увидели на этом мероприятии?

Заключение
Этот воркшоп стал важным шагом на нашем пути.

A3   Обзор выступления консультанта

Ситуация
Сотрудники отдела только что послушали презентацию консультанта, и руководитель желает это обсудить. Он знает, что в презентациях содержится огромное количество информации, поэтому очень важно основательно обсудить услышанное и увиденное. Каждый помнит какие-то части презентации, а другие части упускает, поэтому получить целостную картину и более сбалансированное впечатление можно, если каждый член группы поделится своими наблюдениями.

Рациональная цель
Создать условия, в которых все могли бы в равной степени делиться впечатлениями о презентации.

Практическая цель
Определить, как презентация мотивировала группу, или как изменила ее восприятие своих возможностей.

Советы
Это обсуждение следует проводить как можно быстрее после завершения презентации.

Другие применения
Эту беседу вы можете использовать также для обсуждения главы книги.

БЕСЕДА

Вступление
Давайте обсудим только что услышанную презентацию.

Вопросы Объективного уровня
Что вам запомнилось из выступления?
Какие конкретные слова, фразы и картинки до сих пор крутятся у вас в голове?
Какие темы охватила презентация?
Что из услышанного особенно привлекло ваше внимание?

Вопросы Рефлексивного уровня
В какой момент то, что вы слышали, заинтриговало вас или вызывало сильные эмоции? А что вас «выключало»?
В какие моменты вам было сложнее всего?
Когда консультант был наиболее оживленным?
В какой момент он оказывал на вас отрезвляющий эффект?
Какие чувства вы испытывали в конце презентации?
В какой момент презентация вызывала у вас какие-либо мечты или ассоциации?

Вопросы Интерпретативного уровня
О чем была презентация?
Какие были ее ключевые положения?
Каким образом она поставила под сомнение или, напротив, утвердила наш стиль работы?
Если бы вам нужно было дать этой презентации новое название, каким бы оно было?

Вопросы уровня Принятия решений
На чью работу содержание этой презентации может повлиять больше всего?
Что мы можем сделать, чтобы внедрить некоторые из предложенных консультантом решений в нашем отделе?
Что это будет включать в себя? Какими будут первые шаги?
Кто будет над ними работать?

Заключение
Это была прекрасная беседа. Вы заметили, как быстро мы продвинулись от теории к практике. Будет любопытно наблюдать, как мы применим услышанные сегодня идеи.

А4 Обзор сессии планирования

Ситуация
Вы только что завершили длительную сессию планирования. Руководитель предлагает членам группы обсудить сессию.

Рациональная цель
Утвердить влияние сессии на участников.

Практическая цель
Извлечь из мероприятия уроки на будущее.

Советы
Рефлексивные беседы после групповых мероприятий должны проходить быстро. Вам может понадобиться лишь по одному вопросу на каждом из четырех уровней.

Другие применения
Такого рода беседы – ключевая потребность каждой самообучающейся организации, и может проводиться сразу же после каждой групповой активности. Поскольку участники могут быть довольно уставшими, их нужно мягко направлять.

БЕСЕДА

Вступление
Каждому групповому мероприятию, такому как отличная сессия планирования, которую мы только что завершили, требуется время для подготовки, время для непосредственного проведения, а также время для обсуждения впечатлений участников от этого мероприятия. Порой случается, что именно обмен впечатлениями о мероприятии и становится наиболее запоминающейся частью. Часто люди хотят уйти, как только закончилось мероприятие, но если они останутся и поразмыслят над ним еще десять-пятнадцать минут, они смогут получить от него гораздо больше пользы.

Вопросы Объективного уровня
Что вы помните из нашего планирования?
Что происходило на этом собрании?
Если бы вы были репортером, как в одном предложении вы бы описали то, что происходило?

Вопросы Рефлексивного уровня
Когда вам было интереснее всего?
А в какой момент вы были расстроены, разочарованы?
Что было наибольшей неожиданностью?
Как нам пришлось бороться с этим?

Вопросы Интерпретативного уровня
Какие были ключевые элементы процесса?
В какую новую ситуацию поставило нас это планирование?
Какие изменения произошли лично в каждом из нас во время этого планирования?

Вопросы уровня Принятия решений
Как мы можем назвать это время, проведенное вместе?
Какими должны быть следующие шаги?

Заключение
Такие обсуждения могут сделать различные события нашей жизни особенными. Благодарю вас за уделенное дополнительное время, которое позволило провести эту беседу.

A5   Обзор дня

Ситуация

После того как команда весь день работала над общим проектом, можно уделить несколько минут обсуждению того, что произошло за этот день. Эта беседа может продолжаться от двух до двадцати пяти минут – в зависимости от настроения участников и времени, которым они располагают.

Рациональная цель

Получить общее для всех понимание того, что произошло в течение дня.

Практическая цель

Отметить достижения этого дня.

Советы

Эта беседа должна продвигаться быстро. Для ее проведения вам нужно будет получить разрешение группы. Встаньте и скажите что-то вроде: «Друзья, как насчет того, чтобы за две-три минуты выразить свое впечатление от сегодняшнего дня?» и сразу же переходите к первому вопросу, возможно, обращаясь конкретно к одному-двум человекам, чтобы запустить дискуссию.

Другие применения

Обзор недели, месяца, квартала – индивидуально или в группе.

БЕСЕДА

Вступление

Итак, после того как мы закончили, давайте за пару минут выразим впечатление от нашей работы сегодня.

Вопросы Объективного уровня

Что нам запомнилось из сегодняшнего дня – эпизоды, события, разговоры?
Какие слова все еще звучат в голове?
Что мы сделали?

Вопросы Рефлексивного уровня

Какой образ описывает для вас эмоциональный настрой этого дня? Какая часть этого дня была для вас самой лучшей? Какая – наихудшей?

Вопросы Интерпретативного уровня

Чему мы сегодня научились?
Что стало главным открытием, озарением этого дня?

Вопросы уровня Принятия решений

Как бы мы назвали сегодняшний день?
Какая метафора подошла бы для этого дня? (Попробуйте дать поэтичное название, которое бы описало ваши ответы.)
Какие незавершенные дела у нас остались на завтра?

Заключение

Что же, эта беседа позволила отдать должное сегодняшнему дню и подробнее рассмотреть время, которое мы провели вместе. Благодарю вас, что выделили несколько дополнительных минут для этого разговора.

А6 Обзор истории компании

Ситуация

Перед тем как совет директоров, группа руководителей компании или отдела приступит к долгосрочному планированию, может быть полезным проанализировать историю организации. Эта беседа поможет перенести уроки прошлого в настоящее, по мере рассмотрения группой путей движения в будущее.

Рациональная цель

Построить диалог с прошлым таким образом, чтобы его уроки стали трамплином в будущее.

Практическая цель

Сотрудники должны увидеть себя частью большей картины, а также должны «залечить раны», полученные в прошлом.

Советы

Задавая вопросы о прошлом, достижениях и основных событиях, целесообразно предложить, чтобы старшие сотрудники больше фокусировались на раннем прошлом компании – это позволит получить более равномерно распределенные данные о разных периодах истории компании.

Другие применения

С соответствующей адаптацией, эта беседа может быть использована для празднования юбилея страны (в виде электронной анкеты), сообщества, семьи, или годовщины свадьбы.

БЕСЕДА

Вступление

Перед тем как приступить к планированию, предлагаю уделить несколько минут внимания прошлому этой организации. Некоторые из нас работают здесь уже много лет, другие – меньше. У нас у всех есть свои воспоминания о главных событиях в жизни компании.

Вопросы Объективного уровня

Вспомните главные события и достижения этой организации за последние двадцать лет. (*Примечание: фасилитатор может отмечать события на временной шкале, под каждым годом, когда произошло то или иное событие.*)

Вопросы Рефлексивного уровня

Какие моменты в жизни компании были для вас самыми лучшими? Что вы ассоциируете с этими моментами?
А какие времена были наихудшими?
Что вы помните о таких моментах?

Вопросы Интерпретативного уровня

Если бы вы собрались разделить последние 20 лет на три части, где бы вы поставили разделительные отметки?
Как бы вы назвали эти три периода? Чему мы научились в течение этой 20-летней истории?

Вопросы уровня Принятия решений

Что все это говорит нам о том, кто мы, и какое направление нам выбрать в будущем?

Заключение

Что же, наши прошлые достижения говорят о том, что мы можем иметь блестящее будущее.

A7 Оценка семинара

Ситуация

Сотрудники компании только что участвовали в двухдневном семинаре, и теперь они собрались это обсудить.

Рациональная цель

Помочь группе сотрудников определить преимущества, которые они получили от пройденного курса обучения.

Практическая цель

Помочь справиться с трудностями, возникшими во время курса, и определить пути применения полученных знаний.

Советы

Порой, если группа долго не может ответить на вопрос, может помочь предложение высказаться каждому по очереди. Если ваш вопрос все же не вызывает никакой реакции, попробуйте перефразировать его. Если ответа не последует и после этого, можете попробовать вызвать нескольких человек, однако не стоит превращать это в регулярную практику. Очень важно четко понимать, на какой вопрос действительно критично важно получить ответ.

Другие применения

Эту беседу можно также использовать для оценки пособия или технической инструкции.

БЕСЕДА

Вступление

Мы провели вместе на этом семинаре два дня. Давайте поделимся опытом и впечатлениями от пройденного курса. Мы хотим обсудить, чему научились, и как мы можем эти знания применить. Затем нам нужно решить, стоит ли другим нашим сотрудникам пройти это обучение.

Вопросы Объективного уровня

Почему вы посетили этот курс?

Какие элементы курса были для вас ключевыми?

Какие его части дались вам очень легко и были хорошо понятны?

Что было непонятным?

Вопросы Рефлексивного уровня

Что вам понравилось или не понравилось в этом курсе?

Что было для вас в нем интересным?

Что было неинтересным?

Что вам далось сложнее всего?

Где у вас был прорыв в понимании?

Вопросы Интерпретативного уровня

Чем этот курс был полезен вам? Другим?

Насколько он соответствовал вашим ожиданиям?

Как вы примените то, чему научились на этом курсе?

Вопросы уровня Принятия решений

Чем еще следует подкрепить полученные знания для более эффективного их применения?

Кому еще следует пройти этот курс?

Заключение

Судя по вашим комментариям, это был хороший образовательный опыт. Я буду рекомендовать сотрудникам, которых вы упомянули, также пройти этот курс, основываясь на однозначности и убедительности ваших ответов. Спасибо.

А8 Оценка учебного плана

Ситуация
Команда составила первый вариант учебного плана нового курса «Отношения с клиентами», и им нужна обратная связь от других сотрудников. Для этого было организовано собрание, и вы являетесь его фасилитатором.

Рациональная цель
Определить сильные и слабые стороны плана, чтобы помочь его усовершенствовать.

Практическая цель
Дать команде составителей плана ощущение того, что их ценят, а остальным – ощущение вовлеченности.

Советы
Не допускайте затянутых ответов. Если кто-то хочет произнести речь, предложите ему записать ее и отдать команде составителей. Поддерживайте оживленную беседу. Четко дайте понять, что больше всего авторы учебного плана нуждаются в ответах на вопросы уровня Принятия решений.

Другие применения
Эта беседа может также быть использована для оценки определенной модели или другого плана.

БЕСЕДА

Вступление
Команда составила первый черновик учебного плана, взяв за основу базовое описание курса отношений с клиентами. Давайте взглянем на результат их работы, после чего вместе его обсудим.

Вопросы Объективного уровня
Какие слова, фразы или заголовки бросаются вам в глаза?
Какие части учебного плана вам лучше всего запомнились?
Что еще есть в этом плане?

Вопросы Рефлексивного уровня
Какие части учебного плана кажутся вам наиболее привлекательными?
На какие ключевые аспекты делается акцент в этом плане?
Какие его части вызывают у вас сомнения?

Вопросы Интерпретативного уровня
Чему могут научиться студенты, которых обучают по такому плану?
Что еще из того, что должны узнать учащиеся, не включено в план?
Насколько этот план может изменить участников курса?
С какими трудностями вы бы столкнулись, преподавая по такому учебному плану?

Вопросы уровня Принятия решений
Какие предложения вы можете высказать команде составителей плана?
Какие другие важные элементы вы бы включили в него?
Какую еще информацию вы бы добавили? Какие еще изменения вы бы предложили?
Какие ресурсы вы бы добавили в библиографию?
Какие из этих предложений наиболее приоритетны?
Учитывая то, что мы сказали, какими, на ваш взгляд, должны быть первые шаги?

Заключение
Мы отлично поработали. Эта дискуссия действительно прояснила следующие шаги в усовершенствовании учебного плана.

A9 Оценка прогресса проекта

Ситуация

Первым пунктом повестки дня на ежемесячном собрании стоит оценка прогресса проекта, над которым компания работала месяц. Каждый отдел представил всеобщему вниманию отчет о проделанной им работе на дату собрания. Каждый участник собрания имел возможность предварительно прочесть отчеты и сравнить их с изначальным рабочим планом.

Рациональная цель

Оценить, как обстоят дела в команде и решить, нужны ли какие-то изменения для того, чтобы обеспечить общий успех.

Практическая цель

Проверить выполненную работу и определить, можно ли двигаться дальше.

Советы

Предоставляйте достаточно времени для ответов на вопросы Объективного уровня. Проследите за тем, чтобы фокус сохранялся на четкости объективных фактов. Избегайте догадок, почему что-то было или не было сделано. Сообщите группе, что для выводов и пересмотра приоритетов будет выделено время позднее, после того, как будет четко прояснена реальная ситуация.

Другие применения

Эту беседу можно проводить также для внесения поправок в середине годичного или полугодичного планов действий.

БЕСЕДА

Вступление

Мы подошли к критичной отметке нашего плана обучения всех отделов работе с новым оборудованием. Сейчас нам нужно оценить наш прогресс на данный момент. Я надеюсь, что каждый из вас изучил общий план и отчеты каждой группы. Нам нужно оценить, чего мы достигли за месяц, и решить, нужно ли нам как-либо адаптировать план для того, чтобы проект продолжался и был завершен в срок.

Вопросы Объективного уровня

Во время изучения отчетов, какие утверждения или пункты привлекли ваше внимание?

Где отчеты были ясны? В каких местах – нет?

Учитывая то, что мы реализовываем проект в команде, какой еще информацией нам нужно поделиться друг с другом?

Сравнивая эти отчеты с нашим рабочим планом, где мы опережаем график? А в каких аспектах мы отстаем от плана?

Вопросы Рефлексивного уровня

Что было неожиданным в отчетах?

Где работа прошла легко?

В чем она оказалась сложнее, чем ожидалось?

Где мы неожиданно столкнулись с путаницей или зашли в тупик?

Вопросы Интерпретативного уровня

В чем заключаются основные спорные моменты или проблемные зоны?

В чем нам понадобится дополнительная помощь? Какого рода помощь нам понадобится?

Какие вопросы мы должны проработать все вместе как настоящая команда?

Как мы можем удержать этот проект в его изначальном направлении (или вернуть его туда)?

Вопросы уровня Принятия решений

Какие изменения мы рекомендуем внести в рабочий план?

Что мы можем поменять в характере наших действий?

Заключение

Эта дискуссия очень помогла нам всем получить целостную картину и увидеть, куда нам нужно двигаться дальше.

А10 Анализ продукта, который не удалось продать

Ситуация

Команда потратила полгода на разработку нового печенья, его тестирование и проведение дегустаций потенциальными клиентами. Как ни прискорбно, продажи продукта безуспешны. Команда в отчаянии. Руководитель отправил команду разработчиков обратно на стадию планирования. Лидер команды решает провести для своих сотрудников беседу и посмотреть, удастся ли им найти источник проблемы.

(Под «печеньем», конечно же, подразумевается ваш продукт.)

Рациональная цель

Сделать попытку проанализировать то, что может быть не так, и определить подходы для решения проблемы.

Практическая цель

Зарядить команду мотивацией и усердием для новой попытки.

Советы

Нет смысла проводить подобную беседу, если лидер команды смирился с поражением или пребывает в отчаянии. Он должен нейтрализовать в себе подобный настрой до того, как войдет в переговорную комнату. В такой беседе нужно избегать любого намека на чувство вины. На каждом ее этапе акцент должен делаться на причину проблемы и на то, что нужно сделать, чтобы ее преодолеть. Как только кто-то начинает играть в игру с чувством вины или обвинениями, креативность испаряется.

Другие применения

Такая беседа полезна и для анализа системного провала в организации.

БЕСЕДА

Вступление

С возвращением в проект! Это первый раз, когда мы снова собрались вместе с тех пор, как наш продукт был выпущен на рынок. Меня радует, что у менеджмента компании достаточно веры в нашу команду и в этот продукт, и они позволили нам попробовать еще раз. Почему бы нам не начать проведение анализа с беседы, которая может открыть для нас стартовую площадку для работы над проблемой.

Вопросы Объективного уровня

Что люди говорили об этом печенье? Что они говорили о цвете? О его вкусе? Об упаковке?

Какие комментарии они давали относительно ингредиентов печенья? Какие еще комментарии мы слышали?

Какими были ваши личные впечатления?

Какими еще фактами и статистическими данными рыночного тестирования мы располагаем?

Вопросы Рефлексивного уровня

Что людям нравится в продукте? Что им не нравится?

Каким было ваше личное впечатление, и что говорила вам интуиция во время проведения маркетинговой кампании?

Вопросы Интерпретативного уровня

В чем, на ваш взгляд, заключается основной недостаток этого печенья?

Какие ключевые недостатки и проблемы были в маркетинговой компании?

Какие выводы мы можем сделать на основании наших ответов?

Вопросы уровня Принятия решений

Какие новые направления мы можем исследовать для изменения рецепта или маркетинговой кампании?

Каковы наши следующие шаги?

Заключение

Похоже, мы справились с этой беседой. Мне кажется, что в каждом из нас прибавилось сил и желания довести этот проект до конца и создать в итоге потрясающий продукт.

A11 Оценка маркетингового предложения

Ситуация
Пришло время оценить маркетинговое предложение компании, которое использовалось на протяжении длительного периода, и посмотреть, нужно ли что-то менять.

Рациональная цель
Направить первые впечатления группы от маркетинговых материалов в русло глубокого анализа и рекомендаций по изменениям.

Практическая цель
Воодушевить группу на создание новых подходов и материалов.

Советы
Не забывайте удерживать фокус на будущем. Кто-то из группы может начать защищать определенные аспекты старого маркетингового пакета.

Другие применения
Этот тип беседы полезен при любой оценке, например, продукта на стадии разработки.

БЕСЕДА

Вступление
Перед нами копия полного действующего маркетингового предложения: брошюры, флайеры, описания рекламных кампаний, логотипы, каталоги, потребительские оценки. Просмотрите все элементы и сделайте пометки о вашем впечатлении от них.

Вопросы Объективного уровня
Что представляют собой отдельные элементы этого предложения?
Какой элемент старше всех? Какой самый недавний?
Какие картинки, образы из этого набора до сих пор крутятся у вас в голове?
Какие слова или фразы привлекли ваше внимание?
Какие цвета выделяются больше всего?
Какие звуки вы слышали, пролистывая материалы??
Какие хитроумные рекламные приемы особенно выделялись?
Когда, в недавнем времени, кто-нибудь из вас использовал этот пакет материалов – целиком или по частям? Какими были результаты?
К созданию какой части этого маркетингового набора вы имели какое-либо отношение?

Вопросы Рефлексивного уровня
Что еще привлекательного есть в этом маркетинговом пакете? Что вас привлекло в нем?
А что в нем неинтересно? Что вас не притягивает?
Какие ассоциации или воспоминания пришли вам на ум, когда вы просматривали материалы?
Какой материал из этого маркетингового набора все еще сохранил свою привлекательность?
Какой материал наиболее скучен?
Кажутся ли какие-то элементы устаревшими?

Вопросы Интерпретативного уровня
Какой эффект производит этот маркетинговый пакет. Что он делает? Чего он не делает?
Какие его аспекты нуждаются в изменении?
Какие изменения нужны?
Возвращаясь к тому, что мы говорили ранее, какие элементы этого набора стоит оставить?

(продолжение на следующей странице)

А11 Оценка маркетингового предложения *(продолжение)*

Что нужно убрать?

Давайте попытаемся представить, каким будет новый пакет. Чего там будет больше? Чего там будет меньше?

Какие цвета вы видите?

Какие послания мы хотим в нем заключить?

Какие медиа-средства мы хотим использовать, чтобы передать наше рекламное послание? Какой должен быть тип печати? Какая должна быть графика?

Вопросы уровня Принятия решений

Какие должны быть наши следующие шаги?

Кого нам назначить ответственным за сведение воедино озвученных мыслей?

Когда мы обсудим этот вопрос в следующий раз?

Заключение

Это была замечательная и очень полезная беседа. Собрав столько идей, мы можем выделить небольшую рабочую группу, которая создаст несколько эскизов и набросков того, что может получиться. Мы вместе рассмотрим их перед тем, как передать дизайнерам.

Моменты, о которых следует помнить ведущему беседы

Хорошему фасилитатору известно, что метод беседы работает лучше всего, когда каждый участник высказывает свои идеи, и учитывается коллективное мнение всей группы. Это не просто абстрактный принцип. На практике он предполагает возможность и готовность внимательно слушать то, что говорят участники, принимать тишину с пониманием, поддерживать с говорящим зрительный контакт и фокусироваться на том, что говорит участник, а не на том, что скажете далее вы как фасилитатор. С другой стороны, поддержать говорящего участника можно и с помощью периодических уточняющих ремарок, чтобы помочь ему в полной мере донести свою идею до остальных.

Разумеется, фасилитатор должен абстрагироваться от своего личного мнения об информации, полученной в группе, не реагировать негативно на высказывания участников и сохранять отстраненность от идей, сгенерированных группой. Это же нейтральное положение позволяет также сдерживать критику, раздражение и гнев, которые могут исходить от участников обсуждения, и не занимать оборонительную позицию в моменты, когда в группе нарастает напряжение.

А12 Обзор общего отчета

Ситуация

Вы только что получили общий отраслевой отчет, который может значительно повлиять на вашу работу. Вы раздали по экземпляру каждому члену команды и за каждым из них закрепили по одному разделу отчета для изучения и предоставления ответов на следующие вопросы:

- Какие основные пункты раскрываются в этом разделе?
- Был ли у нас опыт, подобный тому, что описан в этом отчете?
- Какое применение для нас может иметь информация, которая содержится в этом разделе?
- В каких местах нам нужно прояснить, что имел в виду автор?
- Какие вопросы для вас поднимает этот отчет?

Рациональная цель

Понять, о чем сообщается в отчете, и как эта информация касается деятельности вашей компании.

Практическая цель

Оценить релевантность отчета для деятельности команды.

Советы

Ожидайте, что эта беседа продлится не менее двух часов, поэтому соответственно ее спланируйте. На этапе ответов на вопросы Интерпретативного уровня важно добраться до сути комплексной информации, поданной в отчете, и понять, какое применение она может иметь в вашей ситуации.

БЕСЕДА

Вступление

У всех вас была возможность тщательно изучить определенную часть этого отчета. Давайте начнем с того, что каждый присутствующий представит свой раздел, ответив на вопросы, которые были вам предварительно предоставлены. Начнем с Ольги, отвечавшей за первый раздел.

- *Пусть каждый человек или группа сделает доклад по своему разделу.*
- *Следите за тем, чтобы их доклад соответствовал перечисленным выше вопросам.*
- *Предлагайте группе задавать уточняющие вопросы после каждого доклада.*
- *После того как будут сделаны все доклады, задайте группе следующие вопросы:*

Вопросы Объективного уровня

Какие части этого отчета действительно вас заинтересовали?

Вопросы Рефлексивного уровня

Слушая доклады, в какие моменты вы думали о каких-либо аспектах нашей текущей работы?

Какие ситуации вам вспоминались?

Какая часть отчета была для вас увлекательной?

Какая часть отчета вызвала у вас недоверие или разочарование?

Вопросы Интерпретативного уровня

Как, на ваш взгляд, соотносятся между собой различные части отчета?

Какие основные положения в нем содержатся?

Какие вопросы поднимают для вас эти положения?

Как бы мы ответили на эти вопросы?

Можем ли мы применить эту информацию в своей работе? Если да, то каким образом?

Какую работу следует проделать, перед тем как мы примем окончательное решение по поводу возможных изменений?

Вопросы уровня Принятия решений

Каким образом мы будем внедрять предложенные изменения?

(продолжение на следующей странице)

A12 Обзор общего отчета *(продолжение)*

Заключение

Это была очень полезная дискуссия. Мы проанализировали влияние этого отчета на нашу деятельность. Я благодарю вас за подготовку и доклады. Я напишу резюме возможностей применения этой информации и предоставлю его вам до вторника.

A13 Оценка программы обслуживания персонала

Ситуация

В компании стали поступать жалобы о качестве внутреннего обслуживания персонала (это могут быть, к примеру, дневные группы для детей сотрудников, кафе, предоставление парковочных мест для велосипедов или душевых кабин). Менеджмент компании запланировал серию бесед для определения возможностей повышения эффективности таких услуг.

Рациональная цель

Понять проблему.

Практическая цель

Предпринять шаги по исправлению ситуации.

Советы

Может быть полезно развить такую беседу в полноценный воркшоп в формате мозгового штурма для обсуждения спорных моментов и выработки решений. Ведущий беседы должен представлять масштаб возможностей, перед тем как начинать такую беседу. Если менеджмент намерен прекратить предоставление услуг по причине существующих проблем, эта беседа только вызовет ложные надежды.

Другие применения

Такой тип беседы может помочь получить информацию о чем угодно, что не работает так, как ожидалось.

Другие применения

Вы можете также применять этот

законопроекта, касающегося деятельности вашей компании (отдела).

БЕСЕДА

Вступление

Мы хотим пересмотреть эффективность этой конкретной услуги. По этому поводу возникали определенные вопросы. Мы ожидаем услышать ваше мнение относительно спорных моментов и путей их разрешения. Мы здесь не для того, чтобы кого-то обвинять. Нас беспокоят структурные проблемы и поиск их решения.

Вопросы Объективного уровня

Для начала, немного истории. Когда была введена эта услуга? Кто-это помнит?

Почему ее внедрили? Давайте послушаем тех, кто работал здесь, когда запускали эту услугу.

Кому на самом деле нужна эта услуга, и как часто?

Кто недавно пользовался этой услугой? Что произошло?

Какие рассказы или комментарии вы уже слышали относительно того, как это работает?

Вопросы Рефлексивного уровня

Что людей устраивает в качестве этой услуги?

Что не устраивает?

Как вы оцениваете уровень раздражения из-за качества этой услуги?

Вопросы Интерпретативного уровня

Из того, что вы услышали, откуда, на ваш взгляд, проистекает проблема? Насколько она критична?

Каким образом можно суммировать проблемные моменты, с которыми нужно справиться?

Вопросы уровня Принятия решений

Что следует сделать, чтобы улучшить эту услугу?

Какими должны быть наши шаги?

Какие первые действия нам нужно предпринять?

Заключение

Это была очень полезная беседа. Благодаря вашей обратной связи, мы непременно сможем сделать услугу более эффективной.

А14 Оценка выставочного мероприятия

Ситуация

Команды маркетингового отдела и отдела продаж только что поучаствовали в торговой выставке. Теперь они собрались в переговорной комнате, для того чтобы высказать свои впечатления по поводу прошедшего мероприятия и оценить его пользу.

Рациональная цель

Получить целостную картину того, что происходило на выставке, оценить ее важность для компании и решить, стоит ли участвовать в таком мероприятии в следующем году.

Практическая цель

Позволить участникам почувствовать, что их работа воспринимается серьезно, и указать на ценность их вклада в успех компании.

Советы

Порой люди начинают отвечать на вопросы до того, как вы их зададите. Поэтому очень важно понимать, «где находится» группа в течение беседы. Часто лучше пропустить какой-то вопрос, чтобы догнать их, чем пытаться заставить их ответить на вопрос, который они перескочили. Ведущий беседы должен решить, следовать ли направлению интереса группы, или настоять на том, чтобы они разобрались с определенным вопросом перед тем, как двигаться дальше.

Другие применения

Эта беседа может применяться для оценки презентации, стенда на выставке или любой другой активности на выставочном мероприятии.

БЕСЕДА

Вступление

Мне кажется, нам будет полезно поделиться впечатлениями от выставки «Дом и сад будущего». Мы потратили много времени, денег и усилий на участие в этом мероприятии и хотим посмотреть, чему мы научились, насколько хорошо справилась наша компания, а также решить, стоит ли нам участвовать в этом мероприятии в следующем году. Некоторые из вас располагают более подробной информацией по этому поводу, чем остальные, но каждому из нас есть чем поделиться.

Вопросы Объективного уровня

Какую экспозицию вы запомнили на выставке?

Что сделало ее запоминающейся?

Что выставляли?

Что посетители покупали и брали с собой?

К чему они проявляли интерес?

Какие продукты или услуги вызывали больше всего вопросов?

Какие игнорировались?

Сколько контактов мы собрали?

Сколько предварительных заказов было оформлено?

Какова их стоимость? Какую прибыль мы получили?

Вопросы Рефлексивного уровня

Что впечатлило лично вас в этой выставке?

Что вас удивило в реакции людей на нашу продукцию?

Какие моменты были неудачными?

С чем у вас возникли трудности за все время выставки?

Вопросы Интерпретативного уровня

Что мы как компания получили от этого мероприятия?

Какие новые возможности мы для себя открыли?

Что наша компания не получила от этой выставки?

Если бы мы снова принимали участие, что бы мы сделали по-другому?

Вопросы уровня Принятия решений

Взвешивая плюсы и минусы нашего участия в этом мероприятии, как бы вы оценили ценность такого участия?

Какие рекомендации мы можем вывести для себя относительно участия в следующем году?

(продолжение на следующей странице)

A14 Оценка выставочного мероприятия *(продолжение)*

Заключение

Это была очень важная беседа. Всегда полезно услышать, что вы думаете на самом деле. Это поможет нам в оценке нашей стратегии участия в выставочных мероприятиях на следующий год. Спасибо.

А15 Оценка нового формуляра

Ситуация

Вы только что начали использовать новый формуляр в своем отделе и хотите оценить его структуру и эффективность.

Рациональная цель

Внести первичные правки сотрудников в новый формуляр.

Практическая цель

Увидеть, как применяются комментарии сотрудников, и дать им почувствовать, что их мнение важно.

Советы

Каждый участник должен иметь перед собой копию формуляра. Вы должны твердо настаивать на получении достаточного количества объективной информации до того, как переходить к Рефлексивному этапу.

Приготовьтесь вызывать самых тихих: «Анна, нам бы хотелось услышать Вас по этому вопросу» (повторите вопрос).

Не допускайте формального отношения, создания видимости участия.

Если становится ясно, что группа предоставила достаточно аргументов к тому, чтобы отправить формуляр в мусорный ящик, будьте готовы воспринять такое решение серьезно и скажите что-то вроде: «Что же, я вижу, что у нас имеются серьезные сомнения на счет этого формуляра. Я передам ваши рекомендации руководству и предложу полностью переделать формуляр.»

Другие применения

Такая беседа может быть использована для оценки нового оборудования, взятого в краткосрочный кредит.

БЕСЕДА

Вступление

По поводу этого формуляра было много разговоров, были высказаны довольно четкие мнения «за» и «против». Я подумал/ла, что нам будет полезно провести беседу, в которой мы сможем поделиться мнениями о преимуществах и недостатках этого нового формуляра. Вы согласны?

Вопросы Объективного уровня

Что самое первое вы замечаете в этом формуляре? Какие ключевые пункты он содержит?

Вопросы Рефлексивного уровня

Что вам нравится или не нравится в нем?

Вопросы Интерпретативного уровня

Похож ли он на предыдущий формуляр? В чем его сильные и слабые стороны?

Как он изменит наш стиль совместной работы?

Вопросы уровня Принятия решений

Что мы можем сделать, чтобы убедиться, что этот формуляр наши сотрудники будут правильно использовать?

Заключение

Что ж, давайте продолжим высказываться по этому поводу. Мне бы хотелось услышать все дополнительные комментарии по этому формуляру, которые будут появляться по мере его использования.

Раздел B

Беседы, относящиеся к подготовке и планированию

Делайте что-то до того, как оно произойдет.
Упорядочьте всё до того, как оно перемешается.
Лао-Цзы: «Дао дэ цзин»

В полях наблюдений случай благоприятствует только подготовленному уму.
Луи Пастер

Подготовка и планирование – основные функции в любой рабочей среде. Любое событие, изменение в программе – должны быть подготовлены и спланированы. Зачастую, качество продукта, программы или события определяется единственно качеством подготовки и планирования, заложенных в них.

Сфокусированная беседа может помочь группе сосредоточиться на теме. Мы предполагаем, что сессии организации и планирования проводятся для того, чтобы

их мысли часто отвлечены. Оксана гадает, действительно ли ее дети добрались до школы. Алексей думает о своей новой спортивной машине. Лариса болтает с Викой о художественной выставке, которую они вместе посетили. Другие просто смотрят в окно или мечтают поиграть в футбол.

Первое, что должен сделать лидер, - сфокусировать все эти витающие кто где умы на одной общей задаче, в одном ментальном пространстве. Попытка сразу же углубиться в планирование может быть подобна попытке завести машину в лютый мороз. Надавить на педаль газа может быть недостаточно. Для выполнения групповых задач, связанных с подготовкой и планированием, Сфокусированная беседа – отличный способ вывести тему в центр внимания. Это «разогреет» людей и позволит им постепенно перейти к выполнению задачи. Это создаст необходимый контекст и поместит все их умы в одно пространство.

Вступительная беседа постепенно собирает рассеянное внимание и превращает его в увлеченное участие. Это позволяет включиться в тему как рациональному, так и образному мышлению.

В этом разделе помещены восемнадцать различных бесед на тему подготовки и планирования:

В1. Фокусировка группы перед воркшопом

В2. Представление новой темы обучения

В3. Подготовка короткой презентации

В4. Сбор мнений для рецензии на книгу

В5. Подготовка группы к написанию отчета

В6. Разработка эмблемы и лозунга

В7. Создание группы обучения на рабочем месте

В8. Подготовка повестки дня к собранию

В9. Организация сервисной группы на рабочем месте

В10. Планирование корпоративной вечеринки

В11. Разработка брошюры

В12. Составление бюджета

В13. Обустройство рабочего пространства

В14. Разработка нового интерьера

В15. Выбор темы для предстоящей конференции

В16. Разработка руководства по обслуживанию клиентов

В17. Подготовка маркетингового планирования

В18. Подготовка стратегической презентации нового продукта

Когда речь заходит о планировании, всегда важно знать ограничения инструмента, который при этом используется. Хорошая Сфокусированная беседа поможет спланировать даже корпоративную вечеринку, если в итоге будут определены конкретные задачи. Однако беседа, как бы хороша она ни была, не может выполнить комплексную задачу долгосрочного планирования. Для этого требуются другие инструменты, такие как стратегическое планирование. Сфокусированная беседа может быть частью большего процесса, например, применяться для обзора прогресса выполнения стратегического плана через три месяца или для оценки готового продукта.

Поскольку многие из этих бесед направлены на сбор данных для разработки дизайна чего-либо или для выведения рекомендаций, важно попросить или назначить кого-то сделать качественные заметки. После беседы их можно раздать участникам, чтобы все дальше работали с одинаковой информацией. На следующих этапах после проведения беседы вам, вероятно, потребуется не раз обращаться к этим записям.

B1 Фокусировка группы перед воркшопом

Ситуация
Перед тем как провести воркшоп по решению проблемы, модератор хочет сфокусировать группу на проблеме и ее истории.

Рациональная цель
Привести всех к общему мнению путем обсуждения происхождения корней проблемы.

Практическая цель
Сфокусировать внимание группы на контексте беседы.

Советы
Лучше всего направить беседу таким образом, чтобы последним ее вопросом был ключевой вопрос воркшопа. Таким образом, переход от подготовительной беседы непосредственно к воркшопу будет незаметным. Позвольте максимум два-три ответа на вопрос уровня Принятия решений, поскольку весь воркшоп будет построен именно вокруг вопроса «Что нам нужно сделать?»
Эта беседа не пройдет должным образом, если люди сильно беспокоятся и тревожатся по поводу предмета обсуждения. В таком случае, лучше сразу перейти непосредственно к воркшопу, где использование карточек и структурность умерят тревожность в группе.

Другие применения
Этот тип беседы может также использоваться для представления друг другу членов новой проектной команды и для прояснения предположений и ожиданий каждого из них.

БЕСЕДА

Вступление
Что же, наконец мы решили выделить время для того, чтобы собраться вместе, рассмотреть эту проблему и определить, чего нам будет стоить ее решение. Ключевым вопросом нашего воркшопа будет следующий: «Что мы можем сделать, чтобы решить эту проблему?». Для того чтобы мудро на него ответить, предлагаю выделить несколько минут и взглянуть, как развивалась эта проблема. Проанализируем, что привело нас к этой ситуации.

Вопросы Объективного уровня
Какие события привели нас к этой проблеме?
Что еще мы знаем о предпосылках этой проблемы?

Вопросы Рефлексивного уровня
Что в этой проблеме огорчает вас больше всего?
Как она коснулась лично вас?
Как она повлияла на всю нашу работу?

Вопросы Интерпретативного уровня
Если эта проблема останется нерешенной, как это может повлиять на нашу организацию и клиентов?
Какие еще могут быть последствия?
Каковы корни этой проблемы?

Вопросы уровня Принятия решений
Что мы можем сделать, чтобы решить проблему?

Заключение
Что же, это было хорошим началом. Имея такой контекст, давайте сфокусируемся на последнем вопросе – он будет ключевым в нашем воркшопе.

B2   Представление новой темы обучения

Ситуация
Участники интенсивной учебной программы готовы перейти к новой теме. Эта беседа поможет сделать вступление.

Рациональная цель
Привязать новую тему к их прошлому опыту.

Практическая цель
Сделать так, чтобы группа конструктивно отнеслась к вызовам и возможностям, содержащимся в новой теме.

Советы
Если вам кажется, что группа может быть сбита с толку рефлексивными вопросами о цвете или о животном, можете дать небольшой пояснительный контекст. «Следующий вопрос, возможно, прозвучит несколько несерьезно, но относитесь к нему как к эксперименту и повеселитесь, отвечая на него.» Ответы на такие вопросы дают больше информации, чем вы можете себе представить. Метафора может быть очень эффективной.

Другие применения
Такая беседа может проводиться каждый раз, когда команда сталкивается с новыми процедурами, технологиями или темами обучения.

БЕСЕДА

Вступление
Итак, сегодня мы переходим к новой теме *(Назовите тему)*. Предлагаю немного поговорить о ней. У всех нас есть некоторый опыт в этой сфере.

Вопросы Объективного уровня
Когда вы впервые услышали об этой теме?
Когда вы думаете об этом, какие образы у вас возникают?
Что мы уже знаем об этом?

Вопросы Рефлексивного уровня
Какие чувства у вас возникают в связи с этой темой?
Какие случаи из вашего опыта были связаны с этой темой?
Какой цвет вы ассоциируете с ней?
Какое животное напоминает вам эта тема?
Какие ее аспекты вам нравятся? Что вам в ней не нравится?
Что в этой теме составляет для вас наибольший вызов?

Вопросы Интерпретативного уровня
Почему эта тема так важна?
Как она повлияет на вас? На вашу работу?
На другие аспекты вашей жизни?
Какие наиболее значимые вопросы у вас есть в этой сфере?

Вопросы уровня Принятия решений
Как мы можем помочь друг другу в изучении этой темы?

Заключение
Делясь вот так друг с другом своими мыслями, мы уже сделали первый шаг на пути к изучению этой темы.

B3 Подготовка короткой презентации

Ситуация
Вы готовите короткую презентацию с демонстрацией слайдов о продукции вашей компании. Ваши клиенты предоставили вам для этого пятнадцать минут. Вы сидите в одиночестве в своем гостиничном номере, пытаетесь понять, как вести себя с этими клиентами, и ведете внутренний диалог с самим/самой собой.

Рациональная цель
Презентовать продукты, передавая информацию и восторг от их пользования.

Практическая цель
Убедить клиентов приобрести вашу продукцию с помощью визуализации преимуществ.

Советы
Этот формат подходит лишь для коротких презентаций, когда у вас нет много времени, чтобы прописать ее или перефразировать.

Другие применения
Этот тип беседы может также помочь вам написать отчет, редакционную статью или краткое коммерческое предложение.

БЕСЕДА

Вступление
Для того чтобы подготовить эту презентацию, я задам себе несколько вопросов. Ответы на них я использую в своей речи для мотивации слушателей.

Вопросы Объективного уровня
Какую объективную информацию о продукте мне нужно представить – факты, графики и исторические данные, технические характеристики, примеры использования и преимущества?

Вопросы Рефлексивного уровня
Почему мне так интересен этот продукт? Почему он кажется мне таким потрясающим?

Вопросы Интерпретативного уровня
Что я могу сказать такого, что выразительно подчеркнет преимущества продукта для этих клиентов?
Каким образом этот продукт поможет им удовлетворить их потребности?

Вопросы уровня Принятия решений
Какой диапазон вариантов возможен в качестве реакции на мою презентацию?
Какие из них больше всего подходят ситуации?
В каком порядке они должны следовать?

Заключение
Я представляю, как я шаг за шагом подвожу презентацию к ее успешному завершению.

В4 Сбор мнений для рецензии на книгу

Ситуация

Исследовательская группа в компании изучила недавно вышедшую очень полезную книгу. Они хотят, чтобы другие сотрудники компании тоже узнали об этой книге, поэтому планируют разместить рецензию во внутренней рассылке. Они собирают мнения для составления рецензии.

Рациональная цель

Прояснить, о чем книга и что она в себе несет.

Практическая цель

Выразить, чем бы эта книга могла заинтересовать читателя и организацию.

Советы

Не позволяйте критиковать книгу, пока не дойдете до последнего интерпретативного вопроса. Если кто-то начнет говорить о том, что ему не понравилось в книге, скажите: «Для этого у нас позднее будет выделено отдельное время». Всегда важно четко определить, что сообщает книга, какие ее основные моменты и как она касается вас, перед тем как задавать критикующие вопросы.

Другие применения

Такой тип беседы может помочь получить информацию для написания различных текстов, например, сценарий для рекламы.

БЕСЕДА

Вступление

Я предлагаю обсудить наши впечатления от книги и определить, что мы хотим подчеркнуть в рецензии. В ходе нашего изучения книги я заметил/ла, что многие из вас делали пометки, а некоторые даже сделали потрясающие мозговые карты. Давайте обсудим их в течение следующих десяти минут. Если у вас нет никаких заметок, просто просмотрите первый и последний абзацы как можно большего количества глав. Мы сделаем аудиозапись этой беседы, для того чтобы можно было обратиться к ней в будущем, а Виктор составит письменный протокол.

Вопросы Объективного уровня

Какие слова или фразы особенно выделялись из того, что вы прочитали? Какие основные мысли высказывает автор? В какой главе или главах, на ваш взгляд, содержится вся суть того, о чем говорит автор?

Вопросы Рефлексивного уровня

Как эта книга повлияла на вас лично? А в какие моменты вас больше всего задело то, что говорит автор? Почему? Какая часть была для вас самой увлекательной?

Вопросы Интерпретативного уровня

В каком более широком контексте нам нужно рассматривать эту книгу? Какие аспекты рабочего места автор ставит под сомнение? Что он рекомендует? Чего, по-вашему, не хватает в этой книге? Итак, что же нам нужно подчеркнуть в рецензии?

Вопросы уровня Принятия решений

Представьте, что рецензия состоит из пяти абзацев. Кто сможет предложить тему каждого абзаца? Какие еще есть идеи? О чем эти пять абзацев? Что-нибудь еще? Кто хотел бы войти в команду по написанию рецензии и создать первый черновик, который мы сможем разобрать на следующей встрече. Двух человек достаточно?

Заключение

Благодаря этой беседе у нас должна получиться рецензия, которая обязательно впечатлит читателей и нашу организацию.

В5 Подготовка группы к написанию отчета

Ситуация
Небольшая группа готовит квартальный отчет для руководства компании и инвесторов. Команда обсуждает, какую информацию поместить в отчет и что в нем подчеркнуть.

Рациональная цель
Прояснить содержание отчета, его основные темы и базовую структуру.

Практическая цель
Получить удовлетворение от того, что отчет достигнет своей цели.

Советы
Следует учитывать, что комплексный Объективный уровень содержит в себе все четыре уровня вопросов, поскольку он напрямую относится к предмету отчета. Существует множество объективных вопросов для того, чтобы определить содержание отчета.
Интерпретативные вопросы очень важны, поскольку они укажут вам, как стоит подать информацию.
Назначьте двух сотрудников, которые смогут вести протокол, или используйте диктофон.
Вам нужно будет неоднократно обращаться к идеям, озвученным во время этой беседы, когда будете работать над составлением отчета.
На Интерпретативном уровне используйте стираемую доску или карточки для визуализации будущего отчета.

Другие применения
Этот подход может помочь сформировать любой комплексный текст, например, сценарий для рекламного ролика или обучающее видео.

БЕСЕДА

Вступление
Начнем с того, что подумаем вслух о том, что мы хотим сказать в этом отчете, и что хотим в нем подчеркнуть. Борис и Алла будут делать заметки и одновременно принимать участие в беседе.

Вопросы Объективного уровня
О чем этот отчет? Кто будет его читать?

Как его будут использовать?

О каких наших главных достигнутых результатах нужно рассказать?

В чем заключается специфика предмета нашего отчета?

О каких важных уроках и открытиях мы должны сказать?

С кем нам обязательно нужно поговорить, прежде чем писать отчет?

Вопросы Рефлексивного уровня
Что нужно знать нашим читателям о проекте, по которому мы готовим отчет?

Какие части нам будет легко написать? Какие части сложно?

Что в написании этого отчета будет для нас основной сложностью?

Вопросы Интерпретативного уровня
Какие основные положения нам нужно описать в этом отчете? В какой последовательности мы их подадим?

Кто-нибудь сможет рискнуть и от всех нас предложить сюжет отчета, соединив между собой все пять выше упомянутых моментов в единое предложение? Кто еще попробует выразить это по-другому? Кто-нибудь еще?

Из того, что вы только что услышали, что кажется стратегической целью этого отчета?

Вопросы уровня Принятия решений
В каком стиле мы хотим делать презентацию?

Какое художественное наполнение мы бы хотели добавить – фотографии, цитаты, графики и прочее?

Что вы видите в заглавии? Когда, вы думаете, мы сможем закончить этот отчет? Каковы наши следующие шаги или задачи?

Заключение
Это была долгая беседа, но она действительно настроила нас на нужный лад. Мне кажется, что мы готовы приступить к работе над отчетом прямо сейчас.

B6   Разработка эмблемы и лозунга

Ситуация
Небольшая сервисная компания стоит на пороге запуска пятимесячной спонсорской кампании, и нуждается в мотивирующих эмблеме и лозунге.

Рациональная цель
Разработать варианты эмблемы и лозунга, которые действительно символичны для организации и спонсоров кампании.

Практическая цель
Как следует повеселиться и покреативить над задачей.

Советы
На Рефлексивном уровне хорошенько повеселитесь. Шутите, надевайте бумажные колпаки и делайте все, что потребуется, чтобы люди расслабились и не блокировали поток идей и образов.

Другие применения
Эта беседа может помочь людям работать вместе над созданием эмблем и лозунгов для отделов, PR-проектов и тематических акций.

БЕСЕДА

Вступление
Несмотря на то, что среди нас здесь нет художников или писателей, мы наверняка можем выдать несколько хороших идей для лозунга и эмблемы. Такие визуальные образы могут чрезвычайно мотивировать потребителей. Если мы придумаем то, что действительно будет «говорить» с людьми, мы сможем начать битву, уже наполовину ее выиграв.

Вопросы Объективного уровня
Какие лозунги из тех, что вам попадались, вы запомнили больше всего? Какими образами они сопровождались?
Какие задачи мы будем решать в течение этой кампании?
Какова наша конечная цель?

Вопросы Рефлексивного уровня
Какой части этой кампании вы ждете с нетерпением?
Какая ее часть будет веселой? Какая – непростой задачей?
Как мы будем себя чувствовать в начале кампании? На ее пике? Непосредственно перед завершением?
Что будет самым лучшим результатом успешной кампании? Как бы он выглядел на фотографии? Теперь, в связи с этими образами, какие лозунги или картинки, виденные вами по телевизору или на рекламных щитах, всплывают в памяти?

Вопросы Интерпретативного уровня
Что вам нужно говорить себе, чтобы оставаться мотивированными?
Какую картинку вы бы поместили у себя в уме на начало каждого дня, чтобы продолжать двигаться дальше?
Подумайте минуту, набросайте на листе эмблему и держите рисунок так, чтобы было видно всем.

Вопросы уровня Принятия решений
Какую из этих идей мы могли бы превратить в удачный лозунг или эмблему? Как бы мы могли сделать их еще более мощными и заряжающими?
Каким будет наш следующий шаг на пути к окончательному оформлению эмблемы и лозунга?

Заключение
Возможно, кто-то хочет креативно изобразить на бумаге наши ощущения на старте? Это запомнится нам на долгие годы, после того, как кампания завершится.

B7   Создание группы обучения на рабочем месте

Ситуация
Организации часто нуждаются в создании собственных профессиональных учебных групп на местах, для того чтобы поддерживать перемены и соответствовать им. Заинтересованные сотрудники проводят первое совещание для согласования учебного плана.

Рациональная цель
Определение целей и содержания учебной программы на рабочем месте.

Практическая цель
Вызвать воодушевление по поводу совместного обучения и нацеленность на создание группы.

Советы
Эта беседа нацелена на достижение согласия создать учебную группу, поэтому она больше эмоциональная, чем практичная. Следующая встреча будет гораздо более ориентированной на внедрение. Она будет включать разработку учебного плана, расписания, а также задания. Это тоже может происходить в формате воркшопа.

Другие применения
Этот подход может также помочь сформировать повестку дня любой группы по интересам.

БЕСЕДА

Вступление
В течение некоторого времени мы вели разговоры о том, что нам необходимо помогать друг другу быть в курсе событий и новшеств в нашей профессиональной сфере, с ее постоянно меняющимися ценностями, технологиями и требованиями к навыкам. Сегодня мы сделаем первый шаг на пути к формированию учебной группы – мы обсудим цели и содержательную часть обучения. Мы поговорили об этом с руководителем, и он пришел в восторг от этой идеи. Итак, давайте обсудим, чего мы хотим.

Вопросы Объективного уровня
Какие недавние события или ситуации навели вас на мысль, что вам следует больше следить за инновациями или что следует освежить знания?

Что говорит вам о том, что будет полезно изучать эти темы в группе коллег? Как вы представляете себе работу этой учебной группы? Что в ней должно происходить?

Вопросы Рефлексивного уровня
Каковы преимущества такой группы?
В чем могут быть недостатки?
У кого из вас имеется опыт организации такой группы?

Вопросы Интерпретативного уровня
Какие учебные потребности, по нашим ощущениям, являются наиболее срочными? Какие темы мы хотим охватить?
Какой тип медиа-ресурсов мы хотим использовать? Какие методы?

Вопросы уровня Принятия решений
Когда мы хотим начать? Где бы мы могли встретиться?
Когда мы хотим встречаться? До работы, в обед, после работы дома у кого-то из нас?
Кто соберет все наши решения воедино и сформирует предложения относительно модели и концепции группы, чтобы мы могли на них еще раз взглянуть?
Когда мы встретимся в следующий раз, чтобы рассмотреть учебный план, принять окончательное решение, а также выбрать лидера?

Заключение
Что же, это была отличная беседа! Она действительно помогла нам в подготовке этого проекта.

B8 Подготовка повестки дня к собранию

Ситуация
Вы руководите небольшой командой, которая должна подготовить повестку дня для ежемесячного корпоративного собрания.

Рациональная цель
Создать повестку дня, которая позволит группе разобраться с возможными проблемами и другими рабочими моментами.

Практическая цель
Устранить беспокойство и вызвать предвкушение, ожидание будущего собрания.

Советы
Исходный объективный вопрос может потребовать сбора информации об участниках или беседы с несколькими людьми, для того чтобы составить список пунктов повестки дня. Продолжительность собрания – важный фактор. Короткое собрание может состоять из нескольких кратких пунктов или одного пункта, содержащего несколько важных идей. Продолжительное собрание требует более тщательной оркестровки. Удобно будет писать список пунктов на флип-чарте по мере их озвучивания, чтобы вся группа имела перед собой единый список.

Другие применения
Такой формат беседы может быть использован для разного рода встреч, таких как обед акционеров или встреча членов благотворительной организации.

БЕСЕДА

Вступление
Нам нужно разработать повестку дня к грядущему корпоративному собранию и подготовить список пунктов для рассмотрения.

Вопросы Объективного уровня
Какие пункты повестки остались с предыдущего собрания?
О каких еще темах мы знаем?

Вопросы Рефлексивного уровня
С какими аспектами повестки дня будет легко разобраться?
С какими будет разобраться сложнее?

Вопросы Интерпретативного уровня
Какие из этих пунктов критично необходимо разобрать на этом собрании?
Какие из них можно решить другим способом или в другом формате?
Какой из них нужно разобрать первым, чтобы перейти к следующим? Сколько примерно времени нужно будет потратить на рассмотрение каждого пункта?

Вопросы уровня Принятия решений
Как наилучшим образом организовать этот перечень вопросов, чтобы иметь уверенность в том, что это позволит нам выполнить необходимые задачи?
Кто будет вести это собрание?

Заключение
Что же, мы охватили большой материал и приняли важные решения. Пришло время и для обеда.

В9 Организация сервисной группы на рабочем месте

Ситуация
Организации часто нуждаются в создании формальной или неформальной волонтерской организации, такой как профессиональный клуб, обеденный форум, дневная группа для детей, группа юридической консультации или оперативная группа – для решения особых потребностей персонала. В данном случае, сотрудники корпорации собрались организовать в компании дневную группу для своих детей.

Рациональная цель
Сделать первые шаги в организации этой специальной группы.

Практическая цель
Вызвать воодушевление и нацеленность на создание детской группы.

Советы
Эта беседа смоделирована специально для предварительной встречи. Она не подойдет для следующей встречи, которая должна быть больше нацелена на сбор информации и планирование – процессы, для которых больше подойдет формат мозгового штурма и сортировка информации.

Другие применения
Эта беседа может помочь провести первую встречу перед организацией кредитного союза, объединения учащихся или чего бы то ни было, что поможет людям в их работе и жизни.

БЕСЕДА

Вступление
Мы хотим обсудить создание дневной группы для детей наших сотрудников. Руководство компании открыто для этой идеи и готово внести необходимые поправки в бюджет или поддержать другие изменения, которые мы порекомендуем. Итак, приступим к обсуждению.

Вопросы Объективного уровня
Вспомним, для начала, как мы пришли к этой идее.
В чем заключаются проблемы сотрудников компании, которые сформировали потребность в создании дневной детской группы? Что именно нам нужно от этой группы?
Изначально, чья это была идея?
Кто еще, по нашим сведениям, заинтересован в этом проекте?

Вопросы Рефлексивного уровня
Какой образ вы видите перед собой в качестве результата наших усилий?
В чем преимущества создания такой группы?
В чем могут быть недостатки?
У кого из присутствующих имеется подобный опыт?

Вопросы Интерпретативного уровня
Какую еще реакцию мы можем ожидать от других?
Что это будет для нас означать?
Что будет по-другому?
Почему вы заинтересованы в этой группе?
Для чего предназначена эта группа? (*На этот вопрос может понадобиться всего один или два ответа.*)

Вопросы уровня Принятия решений
Как мы можем обеспечить большую поддержку этого проекта от других людей?
Какие должны быть следующие шаги, чтобы запустить этот проект? Кто должен будет внедрить эти шаги?
Когда нам нужно встретиться в следующий раз? Где?
Кто должен присутствовать на следующей встрече?

Заключение
Что же, это была отличная беседа и хороший старт для нашего проекта. Спасибо всем за то, что пришли. Пожалуйста, приходите на следующую встречу и приводите с собой коллег.

B10 Планирование корпоративной вечеринки

Ситуация
Руководство компании назначило группу сотрудников для планирования новогоднего корпоратива.

Рациональная цель
В общих чертах обрисовать предстоящее мероприятие.

Практическая цель
Приблизить веселье.

Советы
Если у вас много времени, эта беседа может строиться чисто на эмоциях и быть первой из нескольких собраний по этой теме. В таком случае, эта беседа завершится после первого вопроса уровня Принятия решений. После этого нужно попросить участников подумать о содержании предстоящего празднования и предложить, чтобы на следующую встречу они приходили со своими предложениями.
Если же у вас немного времени для такого планирования, то в конце этой беседы вам следует иметь общую картину и распределить обязанности.

Другие применения
Эта беседа может быть использована для организации школьных дискотек, сезонных фестивалей, новогодних вечеринок и других праздников.

БЕСЕДА

Вступление
Давайте поговорим о том, какой вечеринкой мы хотим завершить этот год на работе.

Вопросы Объективного уровня
Для кого устраивается это мероприятие?
Каковы его временные рамки?
Что мы знаем о бюджете этого мероприятия?
Какие ресурсы у нас уже есть для этой вечеринки?
Где мы можем ее провести?

Вопросы Рефлексивного уровня
Какое настроение мы хотим придать этой вечеринке?
Какие цвета, блюда, декорации помогут создать это настроение?

Вопросы Интерпретативного уровня
Что мы хотим чтобы происходило с участниками этого мероприятия? В какое путешествие мы хотим их отправить?
Каким будет начало? Середина? Конец?
Какие активности смогут это обеспечить? Какие нужны роли?

Вопросы уровня Принятия решений
Создайте сценарий вечеринки: кто-нибудь, подумайте минуту и скажите, как должна происходить эта вечеринка – от начала до конца. На какие части она разделена? Что происходит в каждой части? Кто-нибудь еще, можете добавить что-то? Кто еще?
Итак, мы говорим, что вечеринка должна состоять из трех частей: 1_____, 2_____ и 3_____ .
Верно? Прекрасно.
Как мы начнем вечеринку? А как завершим?
Какие базовые приготовления нам нужно сделать, перед тем как встречаться для следующего обсуждения этой темы?
Что нам нужно уточнить у руководства?
Как мы разделим обязанности?
Когда мы встречаемся в следующий раз?

Заключение
Что ж, мы уже охватили значительную часть темы.
Какие же мы все творческие! Уверен, мы точно, повеселимся на славу.

B11 Разработка брошюры

Ситуация
Несколько человека обсуждают создание простой недорогой брошюры для своего бизнеса.

Рациональная цель
Провести продуктивную беседу и разработать черновик брошюры для последующего обсуждения.

Практическая цель
Более четко осознать общую цель.

Советы
Графические дизайнеры говорят, что общее видение основного назначения брошюры и ощущение того, что вы следуете этому видению, – залог создания хорошей брошюры.

Другие применения
Эта беседа может работать для создания других рекламных материалов, таких как билборды, джинглы или одноминутные видеоролики.

БЕСЕДА

Вступление
Давайте обсудим, какой должна быть наша брошюра.

Вопросы Объективного уровня
Кто будет читать эту брошюру?

Что мы хотим поместить в ней?

Какие конкретно пункты вы хотите в нее включить?

Как она будет распространяться?

Вопросы Рефлексивного уровня
Расскажите о брошюрах, которые вы видели раньше, и которые вам особенно понравились.

Чем они вам понравились?

Какая ваша первая реакция на такие брошюры и на наши идеи?

Вопросы Интерпретативного уровня
Что мы хотим донести до аудитории этой брошюрой?

Какой один главный посыл мы пытаемся передать?

В каком стиле должна быть эта брошюра?

Вопросы уровня Принятия решений
Какие пункты из упомянутых нами должны особенно выделиться?

Какая структура, то есть какой конкретный порядок пунктов будет поддерживать нашу идею?

Какие наши следующие шаги?

Заключение
Я считаю, что теперь мы имеем достаточно материала и можем смело передать его Дмитрию для дальнейшей обработки.

B12 Составление бюджета

Ситуация

Вы находитесь в процессе составления бюджета компании на следующий год. Каждый отдел вашей компании попросили о следующем:

1. Подготовить свою часть бюджета.
2. Привязать свой бюджет к рабочим планам и целям на год.
3. Описать прогнозы, сделанные отделом в процессе создания бюджета.
4. Сравнить новый бюджет с показателями доходов и расходов в прошлом году.

Рациональная цель

Согласовать общую версию бюджета и определить критерии для рекомендуемых изменений.

Практическая цель

Получить уверенность в реализуемости бюджета и удовлетворить сотрудников в том, что их сомнения и пожелания были услышаны.

Советы

Может возникнуть потребность в новых вопросах для согласования критериев или других аспектов Интерпретативного уровня.

Другие применения

Для достижения согласия, к примеру, на Интерпретативном уровне, можно использовать метод создания сценария.

БЕСЕДА

Вступление

У каждого из нас стоит задача подготовить бюджет на следующий год, определить цели и рабочие планы. Я разместил эту информацию в рабочем листе для каждого отдела, который вы сейчас видите перед собой. Наша задача на сегодня – понять, на чем основывается бюджет каждого отдела, определить, какие вопросы нам нужно решить, чтобы завершить работу над бюджетом, а также критерии, по которым мы будем регулировать и согласовывать ваши отдельные бюджеты. На данный момент мы на ___% превышаем/не достигаем бюджетного предела по статье расходов и на ___% превышаем/не достигаем цели по статье доходов.

Вопросы Объективного уровня

Презентация бюджетов каждого отдела с объяснением, как он отображает цели отдела на следующий год, и на каких предположениях он базируется. Задавайте уточняющие вопросы после каждого доклада.

Вопросы Рефлексивного уровня

Какие прогнозы или допущения удивили вас, когда вы слушали доклады о бюджетах? Что вызвало беспокойство?

Вопросы Интерпретативного уровня

Какие вопросы у вас возникли по мере рассмотрения бюджетов? (*Пока только вопросы – дискуссия по ним будет позднее.*)
Какие предположения вызывают у вас сомнения?
Где, на ваш взгляд, нам нужно изменить прогнозы, чтобы увеличить прибыль и сократить расходы?
Где нам нужно отрегулировать бюджеты (уменьшить или увеличить), чтобы обеспечить отделам соответствующие ресурсы?
На основании нашего обсуждения, как вы думаете, какие критерии мы используем для рекомендаций?
О чем еще нам следует помнить при внесении правок?

Вопросы уровня Принятия решений

Что можно порекомендовать для улучшения этого бюджета?
Каковы наши следующие шаги?

Я внесу рекомендованные правки. Если понадобятся дополнительные изменения, я создам модель на основе критериев, которые мы согласовали. Следующая наша встреча по этому вопросу состоится через две недели.

B13 Обустройство рабочего пространства

Ситуация
Только что было принято решение о перемещении вашей команды в другую часть офисного здания, и вы получили разрешение обустроить там все так, как хотите. Перед тем как переезжать, команда нуждается в плане организации нового рабочего пространства, который бы всех устроил.

Рациональная цель
Определить, что важно для команды в обустройстве нового рабочего пространства.

Практическая цель
Воодушевить новым рабочим местом и работой.

Советы
Ведущий беседы должен делать пометки или попросить кого-то это делать.
Несмотря на то, что вопросы Объективного уровня будут подразумевать то, что участники думают и предполагают, это все же объективные вопросы.

Другие применения
Эту беседу можно проводить для планирования дизайна помещений, стенда для выставки или разработки макета годового отчета.

БЕСЕДА

Вступление
Нам дают абсолютно новое помещение. Мы можем обустроить его так, как пожелаем. Давайте же представим, каким мы хотим его видеть. Давайте пойдем туда и посмотрим на наше новое рабочее пространство.

Вопросы Объективного уровня
(По прибытии на место) Представьте, что мы уже переехали на это место. Давайте обустроим его так, как мы хотим.
Если кто-то сюда войдет, что он увидит?
Какое здесь освещение?
Какие элементы декора можно увидеть, войдя сюда?
Какие знаки и, символы находятся в помещении?

Вопросы Рефлексивного уровня
Какое настроение вызывает у вас это помещение?
Что, из всего этого пространства в целом, привлекает ваше внимание больше всего?

Вопросы Интерпретативного уровня
Как разбить это пространство на зоны различного предназначения, например, место общего пользования, тренинговая зона, приватные зоны?
По каждой зоне спросите:
Какие ощущения вызывает эта зона? Что здесь происходит?
Какова планировка этой зоны?
Что теперь, на ваш взгляд, является самыми важными факторами обустройства этого пространства?

Вопросы уровня Принятия решений
Кто хочет объединиться в небольшую рабочую группу для разработки конкретных предложений по интерьеру каждой комнаты?

Заключение
Что ж, креативность этой группы меня всегда поражает. Я обсужу наши идеи с архитектором на встрече на следующей неделе.

В14 Разработка нового интерьера

Ситуация
Сотрудники пришли к общему мнению, что интерьер офиса компании морально устарел и нуждается в косметическом ремонте. Была сформирована небольшая рабочая группа, призванная обсудить вопрос с каждым отделом, и собрать мнения каждого.

Рациональная цель
Понять, как должен выглядеть обновленный офис.

Практическая цель
Пробудить воображение и получить консолидированное мнение о том, какой должна быть новая обстановка.

Советы
Несмотря на то, что объективные вопросы здесь апеллируют к воображению, они, все же, остаются объективными вопросами. В этой беседе делается попытка сочетать ответы, поступающие из правого и левого полушарий мозга. Ее нужно вести мягко. Если придать этой беседе жесткости и требовательности, это заблокирует поток интуитивных ответов участников. Лидер должен уважительно принимать все ответы.

Другие применения
Для планирования структуры конференции, семинара или праздника.

БЕСЕДА

Вступление
Задача нашей команды – пообщаться со всеми отделами о новом интерьере офиса. Наверняка у вас есть множество идей по этому поводу.

Закройте глаза и попытайтесь представить обстановку, в которой вы бы хотели работать. Не открывая глаз, расскажите, что вы видите в своем воображении.

Вопросы Объективного уровня
Что вы видите? Какие цвета?

Какие фигуры? Какие звуки слышите?

Какие образы видите?

Что вы видите на стенах?

Какие цвета преобладают в помещении??

Что еще вы видите или чувствуете?

Вопросы Рефлексивного уровня
Теперь откройте глаза. Какие ощущения возникли у вас от этого пространства по мере того, как мы описывали его?

Чем эти ощущения отличаются от того, что вы испытываете сейчас? Что в новой обстановке вызывает разницу в восприятии?

Какие недостатки существующей обстановки там отсутствуют?

Каким образом новая обстановка разжигает ваше воображение? Насколько легче будет в ней работать? Что именно этому способствует?

Вопросы Интерпретативного уровня
Что вы услышали от группы относительно нового дизайна?

Что именно мы хотим изменить?

Что мы хотим оставить как есть?

Вопросы уровня Принятия решений
Какие существенные рекомендации мы хотим дать относительно нового дизайна офиса?

Чего в новой обстановке точно не должно быть?

А что там должно быть обязательно?

Заключение
Какая отличная беседа! Мы суммируем ваше мнение с мнениями других отделов и представим руководству. Спасибо вам за идеи и уделенное время.

B15 Выбор темы для предстоящей конференции

Ситуация
Вы возглавляете группу, которой поручили составить план ежегодной корпоративной конференции.

Рациональная цель
Определить наиболее полезную тему для конференции.

Практическая цель
Вызвать воодушевление, мотивацию и ощущение командного духа.

Советы
В построении этой беседы следует учитывать все инструкции или установки, которые были предоставлены предварительно. Группа должна начать обсуждение с четкого предписания.
На уровне Принятия решений фасилитатор должен аккуратно направить дискуссию к реальному выбору. Это может предполагать определение путей комбинации идей и принятие конкретных решений. Это может быть несколько беспорядочно, но, тем не менее, продуктивно.
Определение названия мероприятия – это кульминационный момент беседы. Он придает достигнутому согласию художественную форму. Название конференции должно нести в себе не только тему мероприятия, но также и его характер, острую актуальность темы, а также потенциальные преимущества для участников.

Другие применения
Этот подход может также помочь выбрать тему для выпуска журнала или новостного бюллетеня.

БЕСЕДА

Вступление
Нам поручили планирование ежегодной корпоративной конференции. В этой беседе мы сконцентрируем наше внимание на выборе наиболее подходящей темы для мероприятия в этом году.

Вопросы Объективного уровня
Какие планы у нас уже есть на этот счет?
Кого мы хотим (или ожидаем) видеть в качестве участников конференции? Какие темы сейчас обсуждаются?
Какие сейчас стоят вопросы или проблемы в этой сфере?

Вопросы Рефлексивного уровня
Какие темы были интересны участникам на прошлой конференции? Каких тем они избегали?
Что люди извлекли для себя из предыдущих конференций?
Что сейчас "горячо", а что нет?

Вопросы Интерпретативного уровня
Что люди хотят и ожидают получить от конференции, или в чем они нуждаются?
Какие темы кажутся вам наиболее подходящими?
Мне нужен краткий список из 3-5 тем, с которыми мы сможем работать дальше. Почему бы нам всем не составить собственные краткие списки? А потом пусть каждый поделится своим перечнем. Кто готов прочесть свои идеи? Давайте послушаем Михаила. *(Записывайте ответы на флипчарте.)*
Давайте послушаем еще два-три человека. *(Дописывайте ответы к уже имеющимся.)*
Посмотрите на этот список и скажите, как информация по этим темам и их обсуждение может быть полезна для участников мероприятия? Какие темы вдохновят людей на действительно творческие и инновационные идеи?

Вопросы уровня Принятия решений
Основываясь на этой беседе, что может быть фокусом этой конференции? Какое название можно предложить?
Какие наши следующие шаги, задачи и график встреч по этому вопросу?

Заключение
Благодарю вас за ваши идеи.

B16 Разработка руководства по обслуживанию клиентов

Ситуация

В связи с существенным увеличением телефонных и интернет-обращений потребителей, отдел по работе с клиентами выходит за рамки своих возможностей. Уже поступали жалобы на не отвеченные запросы. Необходимо разработать новый свод процедур в виде готового руководства для работы с клиентами. Супервайзер созывает собрание подразделения и проводит беседу для сбора идей сотрудников по этому вопросу.

Рациональная цель

Получить от сотрудников обратную связь для прояснения ситуации и сгенерировать идеи, которые следует включить в руководство.

Практическая цель

Повысить качество обслуживания клиентов и наилучшим образом применить опыт сотрудников.

Советы

Не забудьте назначить человека, который будет вести протокол беседы.

Другие применения

Эта беседа может помочь в написании других процедур.

БЕСЕДА

Вступление

Я собрал/ла вас здесь во время продленного обеденного перерыва для того, чтобы получить ваши мнения по поводу проблем с коммуникацией в отделе и по поводу того, что должно быть включено в новое руководство по обслуживанию клиентов. Благодарю вас за то, что выделили это время для такой цели.

Вопросы Объективного уровня

Какой недавний опыт отношений с клиентами подсказывает вам, что мы нуждаемся в новой процедуре?

С какими новыми ситуациями мы сталкиваемся сейчас в общении с клиентами?

Какие аспекты сложившейся ситуации не позволяют быстрее отвечать на запросы клиентов?

Вопросы Рефлексивного уровня

Что вас удивляет в наших процедурах обслуживания клиентов?

С чем вам приходится бороться больше всего?

Какие из актуальных вызовов вам кажутся захватывающими и интересными?

Вопросы Интерпретативного уровня

Какие новые процедуры нам нужны?

Что не охватывает существующее руководство?

Какие новые главы или разделы нам нужно в него добавить?

Вопросы уровня Принятия решений

У кого из присутствующих имеется опыт написания процедур для какого-нибудь из этих процессов, или нам стоит привлечь эксперта в написании процедур? Кто еще нам нужен в этой команде?

Когда эта команда может встретиться?

Заключение

Спасибо всем еще раз за то, что выделили это время для беседы. Я думаю, что это поможет нам улучшить общение с клиентами. Мы привлечем несколько временных сотрудников для написания этого руководства.

В17 Подготовка маркетингового планирования

Ситуация
Команда маркетингового отдела занимается созданием плана на следующие три года. Для начала, они проводят первичную беседу с целью обсудить маркетинговые программы последних трех лет.

Рациональная цель
Посмотреть, как прошлые маркетинговые успехи и неудачи могут стать для нас трамплином в будущее.

Практическая цель
Оценить работу, проделанную за последние три года, и отметить извлеченные за это время уроки.

Советы
На вопросы по поводу уроков из прошлого, как в Интерпретативной секции, можно получить несколько размытые ответы. Добивайтесь максимального разъяснения таких ответов и конкретики. Если участник говорит «я научился быть командным игроком», будьте готовы задать уточняющие вопросы, например «Чему именно вы научились?», «Что значит для вас работать в команде?», или «Какая ситуация или событие заставили вас максимально четко осознать и применить эти знания?"

Другие применения
Этот тип беседы может быть использован для оценки любых мероприятий, связанных с длительным периодом, например, для квартальных совещаний по продажам или ежегодного стратегического планирования.

БЕСЕДА

Вступление
Нам поручили через три года прийти в пункт Б. Мы проведем выходные, планируя, как попасть туда, но для начала давайте вспомним прошедшие три года и посмотрим, что мы делали правильно, какие уроки мы можем извлечь из наших ошибок, а также отметим нашу командную работу.

Вопросы Объективного уровня
Какие события вы помните из нашей работы за последние три года?

С какими людьми или клиентами мы работали?

Какое из наших действий было самым смелым?

Какие ключевые маркетинговые успехи у нас были за прошедшие три года?

Что стало успешным, вопреки нашим ожиданиям?

Вопросы Рефлексивного уровня
Что было наиболее радостным за эти три года?

Когда мы были наиболее оживленными?

Когда нам приходилось нелегко в работе?

С чем мы тогда боролись?

Что приводило нас в самый большой восторг?

Вопросы Интерпретативного уровня
Что сработало хорошо? Почему это сработало хорошо?

Что сработало не так хорошо? Почему?

Что мы узнали о маркетинговых процессах за эти три года?

Что мы узнали о маркетинговых тенденциях?

Что мы узнали о том, как быть командой?

Вопросы уровня Принятия решений
Основываясь на этой беседе, скажите, с какими проблемами нам придется побороться в нашем планировании?

В каких направлениях маркетинга наша креативность будет наиболее востребована?

С какими новыми вызовами мы встретимся?

На каких двух-трех задачах мы можем сконцентрироваться на ближайшей сессии планирования?

Заключение
Это была непростая беседа. Думаю, она настроила нас на правильный лад, и мы можем переходить к планированию.

B18 Подготовка стратегической презентации нового продукта

Ситуация

Команда потратила много времени на разработку пилотного продукта. Они создали, как им кажется, превосходный продукт и хотят, чтобы компания наградила их за старания. Они представят свой продукт менеджменту компании на следующей неделе. Сейчас команда готовит ответы на возможные вопросы и возражения.

Рациональная цель

Наметить возможные возражения и спрогнозировать «зондирующие» вопросы, которые, вероятно, поступят от руководства.

Практическая цель

Зарядить команду воодушевлением, уверенностью и нацеленностью, необходимыми для подготовки отличной презентации, будто они «прочитали мысли» комитета.

Советы

Суть этой беседы заключается в Рефлексивных вопросах. Объективные вопросы в данном случае – просто инструмент разогрева группы. Позаботьтесь о том, чтобы беседу протоколировали два человека. Если они напишут возражения на небольших карточках, ответы можно будет легко организовать и сгруппировать для использования в следующей части совещания.

Другие применения

Эта беседа также поможет в подготовке к тендеру на получение контракта.

БЕСЕДА

Вступление

В следующий понедельник мы представим наш продукт Управляющему комитету. Разумеется, после всех наших усилий в прошлом году, мы хотим, чтобы он вышел на рынок. Если мы хотим сделать потрясающую презентацию, нам нужно заранее продумать, какие могут возникнуть вопросы, возражения и критические замечания у комитета по отношению к нашему продукту. Мы сможем задать эти вопросы себе и ответить на них, а также предположить возражения и подготовить аргументы. После того как мы продумаем, как справляться с возможными возражениями, мы сможем разделиться на небольшие группы для подготовки доклада. И в конце мы обсудим, как мы можем всех убедить в преимуществах этого продукта..

Вопросы Объективного уровня

Для начала, сделаем для себя самих обзор характеристик нашего продукта. Какие инновационные идеи были воплощены в дизайне? Что делает этот продукт? Чего он не делает? Из каких материалов он изготовлен?

Чем он отличается от конкурирующих продуктов?

Какими данными мы располагаем по этому рынку?

Какой доход мы прогнозируем?

Вопросы Рефлексивного уровня

Попробуйте пробраться в умы комитета руководителей.

Что они будут думать во время презентации этого продукта?

Я попрошу двоих из нас вести протокол этой беседы.

Какие ассоциации у них будут возникать? («Это что-то вроде того лимона, который мы выпустили в 1995?»)

Какие конкретные вопросы они захотят задать?

Какие конкретные возражения у них могут возникнуть?

Какие преграды они могут поставить на пути развития этого продукта?

Теперь углубимся: какие еще не очевидные вопросы, возражения и препятствия они могут придумать?

Обдумайте возражения, которые только что услышали. Какие

на недоработки?

(продолжение на следующей странице)

В18 Подготовка стратегической презентации нового продукта *(продолжение)*

Вопросы Интерпретативного уровня

Какие из озвученных вопросов, возражений и препятствий потребуют наиболее осторожных и продуманных ответов? На какие будет ответить легче?

Что нам нужно для того, чтобы подготовить все ответы за следующие несколько дней?

Вопросы уровня Принятия решений

Какие предложения у вас есть относительно того, как мы можем подойти к подготовке?

Заключение

Что же, мы получили несколько больше, чем намеревались, но это значит, что мы можем быть более подготовленными. Это даст нам реальное превосходство. Теперь сделаем перерыв, после чего вернемся и доработаем презентацию, чтобы ответить на все перечисленные вопросы.

МОМЕНТЫ, О КОТОРЫХ СЛЕДУЕТ ПОМНИТЬ ВЕДУЩЕМУ БЕСЕДЫ

Уважение участников

Уважение участников – один из ключей к построению эффективного диалога. Фасилитатор верит в свойственную людям способность понимать и отвечать нестандартно на свои ситуации и предполагает, что каждый является источником идей, способностей и мудрости. Это убеждение позволяет фасилитатору воспринимать каждый ответ как бесценный вклад в процесс.

Не забывайте слушать активно

Активное слушание каждого человека значит уважение. Когда фасилитатор повторяет комментарий в точности так, как он был сделан участником, он чтит этот конкретный вклад в общий процесс, и того человека, который этот вклад сделал. Слушая, вы активно демонстрируете внимание – глядя на говорящего, делая пометки по мере того, как он говорит, а также отмечая, что есть те участники, которые давно не высказывались. Ваши записи позволяют сохранить высказанные идеи для дальнейшего обсуждения. Ничего не демотивирует т участников больше, чем фасилитатор, который не уважает людей или меняет их мысли, когда записывает их слова. Фасилитатор, который пытается «подтолкнуть процесс», не обращая внимания а участников, может уважать результат, но не людей.

Стиль служителя высшей цели

Фасилитатор не должен вести себя как гуру, высокопоставленное лицо или суперзвезда. Гораздо более функциональный стиль – это стиль служителя, в том понимании, что это тот, кто побуждает участников группы открывать друг другу свою мудрость. В таком случае, все, что делает фасилитатор, направлено на конечную цель – помочь участникам и группе в целом проявить себя наилучшим образом, чтобы вместе они смогли решить проблему, которая обсуждается.

Раздел с

Беседы для коучинга и наставничества

Традиционные организации призваны обеспечивать первые три уровня потребностей пирамиды Маслоу – пищу, безопасность и принадлежность к чему-либо …. Волнения в руководительских кругах будут продолжаться, пока организации не начнут удовлетворять потребности высшего порядка – уважение и самоактуализацию.

Уильям О'Брайен, бывший президент компании «Hanover Insurance», цитата из книги
Peter Senge: *The Fifth Discipline*

Многие считают, что слова «коучинг» и «наставничество» взаимозаменяемы. В некоторых организациях роли коуча и наставника воспринимаются как профессии, которые должны выполнять только специалисты. Но почти каждый сотрудник, независимо от позиции, в некоторой степени занимается коучингом других. Там, где эта роль считается общепризнанной функцией и всячески поощряется, и ее может выполнять любой сотрудник в организации; коучинг может стать бесценным инструментом поддержания эффективности персонала.

Джон Делла Коста описывает наставничество как нечто гораздо большее, чем хороший совет.

Наставничество…включает в себя ведение других к раскрытию потенциала, который уже в них имеется, а также повышение их осознания взаимосвязей и обязательств, которые мы все разделяем… Наставники должны сами воплощать те навыки, которые они передают другим. Эти отношения заключаются не в контроле, ...но в общей увлеченности, уважении и глубокой привязанности к творческому духу. (Dalla Costa, John: *Working Wisdom*, p. 167)

Многие беседы в этом разделе задуманы как альтернатива вызову сотрудника в кабинет и указанию на его ошибки. Разумеется, есть как сотрудники, так и руководители, у которых нет особого желания развиваться. Дискуссии с такими людьми, как правило, включают в себя обиды и ультиматумы. Но большинство ситуаций предполагают скорее профессиональное развитие, чем следование дисциплине, и личностный рост как общую задачу для сотрудников и руководства. Из цитаты Билла О'Брайена, приведенной выше, следует, что авторитарные указания вызывают лишь подчинение ради безопасности, что в пирамиде Маслоу находится ниже возможности обучения в атмосфере уважения. В таком случае, Сфокусированная беседа может быть инструментом повышения уровня ответственности.

В этом разделе содержатся двенадцать бесед для распространенных ситуаций коучинга и наставничества:

C1. Коучинг коллеги
C2. Пересмотр должностной инструкции
C3. Предоставление обратной связи тренерам
C4. Проведение разъяснительной беседы с сотрудником
C5. Обсуждение набора инструкций с сотрудником
C6. Размышление над сложной ситуацией
C7. Менторская беседа с сотрудником по поводу семейного кризиса, влияющего на работу: #1
C8. Менторская беседа с сотрудником по поводу семейного кризиса, влияющего на работу: #2
C9. Менторство нового сотрудника
C10. Разрешение давнего конфликта
C11. Ответ на личную жалобу
C12. Работа с недовольным клиентом

В коучинговых беседах лидер должен позволить вопросам сделать всю работу. Акцент делается на объективных причинах проблемы и на том, что нужно сделать, чтобы ее уладить.

Для многих из этих бесед может быть полезно в самом начале сделать установку, что эта беседа – не охота на ведьм. Она проводится не для того, чтобы найти виновного, а для того, чтобы найти структурированные решения проблем. Как только кто-то начинает играть с обвинениями, фокус с того, что может быть действительно сделано для поиска решения, смещается в другую сторону.

Многие люди полагают, что возможность объяснить свою ситуацию и быть услышанными дает им достаточно ясности, чтобы двигаться дальше. Это непрямой коучинг. Если коллега не проявляет скованности в обсуждении своих проблем, можно продвигаться к Интерпретативному уровню и уровню Принятия решений быстрее. Разумеется, перед тем как переходить к какому-либо обсуждению решений, следует дать человеку полностью высказаться.

Создание правильной атмосферы и неосуждающий стиль беседы – ключевые факторы в коучинговых беседах. Если ведущий беседы хочет обвинить или исправить коллегу, не выслушав его, они никогда не достигнут взаимопонимания. Наставнику нужно либо унять в себе такие эмоции, либо отложить беседу, чтобы не пострадала объективность.

Как управляющий процессом коучинга, вы должны внимательно продумать обстановку проведения беседы. Решите, хотите вы делать это в неформальном месте в удобных креслах или в более формальной обстановке за столом. Ваш кабинет или кабинет коллеги – тоже хороший вопрос. Подумайте о влиянии, которое может оказать та или иная обстановка. Для некоторых людей просьба прийти в ваш кабинет будет большой трудностью, в зависимости от их эмоционального состояния и ситуации.

Во время беседы следите за собственными внутренними ответами. Если вы чувствуете, что хотите оправдываться, сделайте в уме шаг назад. Гораздо важнее, чтобы сперва были услышаны чувства вашего коллеги. Позднее для вашей версии событий будет выделено отдельное время. Гораздо проще решить проблему, если подойти к ней с точки зрения коллеги.

Для большинства этих бесед вам нужно выбрать только самые подходящие вопросы на каждом уровне. Вы же не хотите, чтобы сотрудник воспринимал беседу как допрос или суд. Очень важно сразу сказать, почему вы ведете этот разговор. Некоторые люди могут подумать, что вы лезете в их работу. Другие могут подумать, что, задавая вопросы, вы готовите их к увольнению. Другие могут очень охотно говорить о том, чем они занимаются.

Эти беседы могут предоставить базу для коучинга и наставничества. Но они могут также вестись на постоянной основе в организациях партнерского типа. Некоторые беседы призваны разрешить недоразумения между коллегами – такие как «Ответ на личную жалобу» и «Разрешение давнего конфликта». Для проведения таких бесед требуется немалое мужество, но возврат вложенных ресурсов может превзойти ожидания.

C1 Коучинг коллеги

Ситуация
Всем нам периодически нужна помощь на работе, но мы либо не осознаем, что нуждаемся в ней, либо нам неловко попросить об этом.

Это непрямая беседа с коллегой, который перешел работать в другую команду над одним общим проектом и столкнулся со сложностями. В самом проекте также не все гладко.

Рациональная цель
Задать полезные вопросы, которые раскроют состояние дел и подскажут, что вы можете сделать, чтобы помочь.

Практическая цель
Позволить коллеге почувствовать, что он может вам открыться и попросить о помощи, если она ему нужна.

Советы
Для некоторых людей сама возможность поговорить об их ситуации уже многое для них проясняет и позволяет двигаться дальше. Это очень непрямой коучинг. Если коллега не испытывает затруднений, принимая помощь или обсуждая свои проблемы, вы можете быть более прямолинейны и быстро переходить к вопросам Интерпретативного уровня и уровня Принятия решений. Всегда начинайте беседу с допущения, что ваш/а коллега не нуждается в коучинге, и ждите, пока он/она сам/а расскажет вам о своих проблемах.

Другие применения
Такой тип коучинговой беседы несколько похож на поиск и устранение неисправностей в любой ситуации.

БЕСЕДА

Вступление
Я помню, вы говорили мне, что собираетесь работать с командой из отдела коммуникаций над общим проектом. Мне очень интересно, как все идет. Не возражаете, если мы поговорим об этом?

Вопросы Объективного уровня
Какие задачи вы решаете?

Какая ваша личная роль?

Кто еще работает над проектом? Что они делают?

Как в проекте применяются ваши навыки и время?

Вопросы Рефлексивного уровня
Какое настроение царит в работе над проектом? Воодушевление? Подавленность?

Как думаете, почему?

Вопросы Интерпретативного уровня
Какой прорыв нужно совершить в проекте? Что позволит ему двигаться дальше?

Что вы можете сделать для этого?

Что еще может сделать проектная команда для успеха проекта?

Вопросы уровня Принятия решений
Какие ресурсы, по вашему мнению, вам необходимы?

Что вы будете делать дальше?

Как я могу помочь?

Заключение
У вас очень интересная проблема. Если есть какой-то способ, как я могу помочь, пожалуйста, сообщите мне. Мне кажется, вам будет полезно поговорить еще с *(имя)*.

C2 Пересмотр должностной инструкции

Ситуация

Руководитель отдела бухгалтерии узнал, что некоторые сотрудники работают сверхурочно по несколько часов, выполняя работу, которая не относится напрямую к их обязанностям. Руководитель принимает решение поговорить с каждым из них и добраться до истоков ситуации. Он надеется, что эти беседы приведут к более рациональному распределению работы и ответственности.

Рациональная цель

Прояснить в разговоре один-на-один с сотрудником, какие задачи он выполняет, и разработать схему лучшего распределения обязанностей.

Практическая цель

Дать сотруднику почувствовать, что его ценят и поддерживают в команде.

Советы

Некоторые люди могут занимать оборонительную позицию в ответ на вопросы. Другие могут с большим удовольствием говорить о том, чем они занимаются. Поэтому, очень важно сразу объяснить, почему вы обсуждаете этот вопрос. В прояснении чьей-то роли вопросы уровня Принятия решений иногда опускаются, поскольку никакого решения может и не требоваться.

Другие применения

С изменениями в некоторых вопросах, подобная беседа может проводиться для оценки сотрудников, работающих первый год в компании, каждые три месяца – чтобы посмотреть, как они справляются, и какая поддержка им необходима.

БЕСЕДА

Вступление

Я понимаю, что вы выполняете много очень важных задач, и что в последнее время вы вынуждены работать сверхурочно. Вы не возражаете, если я задам несколько вопросов, чтобы получить полную картину того, что вы делаете?

Вопросы Объективного уровня

Перечислите, пожалуйста, все задачи, которые вы выполняете.

Какие из них отнимают больше всего времени?

От каких ваших задач зависят другие люди?

Какие задачи вы выполняете, которые кроме вас, никто в компании не знает, как сделать?

Вопросы Рефлексивного уровня

Чем вам действительно нравится заниматься?

Какая часть работы кажется вам тяжелой ношей?

За что, как вам кажется, вас не поощряют?

Что, на ваш взгляд, необходимо поменять в этой ситуации?

Вопросы Интерпретативного уровня

Насколько ваша работа важна?

Как бы вы описали роль, которую вы выполняете в подразделении? Насколько, по-вашему мнению, то, что вы делаете, важно?

Какие из ваших задач вы считаете не подходящими для себя или для этого отдела?

Вопросы уровня Принятия решений

Как бы вы реально описали свою должность?

Как мы можем поддержать вас в этой роли?

Заключение

Эта беседа помогла мне понять и оценить то, что вы делаете, и подумать, как мы можем вас поддержать. Спасибо вам большое. Я обсужу некоторые вопросы вашей рабочей нагрузки с коллегами. Мы либо пересмотрим то, как выполняются некоторые задачи, либо изменим вашу должностную инструкцию.

C3 Предоставление обратной связи тренерам

Ситуация
Руководитель тренинговой компании получил формы обратной связи с негативными отзывами от группы курса, проводимого двумя тренерами из его штата. Комментарии были достаточно серьезными, чтобы побудить его действовать. Руководителю нужно донести до тренеров, что поступили серьезные жалобы, но в то же время он хочет уладить ситуацию таким образом, чтобы они извлекли из нее полезные уроки и могли быть снова привлечены к такой работе.

Рациональная цель
Сообщить тренерам о жалобах, получить их реакцию и обсудить, как можно уладить ситуацию.

Практическая цель
Сделать так, чтобы тренеры почувствовали ответственность, и помочь им воспринимать критику как возможность роста и развития.

Советы
Вопросы Рефлексивного уровня дают тренерам возможность осознать, что не все в тренинге прошло успешно, и самим выявить проблему. Если они не признают существование проблемы, может понадобиться несколько дополнительных вопросов Рефлексивного уровня. Невозможно чему-то научиться, пока человек самостоятельно не признает существование проблемы.

Другие применения
Такой тип беседы может также использоваться руководителями для предоставления обратной связи персоналу по различным деликатным вопросам.

БЕСЕДА

Вступление
Здравствуйте. Я рад/а, что вы оба/е смогли прийти на эту встречу. Мы получили несколько негативных комментариев о последнем курсе, который вы вели вдвоем. Я бы хотел/а, чтобы мы вместе взглянули на формы обратной связи, обсудили, что произошло, и подумали, как можно было иначе поступить в этой ситуации. Копии комментариев участников курса – перед вами.

Вопросы Объективного уровня
Посмотрите на эти формы и скажите, в чем именно заключается критика курса и вашего преподавания.

Вопросы Рефлексивного уровня
Какова ваша первая реакция на эти комментарии?
Какие конкретные события или ситуации, возникшие во время курса, могли вызвать эти комментарии?
Как каждый из вас чувствовал себя после этого курса? Каково ваше мнение о происшедшем?

Вопросы Интерпретативного уровня
Что из этих критических замечаний действительно заслужено и «в точку»?
Какие из них не заслужены? Можете что-нибудь добавить?
Что участники действительно вынесли из этого курса?
Какие идеи на будущее мы можем получить из всего этого?
Какие уроки мы должны извлечь из этой ситуации?

Вопросы уровня Принятия решений
Что бы вы сделали иначе, если бы преподавали этот курс в следующий раз?

Заключение
Эта беседа помогла мне оценить все, что вы делаете, и понять, как я могу вас поддержать в этом. Каждый может совершить ошибку или заблуждаться в чем-то. Самое худшее – ничему не учиться на этих ошибках. Я считаю, что эта беседа поможет всем нам многому научиться из этого курса. Спасибо за вашу честность. Я с нетерпением жду нашего дальнейшего сотрудничества.

C4   Проведение разъяснительной беседы с сотрудником

Ситуация
До руководства компании дошла информация о том, что один сотрудник неэффективно выполняет свою работу и постоянно не укладывается в сроки. В связи с этим, его руководитель решил провести эту беседу.

Рациональная цель
Донести до сотрудника серьезность ситуации, услышать его мнение и определить, какие действия следует предпринять.

Практическая цель
Побудить сотрудника измениться и взять на себя ответственность за свои действия.

Советы
Эта беседа может потребовать разбивки на две части. Первая может быть направлена на сбор фактов, когда руководитель узнает, в чем заключается проблема. Во второй беседе руководитель может пояснить сотруднику рабочие директивы и нормы, обсудить их с сотрудником и получить от него согласие соответствовать требованиям его позиции.

Другие применения
Другая альтернатива – завершить эту беседу последним вопросом Интерпретативного уровня, когда руководитель предоставляет сотруднику список инструкций, подобранных специально для этого человека, и просит внимательно их изучить. Через неделю руководитель может провести еще одну беседу, чтобы получить от сотрудника обратную связь по поводу изученных директив (см. беседу C5).

БЕСЕДА

Вступление
Меня тревожит то, что мы не уложились в срок с проектом. Мне поступили некоторые жалобы на качество вашей работы. Я хочу понять, что происходит, чтобы мы могли это уладить.

Вопросы Объективного уровня
Что вы можете мне сказать о том, что происходит с вашей работой?

В какие сроки вы не уложились?

Каких успехов вы достигли в недавнем времени?

Что произошло, с вашей точки зрения?

Вопросы Рефлексивного уровня
Вам нравится ваша работа?

Что в ней для вас сложнее всего?

В чем вы испытываете давление или разочарование?

Вопросы Интерпретативного уровня
В чем, на ваш взгляд, заключаются причины этих сложностей?

Вы замечали, как другие люди справляются с такими проблемами?

Какие практические меры мы можем предпринять для того, чтобы вы могли делать свою работу вовремя?

Вопросы уровня Принятия решений
Что мы с вами можем сделать для того, чтобы вы могли эффективно выполнять свою работу? Какой первый шаг мы можем сделать вместе?

Заключение
Я верю, что эти действия сработают. Спасибо. Если у вас снова возникнут трудности, пожалуйста, обратитесь ко мне, и мы вместе подумаем, что можно будет сделать.

C5 Обсуждение набора инструкций с сотрудником

Ситуация

Сотрудник не делает работу в соответствии со стандартами и постоянно не укладывается сроки. После серьезной беседы с ним руководитель составил для этого сотрудника список норм и инструкций, чтобы прояснить требования к качеству работы. У сотрудника было несколько дней для того, чтобы изучить директивы. Руководитель проводит эту беседу с целью получения от сотрудника обратной связи по поводу инструкций и согласия с ними.

Рациональная цель

Ответить на все вопросы по директивам и прояснить, как должен измениться сотрудник, чтобы улучшить качество своей работы.

Практическая цель

Сотрудник должен принять инструкции и обязательство им соответствовать.

Советы

Вы хотите, чтобы сотрудник внимательно изучил и проанализировал эти инструкции. Если он предлагает внести изменения в них, это можно рассмотреть позднее. Выполнение предложенных директив должно служить неким экспериментом, который покажет, приемлемы ли они как для сотрудника, так и для руководителя.

Другие применения

Эта беседа может составить вторую часть беседы «Проведение разъяснительной беседы с сотрудником» (беседа С4).

БЕСЕДА

Вступление

Во время нашей прошлой беседы выяснилось, что проблема по большей части коренилась в нечеткости описания того, чего от вас ожидают. Поэтому я разработал/а дополнительные инструкции, которые предоставил/а вам на прошлой неделе. Мы оба тогда подумали, что будет полезно выделить время и обсудить их вместе. Перед вами еще одна копия документа к нашему обсуждению.

Вопросы Объективного уровня

Какие слова или фразы вы отметили?

Какие пункты инструкции выделяются больше всего?

Какие ясны? Какие – нет?

Вопросы Рефлексивного уровня

Какие положения инструкции вам кажутся наиболее полезными?

С какими у вас возникают трудности?

Какие положения кажутся самыми сложными? Почему так?

Какие пункты инструкции кажутся пустяковыми, «проще простого»?

Вопросы Интерпретативного уровня

Какой посыл вы получили из этих директив?

Какие изменения вам необходимы для того, чтобы соответствовать этим стандартам? Какую ценность вы видите в инструкции?

Есть ли среди них такие положения, которым вы не сможете соответствовать? Какие именно? Почему?

Вопросы уровня Принятия решений

Какие изменения (если таковые нужны) мы должны сделать в этих инструкциях, чтобы они работали?

Какая поддержка была бы для вас полезной?

Когда мы сможем встретиться снова и посмотреть, как у нас обстоят с этим дела?

Заключение

Что же, мне кажется, мы проделали немалый путь к результату этой беседы. Спасибо вам. Пожалуйста, обращайтесь ко мне, когда возникают вопросы.

C6 Размышление над сложной ситуацией

Ситуация
К вам как к руководителю по отдельности подошли два сотрудника, у которых возник конфликт. Они попросили вас вмешаться. Вы берете немного времени, чтобы обдумать ответ. Поэтому, это беседа, которую вы как руководитель ведете мысленно у себя в голове.

Рациональная цель
Рассмотреть ситуацию, оценить и взвесить все, чтобы вы смогли решить, как ответить сотрудникам.

Практическая цель
Приготовиться вмешаться конструктивным, необоронительным образом.

Советы
Беседа в вашей голове может легко стать отвлеченной и вращаться по кругу. Если вы будете записывать ответы на каждый вопрос, это поможет сохранить фокус. Вы всегда можете уничтожить эти записи, когда они уже не будут нужны.

Другие применения
Такой тип рефлексивной беседы с самим собой полезен при необходимости принять сложное решение.

БЕСЕДА

Вступление
Мне нужно прекратить ходить по кругу и начать мыслить поэтапно.

Вопросы Объективного уровня
Что мне известно об этой ситуации?
Какая у нее предыстория?
Что сказал каждый из сотрудников?

Вопросы Рефлексивного уровня
Какой мой интуитивный ответ на это?
Что меня в этом пугает?
Почему?

Вопросы Интерпретативного уровня
Какие у меня варианты?
В чем преимущества и недостатки каждого варианта?
Каких ключевых принципов мне нужно придерживаться?

Вопросы уровня Принятия решений
Что мне делать?
Что мне нужно проверить?
Как я им это скажу?
Каков мой первый шаг?

Заключение
Как бы болезненно это ни было, мы справедливо разберемся с этой ситуацией.

С7 Менторская беседа с сотрудником по поводу семейного кризиса, влияющего на работу: #1

Ситуация
Вы встречаетесь с сотрудником, член семьи которого нуждается в постоянном уходе, требующем нерегулярного отсутствия вашего сотрудника в непредсказуемое время.

Рациональная цель
Рассмотреть альтернативные рабочие режимы, чтобы сотрудник мог продолжать работать, и в то же время, имел возможность отвечать на срочные семейные запросы, и убедиться в том, что сотруднику известно о существовании соответствующих служб помощи в пределах компании и вне ее.

Практическая цель
Помочь сотруднику справиться с рабочими и семейными вопросами.

Советы
Эта беседа может быть использована для диалога двух людей с целью обмена информацией. Снимая немедленный стресс, сотрудник может стать продуктивнее, чем он думает, или быстрее вернуться к работе.
Вы можете добавить вопросы, которые смогут помочь вам получить дополнительную информацию. Сотрудник может делать определенную часть работы из дома, или решать некоторые семейные вопросы с работы. Не делайте никаких предположений до того, как начнете этот разговор. Вам также нужно четко описать организационную политику управления подобными ситуациями.

БЕСЕДА

Вступление
Я хочу поговорить о ситуации с вашей матерью. Я понимаю, что ей понадобится уход, и это время не всегда получится спланировать. Мне бы хотелось, чтобы мы с вами рассмотрели альтернативные пути, при которых вы сможете делать свою работу и сможете вовремя реагировать на потребности матери, по мере их поступления. Я хочу, чтобы вы с самого начала понимали, что мы хотим помочь вам, чем только сможем *(здесь вам нужно прояснить политику компании или подход к такого рода ситуациям)*. Итак, давайте обсудим ситуацию, посмотрим, какова она и какие решения мы можем найти.

Вопросы Объективного уровня
Какова реальная ситуация? *(Узнайте подробности о болезни и о возможных ситуациях, которые могут возникнуть и потребовать вашей реакции.)*
Какую помощь и поддержку сейчас оказывают другие родственники и друзья?
К каким еще вспомогательным мерам вы прибегли или какие рассматриваете?

Вопросы Рефлексивного уровня
Вам когда-нибудь приходилось решать подобную ситуацию?
Вы знаете кого-то, кто оказывался в такой ситуации?
Как вы справляетесь?
Чем вам управлять сложнее всего?
А с чем в этой ситуации вам справляться проще?

Вопросы Интерпретативного уровня
Что в этой ситуации оказывает на вас самое большое давление, вызывает наибольший стресс?
Какие вопросы долгосрочной перспективы сейчас вас беспокоят?
Если вы приспособитесь к этой новой реальности в ближайшие сроки, как, вы думаете, это повлияет на вашу работу?
Какие изменения мы можем внедрить, чтобы удовлетворить ваши потребности? Как это повлияет на вашу работу в долгосрочной перспективе?

(продолжение на следующей странице)

C7 Менторская беседа с сотрудником по поводу семейного кризиса, влияющего на работу: #1 *(продолжение)*

Другие применения
Такой тип беседы может быть использован для обсуждения с сотрудником кратковременной недееспособности.

Что нам нужно учитывать, думая о долгосрочной перспективе? Вам известно о службах поддержки, которые могут помочь вам с этими долгосрочными проблемами?

Вопросы уровня Принятия решений
Какие шаги нам нужно предпринять в последующие неделю-две?
Как мы можем реально это сделать?
Когда мы снова можем поговорить?

Заключение
Давайте подведем итоги. Мы согласовали… *(перечень действий, которые вы решили предпринять, и кто их будет предпринимать).*
Мы также договорились поговорить об этом… (когда).
Если ситуация изменится, пожалуйста, сообщите мне, и мы подумаем, как реагировать на нее.

C8 Менторская беседа с сотрудником по поводу семейного кризиса, влияющего на работу: #2

Ситуация

Эта беседа будет отличаться в зависимости от того, кратковременный это кризис (смерть в семье или крупная кратковременная проблема со здоровьем) или долгосрочный (престарелый родитель, который страдает болезнью Альцгеймера; смертельно больной член семьи). Это пример беседы в случае кратковременного кризиса. Вы встречаетесь с сотрудницей, чей супруг неожиданно попал в больницу из-за сердечного приступа, и есть вероятность того, что ему понадобится серьезная операция на сердце.

Рациональная цель

Определить, какие изменения в рабочей ситуации помогут ей в этой семейной ситуации временно уменьшить стресс, а также сообщить сотруднице о существовании соответствующих служб помощи в пределах компании и вне ее.

Практическая цель

Показать сотруднице, что ее проблема небезразлична компании, и что это не угрожает ее работе.

Советы

Часто, когда сотрудник внезапно оказывается в кризисной ситуации, он сразу же представляет себе наихудший сценарий – что ему придется бросить работу, чтобы разобраться с проблемой. Вы хотите извлечь достаточно объективной информации о ситуации и о способности человека справиться с ней, чтобы вы могли открыть перед ней другие сценарии и варианты, которые дадут ей понять, что она может справиться с проблемой.

БЕСЕДА

Вступление

Я хочу поговорить о ситуации с вашим мужем. Я понимаю, что он болен, и что вам нужно проводить с семьей теперь больше времени. Я хочу узнать, каким образом мы можем максимально поддержать вас в это нелегкое время. Я хочу, чтобы вы с самого начала знали, что мы надеемся помочь вам всеми возможными способами, чтобы вы могли уделять семье необходимое время. *(Здесь проясните политику компании или ее подход в таких ситуациях.)*

Вопросы Объективного уровня

Давайте обсудим вашу ситуацию. Чем болен ваш супруг?
Сколько примерно времени ему понадобится, чтобы выздороветь?
Какую поддержку вы сейчас получаете от других членов семьи?

Вопросы Рефлексивного уровня

Вам когда-либо приходилось справляться с подобной ситуацией?
С чем вам справляться сложнее всего?

Вопросы Интерпретативного уровня

Что в этой ситуации оказывает на вас самое большое давление, вызывает наибольший стресс?
Какие вопросы долгосрочной перспективы сейчас беспокоят вас?
Если вы приспособитесь к этой новой реальности в кратчайшие сроки, как это повлияет на вашу работу?
Какие из проблем в ближайшее время может решить кто-то другой, чтобы облегчить ваш стресс?
Какие варианты вы рассматриваете для решения в долгосрочной перспективе?
Вам известно о существовании служб поддержки, которые могут помочь вам с этими долгосрочными проблемами?

Вопросы уровня Принятия решений

Какие шаги нам нужно предпринять в последующие неделю-две? Как мы это сделаем?
Когда мы сможем поговорить в следующий раз?

(продолжение на следующей странице)

C8 Менторская беседа с сотрудником по поводу семейного кризиса, влияющего на работу: #2 *(продолжение)*

и при этом не потерять работу. С помощью беседы ментор и сотрудник запускают процесс и формируют партнерские отношения, которые помогут справиться с кризисной ситуацией. Вероятно, понадобится несколько встреч. Ментор должен быть готов к тому, чтобы оставаться «над ситуацией» и продвигать процесс дальше.

Другие применения

Этот тип беседы можно адаптировать для разговора с сотрудником, который попал в большую аварию или серьезно болеет.

Заключение

Подведем итоги, к чему мы с вами пришли. Давайте перечислим действия, которые мы решили предпринять, и отметим, кто будет их внедрять *(составьте список)*. Мы также договорились встретиться по этому поводу снова . . . *(назовите дату)*. Если ситуация изменится, дайте мне знать, и мы посмотрим, как можно будет реагировать на новые обстоятельства.

С9 Менторство нового сотрудника

Ситуация
Когда новый сотрудник только приступает к работе, в середине или в конце испытательного срока руководителю полезно провести беседу с этим сотрудником, чтобы получить его видение работы и того, что может улучшить его эффективность.

Рациональная цель
Узнать, как сотрудник чувствует себя в новой должности.

Практическая цель
Подтвердить первый опыт и старания, помочь справиться с возможными сложностями.

Советы
По мере развития этой беседы вам, вероятно, понадобится выбрать только самые подходящие вопросы на каждом уровне. В противном случае, сотруднику может показаться, что на него нахлынул поток вопросов.

Другие применения
Подобная беседа с несколько другими вопросами может проводиться каждые три месяца с сотрудниками, которые работают первый год, как способ узнать, как они адаптируются и в чем могут нуждаться. С определенными изменениями, эта беседа может также применяться преподавателем для общения со студентом.

БЕСЕДА

Вступление
В мои должностные обязанности входит проводить какое-то время с каждым новым сотрудником, для того чтобы узнать, как у вас дела, и убедиться, что у вас есть все необходимое для работы.

Вопросы Объективного уровня
Какой работой вы занимаетесь с тех пор, как начали у нас работать?
С кем вы работаете и над чем?

Вопросы Рефлексивного уровня
Что вам больше всего нравится делать? Что еще? Почему?
Что вам нравится меньше всего? Почему?
Когда вы были действительно довольны и горды результатом своей работы?
Какими были ваши ожидания от этой работы?
Что вам здесь нравится?
А с чем вы испытываете сложности?
В какие моменты вам казалось, что ваши усилия не были оценены должным образом?

Вопросы Интерпретативного уровня
Что вы узнали об этой работе?
В чем вам сложно отыскать смысл?
Что вы узнали о себе нового на этой работе?

Вопросы уровня Принятия решений
Каковы ваши цели на этой работе на следующие несколько месяцев?
Что конкретно вам могло бы помочь в достижении этих целей?
Вы знаете, к кому вы можете обратиться, если понадобится помощь или совет?
Вам бы хотелось, чтобы такие беседы проводились чаще/ реже?

Заключение
Спасибо за ваше время и мнение. Это была полезная беседа. Пожалуйста, обращайтесь ко мне, когда вам захочется поговорить.

C10 Разрешение давнего конфликта

Ситуация
Более года назад компания провела мероприятие, которое предполагалось как тренинг по анти-расизму. Однако сессия привела к серьезному конфликту между представителями двух разных этнических групп в компании. Спустя год им все еще неловко и неприятно, они в растерянности и не знают, как по-хорошему выйти из сложившейся ситуации.

Рациональная цель
Прийти к общему пониманию проблемы.

Практическая цель
«Залечить раны» и предпринять следующие шаги.

Советы
Этот тип беседы требует определенной гибкости. Следовать схеме, которую вы составили заранее, здесь крайне сложно. Приготовьте побольше вопросов и попробуйте представить различные версии ответов на них.

Другие применения
Этот тип беседы может помочь уменьшить напряжение между командами или отделами, или в других ситуациях с невысказанным конфликтом.

БЕСЕДА

Вступление
Я организовал эту встречу, потому что я в растерянности и не знаю, как исправить недоразумения, которые образовались у нас в офисе. Я опасаюсь, что мои попытки помочь будут восприняты неправильно. Сейчас мы должны сфокусироваться на очень сложной теме. Для начала, нужно установить базовые правила. Мы применим методику движения от простых к более сложным вопросам. Теперь, самое важное: если вы не согласны с тем, что кто-то говорит, сперва выслушайте. Мы не будем прерывать друг друга. Мы получим как можно больше точек зрения на эту ситуацию. Наш результат будет не в точности тем, что думает один человек, - он будет включать в себя мудрость каждого.
Какие еще базовые правила нам нужны, чтобы начать?

Вопросы Объективного уровня
Когда вы впервые заметили, что что-то пошло неправильно? Что произошло?
Что было сказано? Давайте рассмотрим эту ситуацию с различных точек зрения. Мы все могли слышать разные вещи.

Вопросы Рефлексивного уровня
Что в этой ситуации больше всего огорчило вас?
Что вас меньше всего волновало?
Какой опыт из прошлого это пробудило в вас?
Как вы на это реагируете сейчас?
Что удивляет вас в реакции людей? Почему?

Вопросы Интерпретативного уровня
Что, по-вашему, кроется за этим? Что вы имели в виду на самом деле?
Что, по-вашему, имел в виду кто-то еще? Почему?
Чему можно научиться в этой ситуации?

Вопросы уровня Принятия решений
Что нам нужно сделать, чтобы прийти к примирению?
Каковы наши следующие шаги? Каждого из нас?

Заключение
Недоразумения – это естественно. Очень важно прояснять их и принимать ответственность за решение конфликта.

C11 Ответ на личную жалобу

Ситуация
Кто-то из сотрудников написал письмо руководителю, перечислив то, что ему в вас не нравится. Руководитель предоставил вам копию письма. Вы решили провести беседу с человеком, который написал это.

Рациональная цель
Узнать, почему это произошло.

Практическая цель
«Исцелить раны».

Советы
Невероятно сложно вести эту беседу и оставаться объективным. Вам поможет, если представите себя приглашенным со стороны фасилитатором и будете записывать ответы на флипчарте или просто на листе бумаги. Но сперва вам следует получить согласие человека на использование вами такого метода объективности.

Другие применения
Эту беседу можно применять для разрешения других конфликтов один-на-один, для примирения после серьезной ссоры.

БЕСЕДА

Вступление
Руководитель только что показал мне письмо, которое вы обо мне написали. Мы можем об этом поговорить? Мне это действительно неприятно, и я хочу понять, в чем дело.

Вопросы Объективного уровня
Вот копия письма. Его действительно написали вы?
Что послужило этому причиной?

Вопросы Рефлексивного уровня
О чем вы думали, когда писали это письмо?
В каком настроении вы были?
Как вы думаете, что я почувствовал, увидев это письмо?

Вопросы Интерпретативного уровня
Чего вы хотели этим добиться?
Какая проблема стоит за всем этим, которую нам обоим нужно устранить?

Вопросы уровня Принятия решений
Что нам нужно делать по-другому после этого разговора?

Заключение
Давайте запишем наше решение и оба подпишем этот документ.

C12 Работа с недовольным клиентом

Ситуация
Клиент разъярен из-за обслуживания в вашей компании и выливает свою жалобу на вас.

Рациональная цель
Успокоить клиента, узнать, в чем проблема и решить ее в его пользу.

Практическая цель
Показать клиенту, что его жалоба была услышана и решена.

Советы
Первый шаг – попытаться успокоить клиента, показав ему, что вы видите его гнев и хотите услышать, в чем дело, и что вы готовы сотрудничать, чтобы найти решение. Как только клиент поймет это, вы можете продвигаться к первому вопросу Объективного уровня, который тоже довольно часто производит успокаивающий эффект.

Другие применения
Такая беседа может быть использована и внутри организации, например, для работы с жалобами сотрудников.

БЕСЕДА

Вступление
Я вижу, что вы очень огорчены. Я хочу понять проблему и решить ее в вашу пользу.

Вопросы Объективного уровня
Расскажите мне, пожалуйста, что произошло?

Вопросы Рефлексивного уровня
Какие сложности это для вас создало?

Вопросы Интерпретативного уровня
На данный момент, как вы видите решение этой проблемы, какие действия с нашей стороны могут ее решить?

Вопросы уровня Принятия решений
Хорошо, насколько я понимаю, вы желаете: А._____ и Б._____ , верно?
Какие шаги с нашей стороны вы бы хотели увидеть? Что еще?
Мы движемся в правильном направлении?
Что еще нам нужно сделать?

Заключение
Я очень признателен вам за то, что обратили на это наше внимание. Мы сделаем все возможное, чтобы решить эту проблему в вашу пользу.

Беседы для интерпретации информации

Когда закончится этот одаренный век, в его темный час
Пойдет с небес метеоритный дождь
Фактов . . . они лежат, неоспоримые, несвязанные,
Мудрость, достаточная для излечения наших болезней,
Ежедневно разворачивается,
но не существует станка,
Чтобы сплести их в ткань .

Edna St. Vincent Millay: *Huntsman, What Quarry?*

В этом разделе предложены следующие беседы:
- D1. Интерпретация истории
- D2. Обсуждение статьи
- D3. Обсуждение обучающего видео
- D4. Обсуждение фильма
- D5. Оценка социальных трендов
- D6. Обсуждение новостей
- D7. Обсуждение организационных изменений
- D8. Оценка коммерческого предложения
- D9. Моделирование ваших услуг под потребности клиента
- D10. Интерпретация рекомендаций после системного аудита

D11. Оценка выполнения бюджета

D12. Обсуждение беспорядка на собрании

D13. Рассмотрение влияния новых государственных стандартов на продукт

D14. Обсуждение предложения о реорганизации отдела

Цитата из стихотворения Эдны Сент-Винсент Миллей особенно актуальна для последнего десятилетия, когда на нас ежедневно проливаются «дожди из фактов». Нам отчаянно нужен кто-то, кто сможет собрать эти факты, «соткать из них целостное полотно знаний и мудрости». Это функция интерпретации, которая позволяет нам понять, что происходит, чтобы решения, которые мы принимаем, исходили из значимого контекста, а не из простых рефлекторных реакций. Функция интерпретации привносит смысл и придает значимость нашим действиям, позволяет нам увидеть модели в том, что происходит вокруг, чтобы мы могли понять важность информации, которую воспринимаем.

Некоторые беседы в этом разделе, на первый взгляд, не подходят для рабочей среды, например, «Интерпретация истории». Разве историям не место в школах? Жаль отдавать их только детскому миру, потому что они могут иметь довольно мощное влияние и на взрослых. Представьте лидера, чья команда находится в отчаянии, пытаясь закончить сложнейший проект. Лидер ломает голову, пытаясь найти способ их подбодрить, и вспоминает историю, которую прочел в одной из книг Джозефа Кемпбела. Он решает рассказать эту историю своей команде, а затем проводит беседу, чтобы узнать их впечатления от нее. Команда получает послание, видит его применение в своей ситуации и возвращается к работе с дополнительной мотивацией. История может стать непрямым способом выведения команды из критического состояния. История из приложения D имеет мифическую структуру, и метафору жизненного опыта. Такие истории могут производить сильнейший эффект.

Подобным образом, беседы о тенденциях и новостях могут показаться более уместными для социологов. Но представьте маркетинговую команду, работающую над новой стратегией. Лидер команды увидел что-то в утренней газете, что проливает свет на изменения, происходящие на рынке. Он вырезает ее, делает копии для каждого своего сотрудника и проводит Сфокусированную беседу для анализа этого текста – отличный способ начать день и держать команду в курсе событий на рынке.

Беседа для обсуждения новостей может проводиться в любое время года, и она гарантировано представит текущую работу в новом контексте. Два-три раза в год события, происходящие в мире, поистине сотрясают общественное сознание — как, например, запуск

Мы поместили сюда беседу о фильме, потому что, случается, коллеги ходят после работы смотреть вместе кино. Почему бы после фильма не пойти куда-нибудь вместе и не обсудить его? Это сделает неоценимый вклад во взаимопонимание в команде.

Остальные беседы в этом разделе однозначно относятся к рабочей среде. Несмотря на то, что главная задача каждой их этих бесед – интерпретация различного рода информации, все же необходимо уделить должное внимание Объективному и Рефлексивному уровням.

D1 Интерпретация истории

Ситуация

Многие люди думают, что рассказывать истории – это только для детей. Руководитель этой команды думает иначе. Ее команда упустила крупный контракт и пребывает в подавленном состоянии. Она долго думала, как изменить их настрой, и решила использовать для этого историю, которая косвенно связана с ситуацией. Она полагает, что ее группа должна услышать эту историю.

Рациональная цель

Донести символическое значение истории (мораль) до команды.

Практическая цель

Помочь группе справиться с их ситуацией через рефлексию истории.

Советы

Важно прочитать историю как можно более выразительно. Перечитайте ее несколько раз перед этой встречей. Лучше всего это работает, когда вы не раскрываете источник истории до самого конца.

Другие применения

С некоторой адаптацией конкретных вопросов эта беседа может использоваться для извлечения уроков из любой хорошей истории или мифа – на работе, в школе или дома.

БЕСЕДА

История: «Принц Пяти Оружий» *(приложение D)* или какая-нибудь другая мотивирующая история.

Вступление

Я хочу рассказать вам историю. Она попалась мне на глаза на днях, и я решила, что вы все должны ее услышать. Некоторые считают, что истории только для детей. Я считаю, что такие истории, как эта, полезны каждому. Она называется «Принц Пяти Оружий». Просто сядьте поудобнее и позвольте себе углубиться в эту историю. Она может иметь отношение и к нашей ситуации.

Вопросы Объективного уровня

Какие слова или фразы выделились для вас?

Какие строки диалога вы запомнили?

Кто были главными героями?

Что происходит в истории? Что происходит в начале? А потом? Потом? *(Продолжайте, пока не будут пересказаны все основные части истории.)*

Вопросы Рефлексивного уровня

Какие ассоциации у вас возникли? Что вас в ней удивило? Что вы почувствовали в конце истории?

Вопросы Интерпретативного уровня

Что значит для вас эта история? Имеет ли она какое-нибудь отношение к вашей жизни?

Вопросы уровня Принятия решений

Если бы вы были свидетелем последней сцены истории, что бы вы сказали?

Каким образом эта история перекликается с нами?

К каким действиям она нас побуждает? Кем побуждает стать? Что узнать?

Заключение

Такие истории можно слушать для развлечения, но они могут также помочь нам узнать больше о своей жизни довольно неожиданным и приятным образом.

D2 Обсуждение статьи

Ситуация

Один сотрудник нашел очень хорошую статью в газете. Она касается проекта, которым сейчас занимается команда. Он вырезал ее, сделал копии и хочет обсудить с командой. После утверждения лидером команды, он проводит следующую беседу.

Рациональная цель

Донести до команды главную мысль статьи.

Практическая цель

Применить это к их ситуации.

Советы

Для удобства необходимо, чтобы у каждого участника был экземпляр статьи, к которому можно будет обращаться в течение беседы. Кто будет читать статью – ведущий беседы или каждый участник понемногу – можно решить путем жеребьевки. Если требуется эмоциональное прочтение, лучше чтобы это сделал ведущий.

Другие применения

Этот подход может быть использован после того, как члены команды выполнили задание и написали одностраничные отчеты по поводу определенных долгосрочных проблем. Теперь они зачитывают их вслух и обсуждают в группе.

БЕСЕДА

Вступление

Эта статья недавно попалась мне на глаза, и я подумал/ла, что она может быть интересна всем вам. Давайте прочтем ее, а потом обсудим. (*Раздайте копии.*)

Вопросы Объективного уровня

Какие слова, фразы или строки вам запомнились?
Какие слова поразили вас больше всего?

Вопросы Рефлексивного уровня

Какие картинки представали перед вами по мере прочтения этого текста?
Когда вы действительно «включились» в прослушивание этой истории?
Что вы чувствовали, пока слушали этот текст?
Где он был наиболее актуальным, близким, понятным для вас?
Какие моменты вывели вас из состояния комфорта?

Вопросы Интерпретативного уровня

О чем эта статья? В чем ее основная мысль?
В чем ее значимость для нашей работы?

Вопросы уровня Принятия решений

Кому, на ваш взгляд, нужно прочесть эту статью? Почему?
Что эта статья предлагает нам изменить у себя?
Как бы вы назвали ее?

Заключение

Отличная беседа. Я рад/а, что у нас была возможность высказать свои мысли по поводу этой статьи.

D3 Обсуждение обучающего видео

Ситуация
Группа только что посмотрела обучающее видео. Руководитель хочет, чтобы участники выразили свое мнение по поводу увиденного. Он заранее разработал эту беседу и предупредил группу перед показом о том, что после демонстрации видео будет его обсуждение.

Рациональная цель
Понять содержание видео.

Практическая цель
Вовлечь группу в дискуссию – от первых впечатлений к реальному диалогу – по поводу путей применения в их работе информации, полученной из видео.

Советы
Если в видео раскрывается сложный, комплексный материал, вам понадобится уделить больше времени Интерпретативному уровню и уровню Принятия решений. Это потребует два-три дополнительных вопроса.
Очень важно, чтобы беседа не превышала запланированного времени. Если группа действительно увлеклась обсуждением, и требуется больше времени, убедитесь, что все участники согласны продолжить обсуждение сверхурочно.

Другие применения
Этот тип беседы может быть использован для обсуждения любой презентации, например, промо-ролика или презентации маркетингового предложения

БЕСЕДА

Вступление
Давайте обсудим это обучающее видео, чтобы понять, как лучше мы можем его использовать в нашей компании.

Вопросы Объективного уровня
Какие сцены из видео до сих пор стоят у вас перед глазами?
Какие слова или фразы привлекли ваше внимание?
Какие цвета вы видели в видео? Какие звуки слышали?
Какие эпизоды по-настоящему вас увлекли?
Какие персонажи были показаны в видео?

Вопросы Рефлексивного уровня
В какой момент видео больше всего вас заинтриговало?
Когда вы были максимально вовлечены?
А что было неинтересно?
Какие события или моменты из вашего опыта вы ассоциировали с какой-либо частью этого видео?

Вопросы Интерпретативного уровня
Назовите несколько ключевых идей этого видео.
Какие образы изменились в вашем восприятии после просмотра этого видео?
Что стало казаться более важным, чем казалось ранее?
Что нового вы узнали?

Вопросы уровня Принятия решений
В чем конкретная польза этого видео?
Что бы вам хотелось узнать более подробно?
Как бы вы назвали это видео?

Заключение
Что же, после учебных сессий всегда очень полезно делиться впечатлениями и идеями. Давайте сделаем перерыв и продолжим работу в одиннадцать.

D4 Обсуждение фильма

Ситуация
Для сплоченности отдела, сотрудники отправляются в кино, а после завершения сеанса планируют обсудить фильм за общим столом.

Рациональная цель
Собрать мнения о фильме.

Практическая цель
Развлечься, обсуждая смысл и значение фильма.

Советы
Перед тем как задать вопрос «С кем вы себя действительно отождествляете?», вы можете дать небольшой контекст, сказав что-то вроде: «В психологии существует теория, которая утверждает, что наш первый ответ на этот вопрос никогда не является действительным нашим ответом».
Вопрос «Где этот фильм проигрывается в вашей жизни?» - ключевой вопрос всей беседы. Если вы получаете на этот вопрос лишь легкомысленные ответы, можете пустить его по кругу, но сделайте это как бы небрежно, иначе будет казаться, что вы наказываете людей за несерьезность.

Другие применения
Подобную беседу можно проводить после группового похода в театр, на балет, концерт классической музыки. Вопросы должны отражать особенности пережитого опыта – слова, движения или звуки.

БЕСЕДА

Вступление
Мы все знаем, как проходят стандартные обсуждения кино: «Мне понравилось. А тебе?» - «А мне совсем не понравилось. Я терпеть не могу ту актрису». Это, безусловно, существенные комментарии о фильме, но хорошее обсуждение кино может зайти гораздо дальше, чем «понравилось/не понравилось». Поэтому, давайте-ка усядемся поудобнее, запасемся поп-корном и отправимся в повторное путешествие по всему фильму.

Вопросы Объективного уровня
Какие эпизоды из фильма вы помните? Сцены на улице? Сцены в помещениях?
Какие предметы вы помните?
Какие звуки из фильма вам запомнились?
Кто были главные герои?
А помните какие-нибудь строки из диалогов?
Что в этом фильме было символично?

Вопросы Рефлексивного уровня
Кто вам понравился? Кого вы возненавидели?
Какие моменты на экране были особенно эмоциональными?
Когда вы эмоционально реагировали на сцены в фильме?
Какое настроение у вас было в конце фильма?
С кем из героев вы себя отождествляете?
С кем вы себя действительно отождествили, несмотря на то, что не хотели этого?

Вопросы Интерпретативного уровня
В чем заключался конфликт главного героя?
Как он с ним боролся?
О чем на самом деле был фильм?

Вопросы уровня Принятия решений
Как бы вы его назвали?
Где этот фильм «проигрывается» в вашей жизни?

Заключение
Что же, это был отличный фильм. Разве не удивительно, как кино может заставить нас говорить о нашей жизни?

D5 Оценка социальных трендов

Ситуация
Руководство компании приняло решение начать новый рабочий год с беседы о трендах на рынке и в обществе.

Рациональная цель
Обменяться наблюдениями о зарождающихся тенденциях, их влиянии на жизни людей и на бизнес.

Практическая цель
Определить пути нестандартного, креативного реагирования на тенденции.

Советы
Для первого вопроса вам нужно иметь два-три события в качестве примеров. Чем они точнее и конкретнее, тем лучше, поскольку участники, вероятнее всего, будут привязываться к вашим примерам, отвечая на вопрос.

Другие применения
Подобные беседы можно проводить для обсуждения тенденций в рабочей среде, маркетинговых, производственных, технологических трендов и пр.

БЕСЕДА

Вступление
Некоторые американские исследователи утверждают, что тенденции движутся снизу вверх, и что зарождаются они в Калифорнии, Британской Колумбии и других ключевых трендовых центрах, и далее движутся восточнее.

Но я считаю, что тенденции двигаются снизу вверх, сверху вниз, изнутри наружу, и что зародиться они могут где угодно.

Для того чтобы определить тенденцию, мы смотрим не только на демографические исследования, но и на экономические, социальные и политические события.

Если тенденция – это «направление» или «порядок событий», тогда одно событие не составит тренда. Вам понадобится по меньшей мере два пункта для отслеживания направления и как минимум два события для определения порядка. Поэтому вы не можете сразу же знать, является ли то, что вы видите, тенденцией.

Представим, вы читаете в газете, что 85% выпускников вузов, которые пытались устроиться на работу в местную компанию, не прошли тест базовых способностей. Это событие, но не тенденция. Год спустя вы читаете, что 90% выпускников не прошли этот же тест. Вот это уже похоже на тенденцию. Итак, поговорим о трендах, с которыми мы сталкиваемся.

Вопросы Объективного уровня
О каких ключевых событиях мы слышали в новостях за последний год?
Какие события происходят в нашей сфере?

Вопросы Рефлексивного уровня
О чем разговаривают люди во время кофе-брейков или за обедом? О чем люди сейчас беспокоятся, чем озабочены? Что происходит в обществе, что вызывает кризисные ситуации – с детьми, с трудоспособным населением, со стариками? Что их обнадеживает?

Вопросы Интерпретативного уровня
В чем из сказанного вы усмотрели какое-либо зарождающееся направление? Как мы можем его назвать?

(продолжение на следующей странице)

D5 Оценка социальных трендов *(продолжение)*

Кто-нибудь еще: где еще просматривается этот тренд?

Как мы можем его назвать?

Кто-нибудь уловил еще какое-нибудь направление? Как мы его назовем?

Выберите одну из этих тенденций и скажите, как она влияет на экономическую, политическую ситуацию или на культуру этой страны.

Кто-нибудь еще. Еще кто-нибудь.

Вопросы уровня Принятия решений

Итак, мы выделили три (или около того) новых тренда.

Что для нас значит влиться в одно из этих течений и в нем попасть в будущее?

Как бы вы использовали возможности этих тенденций и с пользой отреагировали на них?

Заключение

Один из признаков образованного человека – знание знаков времени и реакция на них. Эту беседу нам следует продолжать неформально, если мы хотим оставаться в ритме времени, в котором живем.

МОМЕНТЫ, О КОТОРЫХ СЛЕДУЕТ ПОМНИТЬ ВЕДУЩЕМУ БЕСЕДЫ

Поощряйте работу группы

Нам всем нужно признание и одобрение. Признание вклада человека в любое дело – верный способ повысить его вовлеченность. Используйте любую возможность признать и одобрить позитивное участие. Принимайте и утверждайте озвученные индивидуальные идеи. Когда в небольшой группе делается доклад, вполне приемлемы аплодисменты. Придумайте, как можно отмечать достижения в группах. В конце сессии попросите участников высказаться о прогрессе группы и призовите всех отметить проделанную работу.

D6   Обсуждение новостей

Ситуация
Команда решает начать совещание с разговора о новостях, которые происходят в мире.

Рациональная цель
Создать контекст для решения рабочих вопросов или планирования.

Практическая цель
Проявить чувствительность организации к текущим событиям.

Советы
Приготовьтесь пустить первый вопрос по кругу, если потребуется. Обязательно записывайте ответы на этот вопрос, чтобы вы могли повторно перечислить группе события, которые они назвали. Важно будет выбрать из этого списка для обсуждения самое комплексное новостное событие, чтобы ему можно было посвятить всю беседу. (Остерегайтесь таблоидных заголовков.)

Другие применения
См. также «D5 Анализ социальных тенденций».

БЕСЕДА

Вступление
Давайте уделим немного времени обсуждению событий, происходящих в мире в контексте нашей совместной работы. Поговорим о новостях. Под «новостями» я не обязательно подразумеваю непосредственно медиа-публикации. Каждый день приносит нам определенные новости через медиа-ресурсы, но лишь некоторые из них представляют собой действительно новые события. Большинство новостей – это те же старые, повторяющиеся снова и снова события. Но некоторые сообщения указывают на существенные изменения в чем-то привычном и возможно, стимулируют нас тоже измениться соответствующим образом. Поэтому, давайте поделимся друг с другом чем-то действительно новым из того, что мы недавно услышали.

Вопросы Объективного уровня
Итак, какие новости нескольких последних недель действительно взбудоражили вас? *(Записывайте ответы)*
Хорошо. Сейчас я зачитаю список новостей, которыми мы только что поделились, и попрошу вас выбрать одну, которая всеми нами будет признана самой масштабной и важной. *(Зачитайте список.)* Какая из этих новостей была настолько существенной, что повлияла на всех нас? *(Выберите два ответа. Далее выберите одну новость, которая довольно комплексна, чтобы вокруг нее развить беседу.)*
Хорошо. Кто может рассказать нам немного больше об этом событии?

Вопросы Рефлексивного уровня
Как, вы считаете, это событие влияет на вас?

Вопросы Интерпретативного уровня
Какое послание нашему времени содержит в себе это событие? Какие старые представления это событие ставит под сомнение? Каких новых идей оно требует?

Вопросы уровня Принятия решений
Каким образом это событие и его послание требуют от нас

Заключение
Исторические события всегда сотрясают наши представления о мире и заставляют нас менять наши понятия о том, что такое жизнь.

D7 Обсуждение организационных изменений

Ситуация

Организации и корпорации – это некие социальные миры, в которых изменения никогда не прекращаются. Если компания хочет сохранять свое конкурентное преимущество, она должна находиться «в гуще» событий и в авангарде новшеств и изменений. Множество журналов, деловых изданий и телепередач неустанно сообщают такие новости широкой публике. Беседа о том, что происходит в деловом мире, может быть ценным элементом подготовки к планированию или к совещанию совета директоров.

Рациональная цель

Прояснить изменения, происходящие в организациях и в бизнес-среде в целом.

Практическая цель

Определить, какие из этих изменений релевантны для деятельности данной компании в контексте ее миссии, концепции и ценностей.

Советы

Ведущему беседы нужно записывать ответы на первый вопрос, чтобы иметь возможность обратиться к ним, когда нужно будет решить, какой из них выбрать для обсуждения.

Другие применения

Подобную беседу можно проводить о различных сдвигах и пертурбациях, происходящих в управленческом стиле или в корпоративной культуре компании.

БЕСЕДА

Вступление

Перед тем как приступить к планированию, может быть полезно нам всем вместе обсудить то, что происходит сегодня в организациях. Поскольку это напрямую и косвенно влияет на нас и нашу деятельность, нам, как «самообучающейся компании», необходимо оставаться на вершине перемен и отслеживать их влияние.

Вопросы Объективного уровня

Какие заголовки о различных организациях попадались вам на глаза в последнее время?

Какие статьи или заметки в этой области привлекали ваше внимание? Какие события в них описывались?

О каких изменениях вы читали?

Что еще из этой области привлекло ваше внимание?

Вопросы Рефлексивного уровня

Что из этого напугало или шокировало вас?

А что показалось хорошей новостью?

Что из прочитанного заставило вас сказать: «Вот бы и нам это попробовать!»?

Вопросы Интерпретативного уровня

Что из того, о чем вы узнали, показалось вам действительно новым и важным? *(Запишите ответы и перечитайте их группе.)*

Какое влияние эти изменения окажут на общество в целом?

Как они могут повлиять на нашу организацию?

Какие из перемен, которые мы озвучили, подходят нашей миссии и философии? Какие не подходят?

Вопросы уровня Принятия решений

За какими событиями в этой области нам нужно продолжать следить?

Какой нестандартной реакции эти перемены требуют от организаций?

Что нам нужно делать для того, чтобы наша компания могла впитать в себя или отвергнуть эти перемены?

Заключение

Мы, как «самообучающаяся организация», должны внимательно следить за тем, что сейчас происходит в деловом мире.

D8   Оценка коммерческого предложения

Ситуация

Компания А прислала вам видеоролик о своем новейшем потрясающем товаре. Вы собрали группу коллег для совместного просмотра и обсуждения этого видео.

Рациональная цель

Собрать мнения о продукте.

Практическая цель

Решить, стоит ли приобретать этот продукт.

Советы

Перед началом беседы ведущему следует собрать всю доступную информацию, чтобы иметь ответы на вопросы, которые не охватит видеоролик.

Другие применения

Подобные беседы могут помочь при просмотре предложений и презентаций от различных поставщиков товаров и услуг.

БЕСЕДА

Вступление

Представитель компании А прислал нам видео их оборудования для офиса. Нам необходимо решить, действительно ли это то оборудование, что нам нужно. Я хочу дать ему ответ в следующий вторник. Итак, давайте вместе посмотрим видео и обсудим его.

Вопросы Объективного уровня

Какие эпизоды из видео вам запомнились?

Какие слова и фразы вы помните?

Как называется продукт, который презентуется в этом ролике?

Что особенного вы отметили?

Что делает этот продукт?

Как он это делает? Чего он не делает?

Что известно о ценах покупки и эксплуатации этого оборудования?

Какая еще информация о продукте есть в этом видео?

Вопросы Рефлексивного уровня

Что вас удивило в этом продукте?

Что вам понравилось в этой презентации?

Что не понравилось?

Что вас смутило в этом видео?

Вопросы Интерпретативного уровня

В чем преимущества приобретения этого продукта?

Как мы можем его использовать?

Чем он может быть нам полезен?

В чем будут недостатки использования этого продукта?

Вопросы уровня Принятия решений

Есть ли у нас еще какие-нибудь вопросы, на которые нужно получить ответ, перед тем как рекомендовать этот продукт нашему руководству?

Каковы ваши рекомендации?

Заключение

Я передам ваше мнение руководству. Благодарю всех за то, что выделили время для просмотра и обсуждения этого ролика.

D9   Моделирование ваших услуг под потребности клиента

Ситуация
Вам позвонили по телефону и интересуются вашими консалтинговыми услугами. В разговоре с этим человеком вы хотите понять, какие потребности у этого клиента.

Рациональная цель
Четко понять, почему этот потенциальный клиент заинтересован в ваших услугах и выяснить его потребности.

Практическая цель
Дать звонящему понять, что его запрос и потребности услышаны, и что вы действительно можете ему помочь.

Советы
Одна из ключевых задач – узнать у звонящего, как в его компании решались подобные проблемы в прошлом. Это позволит вам сделать акцент на новых подходах, а не просто повторить то, что он уже и так знает.

Другие применения
Этот тип беседы полезен во множестве ситуаций, например, при оптимизации процессов и систем.

БЕСЕДА

Вступление
Спасибо, что обратились к нам. Как я могу помочь?

Что же, звучит интересно.

Могу я задать вам еще несколько вопросов, перед тем как предложить варианты решения?

Вопросы Объективного уровня
Вы могли бы рассказать более подробно о вашей ситуации?

Кого эта проблема коснулась больше всего?

Вопросы Рефлексивного уровня
С какими подобными ситуациями вы сталкивались в прошлом?

Как вы справлялись с такими ситуациями в прошлом?

Что говорили об этом сотрудники компании?

Что вы об этом думали?

О чем вы сейчас беспокоитесь больше всего?

Вопросы Интерпретативного уровня
Какой подход вы бы избрали на этот раз?

Какой результат вы ожидаете получить?

Какие последствия этот результат будет иметь в будущем?

Кого еще коснется это решение?

Кто будет принимать решение?

Вопросы уровня Принятия решений
Если бы вам нужно было резюмировать ваш запрос, что бы вы сказали?

Заключение
У меня определенно есть несколько идей относительно вашей ситуации. Мы можем обсудить их прямо сейчас, или же назначить для этого другое время – как вам удобнее.

D10 Интерпретация рекомендаций после системного аудита

Ситуация
По завершении годового аудита компании во все отделы направляется пакет рекомендаций по контролю качества. Вашим сотрудникам нужно понять предложенные рекомендации и то, какие изменения необходимо внедрить.

Рациональная цель
Понять рекомендации и связанные с ними изменения.

Практическая цель
Сделать так, чтобы отдел разобрался с рекомендациями, определил возможности и ограничения, которые они несут, и внес их в свою работу, не чувствуя себя пострадавшими.

Советы
Если вы обнаружите, что на Рефлексивном уровне логические связи образовались после трех первых вопросов, можете опустить несколько или все последующие вопросы и переходить на следующий уровень. Вопросы – это инструмент для погружения группы на нужную глубину, а не бусины четок, которые нужно перебирать одну за другой.

Другие применения
Эта же беседа может помочь в сборе мнений по поводу различных нормативных документов, касающихся группы, например проектов положений, находящихся на рассмотрении законодательного органа, отчетов или газетных статей.

БЕСЕДА

Вступление
Рассмотрение рекомендаций, предоставленных аудиторами, может быть довольно неприятным занятием. Очень важно то, как мы их применим результаты отчета. Давайте начнем с объективных фактов и опишем, в чем, собственно, заключаются рекомендации.

Вопросы Объективного уровня
Просматривая документ, скажите, какие конкретные рекомендации мы получили? В чем они заключаются? Мы ничего не упустили?
По какому пункту вы бы хотели получить больше информации?

Вопросы Рефлексивного уровня
Если бы вы собрались раскрасить эти рекомендации, какие бы вы выделили красным – для определения опасности? Какие зеленым – «двигаться дальше»? Какие желтым – «нужно прояснить»?
Что вас удивило?
Какие из этих рекомендаций мы приветствуем?
Относительно каких у вас есть сомнения?
Какие вы признаете необходимыми, но они вам не нравятся?

Вопросы Интерпретативного уровня
Попробуйте думать как аудиторы, которые составляли эти рекомендации. Почему, по-вашему, они дали такие рекомендации?
Какие из них повлияют на нас больше всего? Меньше всего?
Что в целом они изменят в организации?
Как повлияют на присутствующих здесь сотрудников?

Вопросы уровня Принятия решений
Что нам нужно сделать с этими рекомендациями?
Каков наш первый шаг?
Какое название мы бы дали этому перечню рекомендаций?

Заключение
Я полагаю, что мы все помогли друг другу понять, что содержится в этом документе, и что это значит для нас. Думаю, всем нам сейчас нужно включить воображение и подумать, как работать с этими новыми стандартами.

D11 Оценка выполнения бюджета

Ситуация

Готовясь к встрече с финансовым комитетом, вы как руководитель собираетесь обсудить с бухгалтером квартальный доход компании в соотношении с бюджетом. Ваш диалог – это взаимный обмен информацией, вы оба задаете вопросы и отвечаете друг другу.

Рациональная цель

Определить текущее состояние финансов в рамках годового бюджета, оценить переменные в доходных/ расходных статьях и поделиться информацией о прошлом квартале.

Практическая цель

Сформировать реалистичные ожидания от бюджета.

Советы

В дополнение к цифрам бюджета в этой беседе пригодится также список критических факторов успеха и бюджетные ожидания.

Другие применения

Эта беседа может также использоваться командой для формирования бюджетной отчетности о прибыли в их отделе, или управленческой группой, или финансовым комитетом.

БЕСЕДА

Вступление

Взглянем на эти цифры и сравним их с бюджетом, который мы прогнозировали.

Вопросы Объективного уровня

Если посмотреть общий отчет о доходах, какие суммы выделяются больше всего?

Какие отклонения в доходах самые большие – вверх и вниз?

Какие самые значительные отклонения в расходах?

Какие цифры совпали с целевыми?

Какие расчеты нужно проверить?

Вопросы Рефлексивного уровня

Какими цифрами мы довольны? Какие из них вызывают беспокойство?

Чем мы удивлены?

Что заставляло нас волноваться в течение этого квартала?

В какой части нашего финансового состояния мы ощутили резкий рост?

Вопросы Интерпретативного уровня

Теперь давайте взглянем на статьи с большими доходами. Какие факторы сделали их большими?

Теперь взглянем на статьи с низкими доходами.

Какие факторы сделали их низкими?

Теперь расходы. Что могло стать причиной их повышения?

А почему эта сумма такая низкая?

Если взять весь квартал, насколько хорошо мы справились?

Что это говорит нам о рациональности общей производственной деятельности компании?

Вопросы уровня Принятия решений

Каковы последствия этой беседы?

Что нам нужно поменять в следующем квартале?

Какие действия могут иметь существенный эффект, если мы начнем внедрять их сейчас?

Заключение

Мы используем протокол этой беседы в отчете для финансового комитета.

D12 Обсуждение беспорядка на собрании

Ситуация

Менеджер смены только что провел собрание по теме контроля качества. Некоторые сотрудники уклончиво отвечали на вопросы, другие внезапно взрывались смехом, но отказывались сказать, что такого смешного услышали. Менеджер решил собрать некоторых из тех сотрудников еще раз и разобраться, что происходило на совещании.

Рациональная цель

«Докопаться» до сути того, что происходило в действительности.

Практическая цель

Отметить то, что происходило на предыдущей встрече, и определить, какие проблемы нужно решить.

Советы

Лидеру нужно отразить недоумение группы. Он должен отметить, что он скорее заинтригован, чем расстроен; он хочет разобраться в происшедшем и предполагает, что группа хочет того же.

Другие применения

Подобная беседа полезна в случае, если, например, сессия планирования «сошла с колеи», или если офисную атмосферу отравляют какие-то сплетни.

БЕСЕДА

Вступление

Я решил собрать вас вместе этим утром, чтобы поговорить о вчерашнем собрании. Вчера я долго не мог уснуть, потому что никак не мог понять, что же произошло на встрече. Помогло мне только решение, что нам необходимо собраться сегодня снова и все обсудить. Начнем с объективных фактов. Представьте, что вы пересматриваете видеозапись или прослушиваете аудиозапись вчерашней встречи.

Вопросы Объективного уровня

Какие темы мы обсуждали на вчерашнем собрании?
Что говорилось?
Что еще вы видели или слышали на встрече – жесты, побочные разговоры, смех, хихиканье и прочее?

Вопросы Рефлексивного уровня

Что вас удивляло в ответах сотрудников?
В какой момент встречи вы были раздражены или возмущены? Из-за чего?

Вопросы Интерпретативного уровня

Чего мы достигли на этой встрече? Чего не достигли?
Что на самом деле происходило? Я хочу услышать как минимум три разных варианта. Подумайте минуту.
Давайте послушаем: что действительно происходило?
Кто добавит? Кто еще хочет сказать?
Кто еще не высказался по этому вопросу: что вы только что услышали?
Пусть кто-нибудь резюмирует то, что было сказано.

Вопросы уровня Принятия решений

Как нам разобраться с этой ситуацией?
Какими будут наши первые три шага?

Заключение

Что же, мы, возможно, еще не добрались до сути проблемы, но мы стали на правильный путь. Я благодарю вас за выделенное время. Это помогло разобраться в сложившейся ситуации.

D13 Рассмотрение влияния новых государственных стандартов на продукт

Ситуация
Правительство только что внедрило новый набор стандартов относительно состава продуктов. Группа из менеджеров, дизайнеров и производителей собралась для обсуждения влияния новых правил на их продукт.

Рациональная цель
Обсудить новые правила, определить, как они повлияют на продукцию компании, и наметить первые шаги производства в соответствии с новыми стандартами.

Практическая цель
Отработать первичную реакцию – страх, тревогу или злость – чтобы достичь состояния принятия и готовности действовать.

Советы
Не ожидайте, что эта беседа выльется в полноценный план действий. В чем она действительно поможет – это запустить процесс приведения продукта в соответствие с новыми нормами, с помощью сбора мнений заинтересованных лиц. Следующая часть процесса потребует некоторой оценки, вероятно, преимущественно технической.

Другие применения
Эта беседа может также применяться для определения влияния рыночных тенденций на продукт.

БЕСЕДА

Вступление
Благодарю, что смогли прийти на эту встречу, несмотря на короткое уведомление. Я подумал, что нам лучше разобраться с этим как можно раньше и посмотреть, влияет ли это каким-то образом на наш продукт, а также решить, как внедрить изменения, если таковые понадобятся. Перед вами копии новых стандартов. Пожалуйста, в следующие двадцать минут просмотрите их. Вы можете делать пометки в своих экземплярах.

Вопросы Объективного уровня
(После того как прошло достаточно времени) Хорошо, теперь давайте обсудим это.

Какие из этих норм касаются нашего продукта?

Какие еще пункты вы отметили?

Вопросы Рефлексивного уровня
Что вас расстроило в этом списке? Почему?

А в каких пунктах вы усмотрели новые возможности?

Расскажите об этом немного больше.

Вопросы Интерпретативного уровня
В чем заключается суть этих стандартов?

Как они конкретно влияют на наш продукт?

Что нам придется изменить в нашей деятельности?

Какое исследование или тестирование нам может потребоваться?

Что это значит для нас в следующие несколько недель/ месяцев?

Вопросы уровня Принятия решений
Какие первые шаги нам нужно предпринять, чтобы разобраться с этим?

Когда нам нужно собраться в следующий раз?

Что у нас должно быть сделано к тому времени? Какое наше домашнее задание?

Кто возьмет на себя ответственность за конкретные аспекты подготовки к следующей встрече?

Заключение
Что же, эта беседа была очень полезной. Нам понадобятся технические отчеты от инженеров, но похоже, что мы сможем разобраться с этим без больших проблем. Благодарю вас за уделенное время. Увидимся …*(дата следующей встречи).*

D14 Обсуждение предложения о реорганизации отдела

Ситуация
Отдел в вашей компании требует реструктуризации, для того чтобы предоставлять новые услуги. Небольшая рабочая группа разработала соответствующее предложение, и теперь настало время остальным сотрудникам отдела ознакомиться с ним и дать свои комментарии. Для этой беседы сотрудники отдела разбились на группы по 7-8 человек. Эта беседа ведется в каждой такой группе.

Рациональная цель
Определить точки согласия, а также аспекты, над которыми еще придется поработать.

Практическая цель
Услышать мнение каждого сотрудника.

Советы
В этой беседе может быть особенно сложно сохранять фокус на вопросах Объективного уровня. Вам нужно концентрировать внимание участников на том, о чем действительно говорится в предложении. Когда предложение касается работы людей, ключевым становится Рефлексивный уровень. Позаботьтесь о том, чтобы участники высказали как свои позитивные, так и негативные мнения. Это поможет обойти поверхностные, несущественные жалобы. На уровне Принятия решений есть опасность того, что люди дадут рекомендации, которые всего лишь защищают их старые роли. Вам может понадобиться больше вопросов, чтобы вселить в них уверенность и готовность принять всю картину целиком.

Подобная беседа может использоваться в условиях корпоративного слияния, а также для того, чтобы разобраться с урезанным бюджетом.

БЕСЕДА

Вступление
Мы все слышали о предложении реструктуризации отдела. Нам всем интересно узнать, как оно может повлиять на нас. Сейчас у каждого есть возможность высказать свое мнение о том, как нам лучше справляться с новыми задачами. У вас есть несколько минут для того, чтобы прочесть предложение, после чего мы вместе его обсудим.

Вопросы Объективного уровня
Когда вы читали это предложение, какие слова или фразы бросались вам в глаза?

Какие основные заголовки в этом документе?

В чем главные идеи предложения? Что еще предлагается?

Вопросы Рефлексивного уровня
Что в этом предложении вызывает у вас воодушевление?

Что вызывает тревогу или ощущение дискомфорта?

С чем у вас возникли наибольшие трудности?

Вопросы Интерпретативного уровня
Какие новые роли могут потребоваться в этом отделе?

Какие преимущества вы здесь видите?

Какие возможности предоставляет это предложение для нашего отдела? Для сотрудников?

Какими принципами руководствуются авторы этого предложения?

Каким принципам не следуют?

Вопросы уровня Принятия решений
Над какими основными аспектами нужно еще поработать?

Что вы посоветуете?

С какой частью этой работы вы готовы помочь?

Заключение
Это была оживленная беседа. У нас есть несколько действительно творческих идей. Протокол беседы будет передан группе составителей предложения, которые снова покажут нам доработанный вариант, как только он будет готов. Если у вас и дальше будут появляться рекомендации, пожалуйста, записывайте их и передавайте мне.

Беседы на тему принятия решений

Такова сама природа идеи – быть переданной, написанной, высказанной, реализованной. Идея – как трава: ей необходим свет, она разрастается при скрещивании и растет лучше, если по ней топчутся.

Ursula Le Guin

Основная цель бесед о принятии решений – помощь группам в прояснении ценностей, которые сформируют рамки для принятия решения. Таким образом, группа создает общий «штурвал» для движения к решению. Этот раздел включает следующие беседы:

E1. Помощь коллеге в принятии решения
E2. Распределение обязанностей в команде
E3. Расстановка приоритетов по проекту
E4. Обсуждение реакции сотрудников на стратегический документ
E5. Выход из тупика в процессе принятия решения
E6. Выбор профильной выставки или конференции для участия
E7. Пересмотр миссии команды
E8. Внедрение новой директивы
E9. Определение приоритетных программ
E10. Разработка модели исходных требований для оценки выполнения крупного проекта

E11. Составление годового бюджета

E12. Решение проблем, связанных с рабочим пространством

E13. Пересмотр офисного регламента

Эти беседы помогают группам прийти к консенсусу относительно того, что необходимо сделать. Принятие решений связано с процессами наблюдения, суждения, взвешивания, решения и действия. Группа может застрять на любом этапе процесса принятия решения: собирать значительно больше информации, чем требуется, или слишком много времени уделять суждениям и взвешиванию, постоянно откладывая принятие решения. Группы также могут провести такой процесс в качестве примера, принять решение, а потом не внедрить его. Фасилитатор должен знать о таких тенденциях, особенно если это сложное решение, влияющее на жизни всех присутствующих.

Там, где тема комплексная и очень обширная, потребуется больше, чем просто беседа – например, небольшая рабочая группа может выполнить определенное тематическое задание и потом представить группе свои рекомендации. Например, в беседе «Разработка модели исходных требований для оценки выполнения крупного проекта» в результате исключительно беседы не удастся создать такую модель. Что она может – это определить задачи, которые необходимо выполнить для достижения конечной цели.

Беседа «Определение приоритетных программ» - очень комплексная. Не применяйте ее, если в этом нет реальной потребности. Позднее, когда она может действительно быть полезной, подготовьте ее очень тщательно.

Эти беседы могут довольно сильно накаляться. Вам может понадобиться активно участвовать, чтобы предотвратить разгорание споров. Если ведущий беседы позволит участникам спорить и отрицать чье-то мнение, группа будет чувствовать себя неуютно. После этого они не будут открыто высказываться. Фасилитатор должен быть одновременно абсолютно нейтральным (оценивая все ответы как одинаково важные), и активно защищать групповой процесс. Порой люди действительно предпочитают обижаться и обвинять друг друга, вместо того чтобы принять на себя ответственность за ситуацию. Такое желание может побудить их прекратить участие или попытаться саботировать процесс. В таких случаях ведущий беседы должен действовать уважительно, но твердо. Чрезвычайно важно, чтобы группа достигла определенного уровня в принятии решения, даже если это будет просто определение времени окончания этого процесса.

E1 Помощь коллеге в принятии решения

Ситуация
Коллега рассказал вам о непростом выборе, который ему предстоит. Он не знает, что делать, очень огорчен и, похоже, желает, чтобы кто-то другой принял за него это решение. Он хочет, чтобы вы ему помогли.

Рациональная цель
Помочь ему разобраться с проблемой шаг за шагом.

Практическая цель
Вселить в него силы взвесить варианты и сделать свой собственный выбор.

Советы
Это не так просто, как кажется. Принять смелое решение может быть чрезвычайно сложно. Беседа, вероятнее всего, будет больше напоминать упражнение по сбору фактов и озвучивание вашего мнения. Маловероятно, что в результате этого разговора действительно будет принято окончательное решение. Ваш коллега будет искать сопереживания, понимания и четкого представления последствий своего решения. Возможно, вам потребуется решить, в какой момент ваша роль исчерпана. Эту беседу, вероятно, лучше всего проводить в неформальном стиле. Например, на Объективном уровне: «Расскажи мне, что происходит?», «А, ясно. Но мне не понятно вот что: …. Ты имеешь в виду, произошло вот это: …?», «Хмм. Ну что ж, из того, что я услышал, ты говоришь, что это состоит из …, верно? Что я упустил?»

Другие применения
Этот подход можно применять также для профессиональной ориентации или для помощи коллеге в решении этической или финансовой проблемы.

БЕСЕДА

Вступление
Давай поговорим об этом, Дмитрий. Сейчас у меня есть время. Пойдем в кафетерий и обсудим твою проблему.

Вопросы Объективного уровня
Какова предыстория решения, которое тебе сейчас нужно принять? Что за ним стоит?

Как бы ты описал эту ситуацию и проблему?

Какие аспекты она имеет?

Вопросы Рефлексивного уровня
В чем заключаются требования и давление, с которыми ты сейчас столкнулся? Что делает выбор таким сложным?

Каково это, быть в такой ситуации?

Вопросы Интерпретативного уровня
Какие варианты реакции на эту ситуацию у тебя есть?

Какими принципами ты хочешь руководствоваться в принятии этого решения?

Возьмем первый вариант. В чем его преимущества? В чем недостатки?

Второй вариант. В чем его преимущества? В чем его недостатки?

Какой из вариантов ты бы хотел обсудить подробнее?

Хорошо, давай поговорим об этом. Точно ли это поможет разобраться с ситуацией?

Как будет заметен успех в этом варианте? Поможет ли это разобраться с ситуацией успешно?

Вопросы уровня Принятия решений
Как это решение повлияет на твою жизнь?

К каким последствиям тебе нужно быть готовым?

Какими будут первые шаги внедрения этого решения?

Заключение
Это очень непростое решение. Вероятно, ты будешь сомневаться в том, правильное ли оно. Тебе нужно принять действенное решение. Ты рассмотрел все возможные варианты и сделал свой выбор. Это было мужественно.

E2   Распределение обязанностей в команде

Ситуация
Ваша команда определила задачи и роли, необходимые для нового проекта. Теперь пришло время распределить эти роли и обязанности. Каждый уже имеет существенную рабочую нагрузку, и предыдущий процесс распределения обязанностей был неудачным.

Рациональная цель
Рационально распределить обязанности.

Практическая цель
Позаботиться о том, чтобы это распределение обеспечило выполнение работы без неоправданных переработок и дополнительного стресса для сотрудников.

Советы
Очень поможет, если у каждого будет на руках описание всего проекта. Это позволит каждому человеку разобраться с проблемой в целом, а не только с теми ее аспектами, которые лежат в поле их должностной компетенции.

Другие применения
Эта беседа может использоваться для разработки любой модели или сценария чего-либо.

БЕСЕДА

Вступление
Мы определили список задач, которые необходимо выполнить по этому проекту. Теперь нам нужно распределить эти задачи между собой. Ранее, наши попытки делать это лишь впустую отнимали время и заставляли нервничать. В этот раз мы попытаемся сделать это в положенных временных рамках и без срыва нашей текущей работы. Мы рассмотрим все альтернативы и выберем ту, которая покажется нам самой эффективной.

Вопросы Объективного уровня
Посмотрите на схему наших задач и скажите, на какие части мы можем разделить этот проект?

Какие задачи потребуют больше всего времени?

Над какими другими текущими задачами нам нужно работать параллельно?

Вопросы Рефлексивного уровня
Как мы разделяли обязанности по таким проектам в прошлом?

Что из этого срабатывало хорошо?

Что в таком процессе вас угнетало больше всего?

Вопросы Интерпретативного уровня
Что мы поняли о том, как нам нужно организоваться, чтобы выполнить проект?

Какими критериями нам следует руководствоваться для распределения обязательств по этому проекту?

Нам нужна дополнительная информация?

Поделите группу на три подгруппы, в которых бы пересекались направления деятельности членов. Пусть каждая подгруппа оперативно разработает модель того, как должна выполняться работа по проекту, и кто может это делать.

После получаса работы ведущий беседы просит команды вернуться к общему обсуждению.

Итак, пусть каждая команда сделает доклад о своей модели. Команда А?

У аудитории есть вопросы для разъяснения модели?

Давайте послушаем команду Ь, и т.д.…

Что выделяется в этих трех моделях?

(продолжение на следующей странице)

E2 Распределение обязанностей в команде *(продолжение)*

В чем просматриваются связи между ними или общие элементы? В чем главные различия?
Какие последствия применения этих моделей?
Какие преимущества вы видите в каждой модели?

Вопросы уровня Принятия решений
Давайте сведем все преимущества в единое решение.
(Записывайте компоненты на флипчарте.)
Что еще нам нужно урегулировать, чтобы обеспечить успех?
Какие наши следующие шаги?

Заключение
Это был хороший опыт. Мы увидели, когда мы работаем как команда, мы можем быть гибкими в распределении обязанностей и можем выполнить проект, справедливо распределив задачи и ответственность.

Моменты, о которых следует помнить ведущему беседы

Отрепетируйте беседу у себя в голове

После того как вы создали свой формат беседы, снова «прогоните» ее, задавая себе каждый вопрос. Фиксируйте свою реакцию на вопросы и то, как бы вы на них ответили. Это позволит вам взглянуть на вопрос глазами участника беседы. После того как ответите, вы, вероятно, скажете: «Я хочу изменить этот вопрос. Это не то, что я на самом деле хотел/а спросить». Проведя беседу сначала с собой, вы узнаете, где ее слабые места, и сможете исправить это до начала беседы. Некоторые вопросы можно сформулировать проще. К некоторым вам может понадобиться несколько дополнительных подвопросов. Некоторые могут звучать слишком формально. С каждой такой правкой представляйте, как бы вы себя чувствовали в роли участника. Разместите ваши стикеры для заметок в четыре колонки и перемещайте их, чтобы получить наилучший порядок. Лучше всего представлять себе беседу как непрерывный поток, а не последовательность шагов. Плавный переход вопросов один в другой поможет группе воспринимать беседу как бесшовную поверхность, в которой ответы «текут» как поток сознания.

Вопросы, которые вам действительно нужны

В каждой беседе могут быть сотни подходящих вопросов. Часть вашей подготовки ко многим беседам – четко определить, какую информацию вы хотите получить от группы. С этой целью ведущий беседы должен на основании рациональной цели беседы определить основные вопросы Интерпретативного уровня и уровня Принятия решений. Эта связь между рациональной целью и ключевыми вопросами – некий стержень всей беседы. Он и определяет, движется ли разговор куда-нибудь. Если, к примеру, тема беседы – распределение обязанностей в команде, то ключевые вопросы должны апеллировать к их прошлому опыту распределения обязанностей – что прошло хорошо – и что прошло плохо. Из этой беседы они смогут извлечь уроки, которые пригодятся при следующем распределении обязанностей.

E3   Расстановка приоритетов в проекте

Ситуация
Ваша команда только что получила контракт на крупный проект, который, по сути, состоит из нескольких проектов. Его нужно завершить через три месяца, и это буквально на грани ваших возможностей. Вы беседуете со своими сотрудниками с целью расставить приоритеты.

Рациональная цель
Разработать план для всей команды, который позволит успешно и вовремя завершить проект.

Практическая цель
Вселить в вашу сомневающуюся команду уверенность в том, что они смогут это сделать.

Советы
Подобная беседа может проводиться для определения действий и обязанностей по каждой части проекта. Вы можете начертить общий временной график работ по проекту, отобразив на нем задачи и обязанности, и поместить его перед глазами у группы.

Другие применения
Этот тип беседы поможет прояснить, как следует мыслить, чтобы расставить рабочие приоритеты на квартал. Можно адаптировать эту беседу для расстановки приоритетов на конкретный день недели. Этот подход очень близок Технологии участия (метод ToP) в планировании действий, что больше подойдет для данной ситуации, если руководителю проекта знаком этот метод. Планирование действий — один из воркшопов партисипативного планирования ICA.
(см. Laura Spencer: *Winning Through Participation*, p.133)

БЕСЕДА

Вступление
Мы столкнулись с непростым вызовом на следующие несколько недель. Но мне кажется, это будет довольно увлекательно, и мы можем со всем справиться, если правильно расставим приоритеты. Давайте посмотрим, что нам нужно сделать, чтобы успешно выполнить наше задание. Давайте посмотрим контракт.

Вопросы Объективного уровня
Из каких основных частей состоит контракт?
Какие результаты от нас ожидаются?

Вопросы Рефлексивного уровня
Что нам относительно легче сделать? Что будет сложно?
Какой похожий опыт мы имели с такого рода задачами?

Вопросы Интерпретативного уровня
В чем заключаются главные задачи выполнения этого контракта?
Какие навыки и таланты требуются?
Каких навыков или ресурсов нам не хватает?
Какие навыки или ресурсы нам понадобится привлечь из других команд или компаний?
Какие вопросы нужно будет решить?
Хорошо. Посмотрим на наш список главных задач.
Какие из них наиболее приоритетны? Как мы можем их связать, каким образом одна задача ведет к следующей?

Вопросы уровня Принятия решений
Учитывая то, что нам нужно завершить этот проект через три месяца, какими будут главные задачи на первый месяц?
На второй и третий?
Кто будет работать над каждой задачей?
Посмотрите на список приоритетов.
Что важного мы могли упустить?
Теперь, давайте все по кругу скажем о приоритетах по вашей части проекта, и что вам нужно сделать, чтобы ваша часть была успешной.

Заключение
Меня всегда впечатляет то, что у нас получается, когда мы все вместе обдумываем задачу. Я пришлю вам протокол этой беседы и напишу наши приоритеты на на большом плакате, который мы повесим в офисе..

Е4 Обсуждение реакции сотрудников на стратегический документ

Ситуация
Сотрудникам компании представляется новая маркетинговая стратегия, созданная внешним консультантом.

Рациональная цель
Собрать рекомендации сотрудников по корректировке маркетинговой стратегии консультанта.

Практическая цель
Позволить сотрудникам почувствовать, что они участвуют в создании маркетинговой стратегии – и вселить в них ощущение, что это продукт их совместной деятельности.

Советы
Следует ожидать, что в некоторой степени сотрудники займут оборонительную позицию относительно этого документа. Поэтому ваша вступительная речь очень важна для побуждения их отвечать более активно.

Другие применения
Эта беседа может применяться для выработки рекомендаций относительно любого стратегического предложения.

БЕСЕДА

Вступление
Я раздаю вам копии нового чернового варианта маркетинговой стратегии, подготовленного для нас внешним консультантом. Несмотря на то, что этот план был составлен в тесном сотрудничестве с нашим руководством, он должен быть пересмотрен и «подчищен» теми, кто будет непосредственно его использовать и кто лучше всего знает ситуацию – то есть, вами.

Вопросы Объективного уровня
Ознакомьтесь с документом в течение десяти минут.
Подчеркните слова, фразы, образы, которые привлекли ваше внимание.
Какие слова и фразы вы подчеркнули?
Что бы вы хотели прояснить с автором?

Вопросы Рефлексивного уровня
Что вас заинтересовало?
Что обеспокоило?
Что кажется знакомым?
Чем это отличается от того, что мы делаем сейчас?

Вопросы Интерпретативного уровня
Как эта маркетинговая стратегия может помочь нам?
Какие ограничения или недочеты вы видите в ней?
Как внедрение этой стратегии отразится на наших процессах?

Вопросы уровня Принятия решений
Какие правки вы рекомендуете?
Что нам нужно сделать для внедрения этой исправленной стратегии?

Заключение
Мы благодарны консультанту за подготовку этой стратегии. Эта беседа помогла нам «подогнать» этот план под нашу ситуацию. Нам еще нужно сгладить некоторые мелочи, но мы уже можем начинать работать с этой стратегией.

E5 Выход из тупика в процессе принятия решения

Ситуация
Когда группа заходит в тупик в процессе принятия решения, это, как правило, происходит из-за столкновения ценностей. Для того чтобы разблокировать процесс, нужно помочь группе согласовать ценности участников.

Рациональная цель
Помочь группе прийти к общему списку ценностей и продвинуть ее к принятию группового решения.

Практическая цель
Позволить группе почувствовать облегчение и преодолеть блок в процессе принятия решения.

Советы
В этой беседе участникам лучше отвечать короткими фразами. Позволяйте группе задавать разъяснительные вопросы, которые позволят им понять идею, но не атаковать чужие утверждения. Очень важно принимать мнение каждого и располагать их рядом, чтобы видеть, какую картину они вместе создают.

Другие применения
Этот тип беседы может быть расширен до полномасштабного воркшопа, если есть необходимость более подробно разобрать ценности в группе. Также этот разговор можно сократить и использовать как часть более масштабного процесса.

БЕСЕДА

Вступление
Меня пригласили сюда в качестве нейтральной стороны для того, чтобы помочь вам разобраться с проблемами, о которых вы говорили. Я подготовил/ла несколько вопросов, которые помогут нам найти выход из этого тупика и прийти к групповому решению.

Вопросы Объективного уровня
Давайте перечислим аспекты проблемы, с которой мы столкнулись.
Что вы пробовали до этого времени?
К какому результату мы хотим прийти?

Вопросы Рефлексивного уровня
Какие чувства у вас вызывает все это?
В какие моменты вы злились?
В какие моменты вы расстраивались, разочаровывались?
Что в предыдущих попытках было для вас интересным?
Какое эмоциональное настроение царит в группе на данный момент?

Вопросы Интерпретативного уровня
Каких ценностей мы хотим придерживаться в принятии этого решения? *(Перечислите на флипчарте)*
О чем еще нам нужно помнить? *(Добавьте в список)*

Вопросы уровня Принятия решений
Какие из этих ценностей наиболее важны для этого решения? *(Отмечайте на флипчарте)*
В каком свете эти приоритетные ценности показывают это решение?
И к какому решению пришла группа?
Мы в этом единодушны?
(Если ответ «нет») Тогда, может быть, кто-то предложит вариант, которой бы соответствовал этим ценностям?
Что нам нужно делать, чтобы двигаться дальше в соответствии с принятым решением? Какие наши следующие шаги?

Заключение
Эта беседа была очень полезной и многое прояснила. Я думаю, что вы все пришли к общей точке зрения и нашли путь движения вперед.

Е6 Выбор профильной выставки или конференции для участия

Ситуация
Отдел маркетинга и отдел продаж исследуют рынок в поисках выставочных мероприятий, в которых можно поучаствовать. Руководитель решает провести беседу с сотрудниками для ознакомления с вариантами и получения мнения группы.

Рациональная цель
Провести обзор профильных выставок или конференций на весь год, сформировать перечень критериев для расстановки приоритетов и сделать предварительный выбор мероприятий для участия.

Практическая цель
Разбудить у сотрудников воображение и стратегическое мышление в контексте маркетинга на выставочных мероприятиях.

Советы
Некоторые могут удивиться, почему информация с этой беседы должна быть передана другой группе, и почему эта группа не может самостоятельно сделать всю работу. Причина в том, что только беседа всем коллективом может привести к определенному решению. Для более комплексных или технических подробностей дальнейшее планирование должно быть делегировано меньшей рабочей группе. Рабочей группе потребуется подготовить анализ затрат на участие в каждом мероприятии, получить прошлогодние расчеты от бухгалтерии, получить от маркетинговой группы информацию о продуктах для демонстрации на выставке и о расходах, связанных с этим, и пр. Все это – рутинная работа,

БЕСЕДА

Вступление
Этим утром мы собрали вместе команды маркетингового отдела и отдела продаж, чтобы сделать обзор выставочных мероприятий этого года и решить, какие из них соответствуют нашим целям и бюджету. Перед вами лежат пакеты материалов по каждому мероприятию. Давайте выделим пятнадцать минут на ознакомление, после чего обсудим их.

Вопросы Объективного уровня
Ну что ж, мы просмотрели большую часть материалов, и перед каждым из вас находится список мероприятий.
Какое мероприятие привлекло ваше внимание?
Какие из этих мероприятий близки нам?
Какова стоимость участия в них?

Вопросы Рефлексивного уровня
Какие из этих выставок могут быть наиболее привлекательными и релевантными для наших клиентов?
Какие из этих мероприятий нам нужно вычеркнуть?
Какие из них синхронизируются с нашей продукцией/услугами?

Вопросы Интерпретативного уровня
Есть ли что-то, чего мы не учли?
Каким ключевым принципом нам нужно руководствоваться, выбирая мероприятие?
Какие еще параметры нужно учитывать?
Какие из перечисленных выставок соответствуют этим параметрам?

Вопросы уровня Принятия решений
Нам нужно выбрать десять мероприятий, с которыми потом можно продолжать работать. Внимательно соизмеряйте ценность нашего участия и расходы.
Какие выставки наиболее соответствуют определенным нами параметрам?
Какие соответствуют меньше?
Какие десять выставок мы рекомендуем рабочей группе рассмотреть более подробно?

(продолжение на следующей странице)

E6 Выбор профильной выставки или конференции для участия *(продолжение)*

которая подразумевает короткие встречи, отчетность и частое бегание туда-сюда – все это, определенно, не тема для обсуждения в фасилитируемой беседе.

Другие применения

Эта беседа может также использоваться маркетологами для разработки новых продуктовых линий.

Заключение

Было очень познавательно. Дальше мы поручим небольшой рабочей группе подготовить анализ преимуществ и стоимости каждого из десяти выбранных вами мероприятий. На основании этого, а также учитывая другие упомянутые вами параметры, мы согласуем окончательный график, чтобы каждый отдел мог провести свое планирование в соответствии с ним.

E7 Пересмотр миссии команды

Ситуация

В стремлении получить несколько различных контрактов, персонал компании разрывается между их разными целями и приоритетами. Руководители спорят между собой, в каком бизнесе они работают, и что является более приоритетным. Поэтому, они решают посвятить некоторое время и усилия пересмотру миссии команды.

Рациональная цель

Вспомнить их изначальную миссию, резюмировать то, как изменились их задачи и, в свете этого, заново сформулировать их уникальное предложение рынку.

Практическая цель

Получить общую картину того, куда движется компания.

Советы

Поменять утверждение, отображающее миссию команды, довольно сложно, если только организация кардинально не меняет сферу деятельности. Убедитесь, что фокус в этой беседе лежит на миссии команды – в чем заключается ее работа – а не на миссии компании в целом.

Другие применения

Подобная беседа может проводиться, если нужно организовать людей вокруг одного задания или внести некоторые коррективы в курс на определенном этапе развития.

БЕСЕДА

Вступление

Уже некоторое время я наблюдаю разрозненность между нашими задачами и целями. Порой мне кажется, что мы – несколько различных команд с разной миссией. Сегодня мне хотелось бы услышать ваши идеи относительно утверждения новой формулировки нашей миссии, которая прояснит наше видение и задачи.

Вопросы Объективного уровня

Для начала давайте вспомним, как изначально звучало определение миссии нашей команды? Какими были конкретные задачи?

Каким был последний отчет, сделанный по любому из аспектов этой миссии? Как далеко зашла команда в выполнении этой миссии? Какие были победы и удачные действия?

Что случилось потом, что изменило нашу роль?

Вопросы Рефлексивного уровня

Насколько вам комфортно находиться в этой команде в последнее время?

В решении каких приоритетных задач вам приходилось бороться больше всего? Когда вам казалось, что вы сдаетесь?

Вопросы Интерпретативного уровня

Что изменилось в нашей команде с тех пор, как мы запустили новые проекты?

Какие общие цели или услуги мы распространили на все наши проекты?

Как бы вы описали, в каком мы бизнесе работаем, и что выдающегося мы собираемся сделать в этой сфере?

Вопросы уровня Принятия решений

Как бы вы объединили все сказанное в одно утверждение, отображающее нашу миссию? Хорошо. Если это наша миссия – во всяком случае, сейчас, - то как она влияет на наши приоритеты? Как это повлияет на наши текущие контракты? Как это повлияет на то, как мы работаем вместе?

Как нам использовать это описание миссии?

Заключение

Что ж, это была сложная, но очень полезная беседа. Давайте поживем некоторое время с этой миссией, и вернемся к ее обсуждению во время нашего планирования на следующий квартал.

E8 Внедрение новой директивы

Ситуация
Совет директоров направил вам новую директиву, и вы должны решить, как ее эффективно внедрить.

Рациональная цель
Понять новую директиву правления компании.

Практическая цель
Прийти к общему мнению о том, что означает новая политика, и каким образом ее внедрять.

Советы
Перед тем как группа перейдет к ответам на вопрос о внедрении, людям нужно, в некоторой степени, «побороться» с этой новой директивой и, на базовом уровне. Не заставляйте их внедрять эти правила. Если они очень противоречивы, понадобится несколько сессий, чтобы разработать модель внедрения. Если вы встречаете сопротивление или нерешительность в группе по отношению к новой политике руководства, можно добавить в Интерпретативную секцию следующие вопросы:
- В чем сильные стороны этой политики?
- В чем ее слабые стороны?
- В чем преимущества ее внедрения?
- Какие ее уязвимые места?
- Что вас больше всего беспокоит в этой концепции?
- Какие еще есть мнения по поводу этих факторов обеспокоенности и политики в целом?

Другие применения
Подобная беседа может быть использована, когда одна группа принимает решение, которое должно быть внедрено другой группой или человеком.

БЕСЕДА

Вступление
Как вы уже, вероятно, слышали, в прошлую пятницу руководство компании приняло решение о новой директиве. Перед каждым из вас лежит ее копия. Пожалуйста, ознакомьтесь с ней, и затем мы ее все вместе обсудим.

Вопросы Объективного уровня
Какие слова или фразы привлекли ваше внимание, когда вы читали этот документ?

Какие составляющие новой политики вы можете выделить, прочтя этот документ?

Какие пункты этой директивы требуют прояснения?

Вопросы Рефлексивного уровня
Что вам кажется интересным в этой политике?

Что вас в ней озадачивает?

Какие вопросы у вас возникают по этой концепции?

Вопросы Интерпретативного уровня
Какие вопросы ставит перед нами эта политика?

В чем заключается цель этой директивы, на ваш взгляд?

Какие последствия будет иметь эта политика для нашего отдела?

Какие изменения могут понадобиться с нашей стороны?

Вопросы уровня Принятия решений
Что нам нужно сделать, чтобы внедрить эту политику?

Что нам нужно прояснить?

Заключение
Думаю, мы отыскали творческие и ответственные пути внедрения этой политики. Я передам наши идеи руководству.

E9 Определение приоритетных программ

Ситуация
Ваша компания работает в нескольких направлениях. Для того чтобы определить, сколько времени, энергии и средств нужно вложить в каждую программу, вам нужно разработать систему приоритетов.

Рациональная цель
Помочь менеджменту компании достичь консенсуса относительно трех уровней приоритетности программ.

Практическая цель
Вселить уверенность в то, что ресурсы компании используются стратегически.

Советы
Во время подготовки соберите всю необходимую информацию для создания большого графика, где будет отображена текущая информация и затраты человеческих, временных и финансовых ресурсов. Во вступительной речи не забудьте четко установить рамки этой беседы. Если какие-то аспекты не нужно рассматривать, не забудьте предупредить участников об этом перед началом беседы.

Может быть полезно записывать ответы Интерпретативного уровня. Следите, чтобы они были простыми и четкими.

На уровне Принятия решений помогут цветные стикеры или пометки «высокая», «низкая», «средняя» приоритетность.

Другие применения
Такая беседа может помочь урегулировать сокращение бюджета.

БЕСЕДА

Вступление
На данный момент нам необходимо получить четкую картину того, куда направляются наши ресурсы, и как это сопоставимо с нашими первостепенными задачами. На флипчарте мы видим основную информацию о фактическом распределении сотрудников, расходов, сверхурочных часов и доходов по каждой нашей программе.

Вопросы Объективного уровня
Давайте коротко обсудим, что мы видим на флипчарте.
Какие цифры вы видите?
Где мы видим наибольший расход времени персонала? Финансовых ресурсов?
Что вы скажете по поводу доходов?

Вопросы Рефлексивного уровня
Давайте несколько минут поговорим о наших программах.
Что идет хорошо?
Какие сложности мы сейчас испытываем?

Вопросы Интерпретативного уровня
Хорошо. Теперь давайте дадим эмоциональную оценку нашим программам.
Какие и з них для нас самые простые?
Какие из них требуют наименьших затрат энергии? Времени? Денег?
На какие программы клиенты реагируют и ценят больше всего?
Какие программы дают немедленные и наиболее заметные результаты?
Какие наши программы будут иметь наиболее стойкие результаты и обеспечат самые лучшие долгосрочные перспективы?
Какие еще есть соображения?

Вопросы уровня Принятия решений
Давайте теперь используем эти идеи для определения трех уровней приоритетности: высокая, средняя и низкая.
Какие программы однозначно, несомненно имеют наивысшую приоритетность? (Отметьте их)

(продолжение на следующей странице)

E9 Определение приоритетных программ *(продолжение)*

Какие из них имеют низкую важность? *(Отметьте их иначе)*

Теперь, когда у нас есть понимание противоположных полюсов спектра важности, давайте распределим остальные программы по уровням – высокий, средний и низкий.

Когда мы это сделаем, какие последствия это будет иметь для нашей работы?

Какие следующие шаги нам нужно предпринять немедленно?

Заключение

Это ценная работа, которая очень поможет нам на следующих этапах нашего анализа.

Е10 Разработка модели исходных требований для оценки выполнения крупного проекта

Ситуация

Несколько человек собрались, чтобы создать модель исходных требований для предстоящей оценки выполнения проекта. В ходе проекта появились проблемы – возможно, они даже более серьезные, чем известно сотрудникам. Эти коллеги знают, что такая оценка важна, но никогда не обсуждали критерии или способы оценки выполнения проекта. Им нужно определить условия для анализа, который будет сделан внешним консультантом.

Рациональная цель

Написать требования и критерии для сфокусированной оценки.

Практическая цель

Организовать площадку для обсуждения, где каждый сотрудник сможет высказать свое мнение по поводу того, каким образом должна оцениваться их работа.

Советы

Сообщите участникам всю необходимую информацию о встрече заранее. Попросите их составить их собственные списки вопросов и предложений того, как на них можно ответить.

Другие применения

Такой тип беседы может использоваться для разработки и запуска крупных исследований.

БЕСЕДА

Вступление

Я знаю, что все мы заинтересованы в оценке выполнения проекта А. Сегодня нам представилась возможность совместно разработать критерии, по которым будет сформирована модель требований для внешнего консультанта. Непосредственную работу проведет независимый аналитик, но мы можем повлиять на то, по каким критериям она будет проведена.

Вопросы Объективного уровня

Каким образом вы участвовали в Проекте А?

Чем вы занимались?

Что для вас стало самым интересным и нестандартным аспектом этого проекта?

Какие темы должны быть охвачены этой оценкой?

Вопросы Рефлексивного уровня

Что для вас было приятным или воодушевляющим в этой программе?

Что в Проекте А вызывает у вас волнение и стресс?

Какие аспекты Проекта А вас по-настоящему озадачивают, ставят в тупик?

Вопросы Интерпретативного уровня

Какие вопросы продолжают возникать вокруг Проекта А?

Какие составляющие Проекта А нужно оценить?

На какие самые важные вопросы необходимо ответить во время оценки выполнения проекта?

Вопросы уровня Принятия решений

Как можно подойти к этим вопросам?

Что нам действительно нужно узнать из этой оценки?

Где мы можем получить необходимую информацию?

Как мы ее получим?

Заключение

Эта беседа обеспечила нам хорошую стартовую площадку для создания нашей модели требований для оценки Проекта А.

E11 Составление годового бюджета

Ситуация

Вы находитесь в процессе составления бюджета компании на следующий год. Каждый отдел вашей компании попросили о следующем:

1. Подготовить свою часть бюджета.
2. Привязать свой бюджет к рабочим планам и целям на год.
3. Описать прогнозы, сделанные отделом в процессе создания бюджета.
4. Сравнить новый бюджет с показателями доходов и расходов в прошлом году.

Рациональная цель

Согласовать общую версию бюджета и определить критерии рекомендуемых изменений.

Практическая цель

Позволить сотрудникам разных отделов понять их взаимозависимость и почувствовать себя частью целого.

Советы

Может возникнуть потребность в новых вопросах для согласования критериев или других аспектов Интерпретативного уровня.

Другие применения

Подобная беседа может использоваться для оценки потребностей организации в оборудовании и различных материалах на следующий год.

БЕСЕДА

Вступление

У каждого из нас стоит задача подготовить бюджет на следующий год, определить цели и рабочие планы. Я разместил эту информацию в рабочем листе для каждого отдела, который вы сейчас видите перед собой. Перед нами сегодня стоят три цели:

- понять, на чем основывается бюджет каждого отдела
- определить, какие вопросы нам нужно решить, чтобы завершить работу над бюджетом
- определить критерии, по которым мы будем регулировать и согласовывать ваши отдельные бюджеты.

На данный момент мы превышаем бюджет по статьям расходов и «не добираем» по статьям доходов.

Вопросы Объективного уровня

Позвольте каждому отделу представить свой бюджет и привязать его к их рабочему плану и целям на год. После каждого доклада задайте докладчикам следующие вопросы:
Какие допущения и прогнозы были у вас при подготовке этого бюджета?
Спросите у всей группы:
Что нам необходимо прояснить по этому отчету?

Вопросы Рефлексивного уровня

Что удивило нас в этих бюджетах?
Что вызвало беспокойство?

Вопросы Интерпретативного уровня

Какие вопросы у вас возникли по мере рассмотрения бюджетов?
Где наши допущения и прогнозы требуют некоторых поправок?
Какие изменения в наших допущениях могут улучшить нашу позицию в целом – либо увеличить доход, либо снизить расходы?
Где нам нужно отрегулировать бюджеты (уменьшить или увеличить), чтобы обеспечить отделам соответствующие ресурсы?
На основании нашего обсуждения, как вы думаете, какие критерии мы используем для рекомендаций по изменению бюджета?
О чем еще нам следует помнить при внесении правок?

(продолжение на следующей странице)

Е11 Составление годового бюджета *(продолжение)*

Вопросы уровня Принятия решений
Какие рекомендации мы согласовали? Каковы наши следующие шаги?

Заключение
Я внесу рекомендованные правки.
Если понадобятся дополнительные изменения, я создам модель на основе критериев, которые мы согласовали. Мы поговорим об этом снова через две недели.

МОМЕНТЫ, О КОТОРЫХ СЛЕДУЕТ ПОМНИТЬ ВЕДУЩЕМУ БЕСЕДЫ

Не нужно учить
Помните, что ведущий беседы не должен ничему учить, и что неправильных ответов не бывает.

Помните, что каждый владеет частицей паззла
Каждый видит часть картины, но целостное представление о ситуации можно получить лишь услышав различные мнения.

Помните о доверии мудрости группы
Хороший лидер беседы доверяет мудрости группы. Если только не обнаружится противоположное, он предполагает, что группа знает больше, чем каждый отдельный ее член, включая самого лидера. После того как были прослушаны все мнения, появляется более целостная картина, как алмаз с множеством граней. Цель беседы – выявить этот многогранный алмаз.

Помните об открытых вопросах
Помните, что нужно использовать только открытые вопросы: те, на которые нельзя ответить просто «да» или «нет». Ответы «да», «нет» не подходят для оживленной беседы, и они не расскажут вам всей правды. «Что вам в этом понравилось или не понравилось?» - гораздо более интересный вопрос, чем «Вам понравилось?».

Задавайте конкретные вопросы
Конкретные вопросы дают лучшие результаты. «Какие утверждения сделал Михаил?» вызовет более четкие ответы, чем «Что вы помните из речи Михаила?».

Предоставляйте достаточно времени для раскрытия темы
Некоторые лидеры совершают ошибку, не выделяя достаточно времени для комплексных обсуждений или принятия сложных решений. Легко подвести группу к быстрому решению – это сэкономит время, но оставит у участников сомнения, поскольку они почувствуют, что приняли решение на основании лишь симптомов, а не истинных причин. Если вы выделите достаточно времени, вы тем самым утвердите важность темы беседы и побудите группу ответственно с ней работать.

E12 Решение проблем, связанных с рабочим пространством

Ситуация

Новая ситуация требует от некоторых сотрудников делить рабочее пространство. Раньше, у этих людей были свои кабинеты. После того как они начали работать в одном кабинете, возникли некоторые проблемы. Коллегам нужно понять, как эффективно и справедливо делить пространство, чтобы были удовлетворены потребности каждого. Первый шаг – прийти к согласию относительно критериев и принципов разделения рабочего пространства.

Рациональная цель

Беседуя, прийти к общему видению использования рабочего пространства.

Практическая цель

Вселить в группу коллег благожелательность друг к другу, чтобы им было комфортно работать в одном помещении.

Советы

Ответы на вопрос «Каких принципов нам следует придерживаться?» вам нужно будет записать на флипчарте, чтобы потом иметь возможность зачитать их группе на этапе Принятия решений, когда нужно будет расставить приоритеты.

Другие применения

Эта беседа может также проводиться для разрешения любой проблемной ситуации в коллективе.

БЕСЕДА

Вступление

Мы все согласились с тем, что нужно собраться и обсудить наши потребности в рабочем пространстве, необходимые для нашей эффективной работы в этом помещении. Следует помнить, что то, чего требует один человек для своей работы, может значительно отличаться от требований другого. Нам не нужно долго философствовать по этому поводу. На этой встрече мы хотим определить критерии и принципы использования этого пространства. Нам точно придется делить между собой этот офис, пока не построят новое крыло в следующем году. Вероятно, мы не выработаем идеальный набор критериев, но все же, очень важно перечислить ценности и потребности, на основе которых мы сможем построить некую модель. Начнем с вопросов.

Вопросы Объективного уровня

Какие у вас потребности в пространстве? (Получите ответ от каждого человека.) Скажите, какие ответы вы только что слышали от других участников?

Вопросы Рефлексивного уровня

О чем вам напомнили эти ответы? Какие потребности удивили вас? Какие порадовали? Что вам не нравится в том, как организовано это пространство сейчас?

Вопросы Интерпретативного уровня

Основываясь на том, что вы услышали, скажите, что вам нравится в текущей организации пространства?
В чем заключаются основные проблемы? В чем вы видите возможные решения этих проблем и потребностей?
Каких принципов нам следует придерживаться в выработке этих решений?

Вопросы уровня Принятия решений

Позвольте я зачитаю эти принципы, а вы скажете, какие из них первостепенные, а какие второстепенные.
Кто хочет поработать со мной над созданием модели, основанной на том, что мы здесь сказали?

Заключение

Это была хорошая беседа. Я думаю, что теперь мы гораздо лучше представляем себе, как решить возникшие проблемы. Спасибо всем за ваше время. Рабочая группа подготовит отчет о беседе к следующей среде.

E13 Пересмотр офисного регламента

Ситуация
В компании стало ясно, что прошлое понимание офисного регламента либо забылось, либо уже не актуально. В связи с этим, была собрана рабочая группа, которой поручили создать регламентные правила, соответствующие текущей ситуации.

Рациональная цель
Разработать свод правил, который позволит группе слаженно и эффективно совместно работать.

Практическая цель
Помочь участникам почувствовать ответственность за атмосферу рабочего пространства.

Советы
В этой беседе используются различные названия одного понятия – «правила», «операционная модель», «обязательства», «протокол». Понимается под этими словами одно: общепринятая модель поведения, соответствия которой люди ожидают друг от друга на рабочем месте. Тон вашего вступления и вопросов, которые будете задавать далее, должен указывать на объективность задачи. Внимательно подбирайте интонации, слова и выражения, чтобы у участников не создалось впечатления, будто вы считаете, что они нарушают какие-то правила. Беседа проводится в том контексте, что времена и ситуация поменялись и требуют пересмотра операционного регламента.

Другие применения
Этот тип беседы может помочь уладить рабочие и личностные моменты внутри группы или между группами.

БЕСЕДА

Вступление
Многим из нас стало четко ясно, что старые правила офисного регламента уже забыты или просто больше не соответствуют новым рабочим условиям. Мы не хотим обременять себя новой массой правил и директив. Нам действительно нужно пересмотреть нашу операционную модель и обязательства в офисе, которые будем кратко именовать «регламентом».

Вопросы Объективного уровня
Какие аспекты операционной модели и обязанности все еще сохранились в нашем офисе?
А какие мы забыли или решили игнорировать?

Вопросы Рефлексивного уровня
Какие новые обязанности стали не так давно выполнять сотрудники этого отдела, и что кажется необходимым?
Какие непривычные обязанности, выполняемые другими, вас удивляют?
Какие вызывают беспокойство?

Вопросы Интерпретативного уровня
Что говорят нам наши предыдущие ответы о том, какие операционные правила нам нужны? Давайте составим список.
Нужны ли еще какие-нибудь правила?
Какие из перечисленных правил можно перефразировать более четко?
Смогут ли эти правила регулировать всю нашу работу?

Вопросы уровня Принятия решений
Каких изменений потребуют от нас эти регламентные правила?
Какие следующие шаги нужны для официального оформления и введения в работу этих правил?

Заключение
Я действительно признателен вам за участие в этой беседе. Только так мы можем справиться с подобными вопросами – собрать всех вовлеченных людей и вместе выработать решение.

РАЗДЕЛ F

Беседы на тему управления и контроля

Сегодня руководитель должен быть фасилитатором – тем, кто умеет получать ответы от других людей, возможно от тех, кто даже не знает, что знает то, что нужно.
John Naisbitt and Patricia Aburdene: *Reinventing the Corporation*

Независимо от того, какая в организации управленческая структура, попытки принимать решения без участия персонала дальше просто не будут работать. Не имеет значения, как организована структура власти – горизонтально или вертикально; иерархия в ней, матрица или решетка – участие персонала значительно облегчает все процессы. В результате этого принимаются лучшие решения, которым все доверяют, потому что они принимаются на основе информации, полученной от широкой аудитории. Если участие не структурировано в организации, оно в любом случае будет происходить – возможно, в очень негативных формах. Инструменты группового вовлечения – критически важный фактор достижения успеха.

Руководители в современном постиндустриальном обществе понимают две вещи: первое – у них нет ответов на все вопросы, и второе – мудрость находится вокруг них, нужно только научиться ее извлекать, то есть, научиться спрашивать. Сила заключается в умении задавать вопросы. Важнейший навык руководителей сегодня – это умение задавать вопросы и получать на них ответы от других людей.

Руководители должны осознать, что как только они начнут применять беседы, вместо того чтобы давать указания, они окажутся в отправном пункте на пути к созданию новой организации – самообучающейся и партнерской. Возрастающая эффективность такого типа организации наделит полномочиями все вовлеченные стороны.

Возможно, в один прекрасный день Сфокусированная беседа станет обязательной частью каждой программы МВА.

Беседы в этом разделе – примеры того, как может менеджмент компании более креативно общаться со своими коллегами, вышестоящим руководством, подчиненными, рядовыми сотрудниками или командами в целом:

F1.   Регулярная беседа руководителя с сотрудниками

F2.   Пересмотр должностных инструкций

F3.   Проведение собеседования с кандидатом на новую должность

F4.   Размышления над сорванным собранием

F5.   Оценка работы сотрудника

F6.   Оценка рабочих потребностей сотрудников

F7.   Поиск реальных проблем в проекте, зашедшем в тупик

F8.   Разбор взаимных жалоб сотрудников

F9.   Обзор перемен на рынке

F10.   Анализ статистики сбыта

F11.   Обсуждение проблемы делегирования

F12.   Обсуждение процесса поставки товара

F13.   Обмен мнениями о переходном периоде в компании

F14.   Определение конкурентного профиля компании

F15.   Создание поэтапного временного графика для проекта реструктуризации

F16.   Обсуждение лидерской роли руководителями-новичками

F17.   Оценка результатов обучающего мероприятия

F18.   Создание руководящих принципов для совместной работы

Этот набор бесед не рассматривается как исчерпывающий инструмент для выполнения всех функций руководителя. Но он предполагает, что ведение бесед – это то, к чему руководителям стоит обращаться как можно чаще.

F1 Регулярная беседа руководителя с сотрудниками

Ситуация

Руководитель решила, что один раз в месяц она будет проводить беседу с каждым сотрудником в ее отделе.

Рациональная цель

Узнать, как дела, с какими препятствиями сталкиваются сотрудники, и что нового узнают о своей работе.

Практическая цель

Поощрить высказывание своего мнения, инновационные идеи и обмен опытом.

Советы

Очень важно, чтобы эта беседа не воспринималась сотрудниками как допрос или снисходительность. Слушайте внимательно, делайте записи. Оборонительная реакция на их ответы, скорее всего, пресечет возможность честной обратной связи в дальнейшем.

Другие применения

Эта беседа подобна двум беседам по оценке эффективности нового сотрудника.

БЕСЕДА

Вступление

Доброе утро. Сейчас я провожу регулярные беседы со всеми, чтобы узнать, как обстоят дела в вашей работе. Не возражаете, если я займу пять-десять минут вашего времени? Отлично.

Вопросы Объективного уровня

Фокус вашей работы, как я понимаю, заключается в ..., верно? Чем вы еще занимаетесь?

Что появилось нового (или что поменялось) недавно в вашей работе?

Вопросы Рефлексивного уровня

Что идет действительно хорошо?

Какие жалобы вы имеете, или с какими проблемами вы сталкиваетесь?

Вопросы Интерпретативного уровня

Что не позволяет вам выполнять свою работу так, как вы бы хотели ее выполнять?

В чем вы видите возможности улучшения?

Что могу сделать я, чтобы вам помочь?

Вопросы уровня Принятия решений

Исходя из ваших наблюдений, что может облегчить работу этого отдела?

Каковы ваши рекомендации?

Может, вы хотите что-нибудь добавить к нашей беседе?

Заключение

Я действительно очень ценю возможность поговорить с вами, и благодарю за то, что вы сказали. Я прослежу, чтобы о ваших предложениях узнали другие. Ну что ж, увидимся позже.

F2 Пересмотр должностных инструкций

Ситуация
В подготовке к планированию более эффективного распределения работы, сотрудники самостоятельно написали свои должностные инструкции. Теперь они делятся результатами в небольших рабочих группах.

Рациональная цель
Рассмотреть должностные инструкции каждого сотрудника и выявить совпадения или устаревшие обязанности.

Практическая цель
Позволить сотрудникам почувствовать признание их работы и показать, что с ними консультируются в принятии важных управленческих решений.

Советы
Отдельные части этой беседы лучше всего проводить персонально, в зависимости от уровня доверия и напряжения в группе. Для этой беседы очень важно объективно слушать друг друга.

Другие применения
Подобная беседа может проводиться с группой людей, пытающихся достичь синергии в своей работе. В другой ситуации руководитель может совместно с персоналом разрабатывать роли в организации.

БЕСЕДА

Вступление
Сегодня мы хотим отметить работу, которую делает каждый из нас. Кроме этого, мы хотим лучше скоординировать роли, чтобы еще больше повысить нашу эффективность.

Вопросы Объективного уровня
Просматривая эти должностные инструкции, какие основные виды деятельности мы видим?
Какую роль выполняет сейчас каждый из присутствующих, согласно инструкциям?

Вопросы Рефлексивного уровня
Удивило ли вас что-нибудь в какой-то из этих инструкций, и если да, то что?
Где вы сказали про себя: «Да, это действительно так!»?
Что осталось не указанным в этих инструкциях?

Вопросы Интерпретативного уровня
Если подумать о задачах, стоящих перед нами на следующие несколько месяцев, какие вопросы у вас появляются по поводу этих должностных инструкций?
Где в нашей командной работе могут быть пробелы?
А в чем могут быть накладки (повторения функций)?
С какими новыми вызовами мы сталкиваемся, которые могут оказать существенное влияние на нашу работу?
Какие изменения вы лично хотели бы внести в наши должностные инструкции?

Вопросы уровня Принятия решений
Какие изменения мы могли бы внести, чтобы заполнить пробелы в нашей командной работе?
Как мы можем справиться с повторениями функций?
Основываясь на этой беседе, какие непростые личные решения вам нужно принять?

Заключение
Спасибо вам за то, что поделились своим мнением. Я понимаю, что в таком разговоре непросто принимать участие, но получить точку зрения каждого – чрезвычайно полезно.

F3 Проведение собеседования с кандидатом на новую должность

Ситуация
Вы проводите интервью с финальными претендентами на новую должность. Вы продумали критерии, на которых будет основано ваше решение: опыт, вклад в командный результат, опыт управления и соответствие ценностям компании.

Рациональная цель
Получить полное понимание того, «впишется» ли этот кандидат в команду и в организацию.

Практическая цель
Позволить кандидату самому представить, насколько он подходит на эту позицию.

Советы
Вопросы уровня Принятия решений будут разниться в зависимости от критериев, которые вы определили для поиска кандидата на эту позицию.

Другие применения
Этот подход можно использовать для отбора сотрудников для нового проекта.

БЕСЕДА

Вступление
Спасибо за то, что пришли. Мы рассматриваем еще четверых кандидатов на эту позицию. В этом интервью мы хотим понять, какой уникальный вклад вы могли бы сделать в успех этой организации и на этой позиции в частности.

Вопросы Объективного уровня
Из чего, на ваш взгляд, состоит эта работа?
(Предоставьте описание должностных обязанностей)
У вас есть вопросы относительно фокуса и содержания этой должности?

Вопросы Рефлексивного уровня
Расскажите о похожем опыте работы на подобной позиции? Что было самым сложным в той работе? Что было самым увлекательным?

Вопросы Интерпретативного уровня
Какие ваши навыки помогут вам достичь успеха на этой должности?
Какое дополнительное обучение вам может понадобиться, чтобы быть более эффективным на этой работе?
Что вы знаете об эффективной командной работе? Опишите ваш стиль управления.
Как вы решаете сложные проблемы с персоналом, например …?
(Приведите типичный пример из вашей компании.)
Какой у вас стиль принятия решений?
Что для вас важно в рабочей среде?
Каким образом вы лучше всего учитесь новому?
Какие ключевые открытия вы сделали и какие полезные уроки вы извлекли за последние 6-12 месяцев?

Вопросы уровня Принятия решений
Есть ли у вас вопросы ко мне/нам?
Учитывая то, что мы сейчас проговорили, как бы вы резюмировали свои сильные стороны, которые могли бы быть полезны этой компании?

Заключение
Спасибо за уделенное время. Мы примем решение в течение следующих пяти дней и сообщим вам о нем.

F4 Размышления над сорванным собранием

Ситуация
Вы собрались с несколькими коллегами обсудить очень неприятную ситуацию, сложившуюся на собрании, которое проходило днем ранее.

Рациональная цель
Понять, что произошло на собрании, и извлечь уроки из сложившейся ситуации.

Практическая цель
«Залечить раны» участников и лидера встречи, чтобы этот негативный опыт не поглотил их энергию и не перерос во что-то большее.

Советы
Такого рода рефлексию сложно производить самому или только с еще одним человеком. В таком случае очень легко прекратить мыслить четко и начать винить кого-то другого во всех проблемах, а это не позволит научиться чему-то или «залечить раны». Полезно проводить такую беседу, когда есть больше мнений. Кроме этого, полезно письменно подготовить вопросы заранее – это поможет вам дисциплинированно управлять процессом.

Другие применения
С небольшой адаптацией эта беседа может использоваться для выражения мнений по поводу любого досадного опыта и извлечения из него полезных уроков.

БЕСЕДА

Вступление
Я думаю, нам нужно вспомнить вчерашнее собрание и подумать, какой урок оно нам преподнесло.

Вопросы Объективного уровня
Что было на повестке дня на вчерашнем собрании?

Что было изначальной целью того собрания?

Поскольку все произошло быстро, то довольно сложно все вспомнить, но нам все же для начала нужны факты. Давайте восстановим в памяти то, что действительно произошло. Что мы сделали первым делом? Что было потом?

Вопросы Рефлексивного уровня
В какой момент вы начали расстраиваться? Когда вы заметили это за другими участниками?

Какие образы всплывают у вас перед глазами, когда вы вспоминаете это собрание?

Какие моменты встречи прошли лучше всего?

Вопросы Интерпретативного уровня
Какие поведенческие модели вы наблюдаете в этой ситуации?

Что может быть причиной того, что произошло? (*Если ответом будет «Потому что Виктор подлец», или другие личные обвинения, спросите:* «Почему, на ваш взгляд, он вел себя так?»)

Если кто-то усложнял работу группы, какими принципами он мог руководствоваться?

Как можно разобраться с этой ситуацией?

Что мы можем сделать иначе в другой раз?

Чему мы можем из этого научиться?

Вопросы уровня Принятия решений
Попытаемся вместить наши уроки в одно или два утверждения, например: «Эта ситуация научила нас …».

Что мы можем себе пообещать после этого?

Заключение
Я действительно рад/а, что мы способны учиться на своих ошибках.

F5   Оценка работы сотрудника

Ситуация

В компании А каждый сотрудник получает персональную оценку своей работы один раз в год. Эта оценка призвана раскрыть надежды, мечты и цели сотрудников, и помочь определить, каким образом организация может способствовать им в достижении этих целей.

Рациональная цель

Оценить прогресс в профессиональном развитии сотрудников и определить, как им помочь.

Практическая цель

Показать сотрудникам, что их ценят и доверяют им, а также мотивировать их на достижение успеха.

Советы

Такая оценка работы сотрудника предполагает наличие в компании особой организационной культуры. Если культура все еще сохранила свою иерархичность, потребуется немалая отвага и доверие с обеих сторон, чтобы провести такую беседу. Невозможно в одном квартале провести такую беседу, а в следующем вернуться к старой системе.

Другие применения

Смотрите беседу «С9 Менторство нового сотрудника».

БЕСЕДА

Вступление

Я подумал/ла, что вы уже заждались оценки вашей работы, поскольку мы давно не беседовали. Я хочу узнать, как у вас дела, и как мы можем оправдать ваши ожидания от работы здесь.

Вопросы Объективного уровня

Как продвигалась ваша работа с тех пор, как мы говорили в последний раз?

Изменились ли ваши должностные инструкции с того времени?

Вопросы Рефлексивного уровня

Какими достижениями вы больше всего гордитесь?

А что стало самым большим разочарованием?

Вопросы Интерпретативного уровня

Что вы можете назвать своим самым важным и значимым вкладом в успех этой компании?

Какие у вас цели на будущие несколько лет работы в этой организации?

Какие у вас надежды и мечты?

Чего бы вы хотели достичь с нашей помощью в грядущем году?

С чем вы имеете проблемы или сложности на пути к этим целям?

Что в этой организации больше всего помогает вам в продвижении к этим целям?

Какого конкретно участия вы ожидаете от меня или от компании в реализации ваших целей?

Какие сигналы могут сообщить мне, что у вас не все в порядке, и что мне следует прийти и поговорить с вами?

Вопросы уровня Принятия решений

Каковы ваши собственные следующие шаги?

Заключение

Такая беседа для меня очень много значит. Я надеюсь, вам она тоже помогла. Пожалуйста, не раздумывая обращайтесь ко мне в любое время, когда вам нужно будет поговорить больше по этим вопросам.

F6 Оценка рабочих потребностей сотрудников

Ситуация
Менеджмент компании обсуждает неудовлетворенность персонала и что следует с этим делать.

Рациональная цель
Определить, что происходит с сотрудниками, и что необходимо сделать для исправления ситуации.

Практическая цель
Побудить менеджеров оставить оборонительную позицию, прекратить отклонять жалобы сотрудников и взять на себя ответственность за решение проблем.

Советы
Беседа с сотрудниками об их жалобах позволит узнать истинные их причины и сравнить их с вашим видением этих проблем. Для лидера важно быть открытым и выслушивать все причины недовольства – до тех пор, пока не будут высказаны все мнения. Следите за своими словами и тоном голоса, чтобы участники не подумали, что вы отдаете предпочтение чьему-то ответу, а чьи-то ответы не хотите принимать – в противном случае они закроются и не станут делиться тем, что знают и думают. Продлите Интерпретативный уровень, чтобы группа могла копнуть глубже и более подробно рассмотреть свои первичные предположения. После этого переводите беседу на уровень Принятия решений.

Другие применения
Подобная беседа может использоваться для оценки потребностей студентов в учебном заведении или пациентов в лечебном учреждении.

БЕСЕДА

Вступление
Нам всем известно, что наши сотрудники не очень удовлетворены. Может, это потому, что сейчас зима? Они обижаются на нас за что-то? Возможно, некоторые из нас слишком строги с ними? Давайте поговорим об этом и посмотрим, сможем ли мы добраться до сути происходящего, а потом решим, что нам следует делать с этим, если нужны какие-то действия.

Вопросы Объективного уровня
Что говорят о происходящем наши сотрудники?
Можете ли вы привести примеры ситуаций или поведения, которые бы говорили, что наши сотрудники чем-то не довольны?
Что в их поведении говорит нам о том, что их потребности не удовлетворены?

Вопросы Рефлексивного уровня
Как вы реагируете на эту ситуацию?
Какие аспекты этой ситуации удивляют вас?
Какие аспекты вас раздражают?
В каких аспектах вы сочувствуете сотрудникам? Почему?

Вопросы Интерпретативного уровня
Как вы интерпретируете для себя происходящее?
Каким образом мы как руководство можем быть причастны к этой проблеме?
Какие потребности есть у наших сотрудников?
В чем, на ваш взгляд, они на самом деле нуждаются?

Вопросы уровня Принятия решений
На какие выводы вас наталкивает вся эта ситуация?
Что нам нужно делать?
Какими будут наши первые шаги?
Кто может взять на себя ответственность за эти шаги?

Заключение
Это была полезная беседа. Всегда удивительно, как встреча умов может помочь избежать опрометчивых выводов. Мне кажется, мы все здесь обрели необходимые знания для того, чтобы помочь нам и нашим сотрудникам справиться со сложившейся ситуацией.

F7   Поиск реальных проблем в проекте, зашедшем в тупик

Ситуация
Два подразделения в одной организации слились в одно. Люди из каждого бывшего отдела имеют очень разное представление о том, как следует вести проект, над которым им сейчас нужно совместно работать. Ситуация дошла до руководства, поскольку эта новая объединенная проектная команда не вложилась в сроки по проекту. Сотрудники отдела попросили вас, как третью сторону, помочь разобраться в ситуации и вернуться на правильный путь.

Рациональная цель
Высказать мнения о ситуации, определить проблемы, понять, кто за что отвечает, выяснить, на каком они находятся этапе и принять решения относительно следующих шагов.

Практическая цель
Сделать так, чтобы участники увидели себя в новой, нестандартной и обнадеживающей ситуации.

Советы
Эта беседа имеет несколько составляющих: разные команды, все подразделение и проект. Поэтому, для прояснения видения с точки зрения каждой из этих сторон нужно довольно много вопросов на Объективном уровне. Но если группа готова двигаться быстрее, вам могут и не понадобиться все эти вопросы.

Другие применения
Эта беседа с небольшими изменениями будет также полезна для медиации в команде, в которой полярно разделились мнения относительно «правильного» решения проблемы, или в случае если над проектом работают две компании.

БЕСЕДА

Вступление
Что же, мы все оказались в непростой ситуации. Меня попросили помочь разобраться со сложившейся ситуацией в проекте, чтобы разные команды смогли вместе обсудить проблему и найти пути ее решения. Нас всех объединяют обязательства по этому проекту и ответственность за его успешное завершение. Поэтому, давайте приступим к обсуждению.

Вопросы Объективного уровня
Пусть каждый из присутствующих ответит на первый вопрос. Начнем с тебя, Ирина. В чем заключается твоя часть ответственности по этому проекту? (*Приглашайте каждого по очереди ответить на этот вопрос.*)
Что мы скажем о масштабах проекта, из каких частей он состоит?
Что у нас сделано по проекту на данный момент? Что не сделано?
Хорошо. Пусть выскажется каждая команда этого проекта.
Пусть сотрудники бывшего подразделения А опишут свое видение проекта. Каких принципов вы придерживаетесь в своей концепции?
Сотрудники бывшего подразделения Б, как вы видите этот проект? (*Получите несколько ответов от подразделения Б.*).
Каких принципов вы придерживаетесь в своем видении?
В чем, на ваш взгляд, заключается проблема с этим проектом? (*Получите ответы от обоих подразделений.*)
Какие аспекты включает в себя решение этой проблемы?
Хорошо. Теперь давайте снова рассмотрим проект как единая проектная команда.
Что вы отметили в услышанных только что ответах?

Вопросы Рефлексивного уровня
Что вас удивило в видении этой ситуации другой командой?
Что вас больше всего раздражает в этой ситуации?
Что нам кажется самой большой сложностью в этой ситуации?
Как изменилось наше настроение с начала беседы?

Вопросы Интерпретативного уровня
Насколько подробно мы рассмотрели проблему?
Какие идеи у нас появились относительно причин этой проблемы?

(*продолжение на следующей странице*)

F7 Поиск реальных проблем в проекте, зашедшем в тупик

(продолжение)

Какой урок мы намерены извлечь из всей этой ситуации?

Вопросы уровня Принятия решений

Что должно произойти?

Что мы можем сделать, чтобы направить проект в новое, нестандартное русло в этой ситуации? Какие новые принципы, ценности нам нужны для этого?

Какие следующие шаги мы должны предпринять, чтобы продвинуться вперед с этим проектом?

Заключение

Я благодарю вас за вашу открытость в этой беседе. Я многое узнал/а. Желаю, чтобы ваши следующие шаги были успешными.

МОМЕНТЫ, О КОТОРЫХ СЛЕДУЕТ ПОМНИТЬ УЧАСТНИКАМ БЕСЕДЫ

Предположите, что каждый член вашей группы обладает своим знанием, видением и опытом относительно предмета обсуждения, и желает этим поделиться.

Отвечая одной фразой или коротким предложением, вы признаете, что другие тоже хотят высказаться. Переведение разговора на себя – плохие манеры.

Некоторым людям очень хорошо удается выразить себя в беседе. Им легко приходят в голову новые идеи. Другим, более тихим и обладающим другими талантами людям, требуется больше времени для обдумывания вопроса. Фасилитатору приходится «вытягивать» из них ответы.

Некоторым участникам необходимо сдерживать их естественное нетерпение, заставляющее их перебивать, заканчивать чужие мысли без позволения или дополнять чужие ответы. Очень важно дождаться, пока говорящий закончит свою мысль.

Воспринимайте ответы других как мудрость, даже если это не совсем так. Делайте собственные ремарки, не опровергая того, что сказал человек перед вами, но как бы дополняя то, что было сказано, даже если высказываете противоположную точку зрения. Представьте, что ваш ответ придает еще одну грань алмазу мудрости в беседе. Не питайте относительно этого никаких иллюзий. Это очень непросто. Мы все предрасположены спорить и противостоять, полагая, что знаем истину. Это высокомерное допущение, которое является основным блоком для обучения в диалоге.

F8   Разбор взаимных жалоб сотрудников

Ситуация

Вы руководитель отдела на предприятии. Шесть рабочих ворвались в ваш кабинет с жалобами друг на друга. Они все громко говорят и перебивают друг друга. Вы просите их присесть, предлагаете выпить кофе и говорите, что хотели бы разобраться, в чем дело. Вы ведете эту беседу.

Рациональная цель

Показать им ваше желание выслушать их, но также и ваше желание добраться до причин проблемы.

Практическая цель

Помочь группе перейти от гнева к принятию ответственности и поиску решения.

Советы

Очень важно настоять на том, чтобы сотрудники говорили по очереди. Участники должны почувствовать ваше желание услышать их и помочь им совместно решить проблему.

Другие применения

Эта беседа может также помочь, если группа или команда жалуется, что к ним относятся несправедливо.

БЕСЕДА

Вопросы Объективного уровня

Давайте по очереди расскажем, что произошло. Елена, почему бы тебе не начать?

Дальше, по очереди.

Когда это случилось?

Кто участник ситуации?

Давайте воспроизведем на словах то, что произошло. Все это непросто вспомнить, поскольку все случилось так быстро, но нам действительно нужны для начала все факты. Что случилось сначала? А потом? Что было дальше?

Какие слова вы помните?

Вопросы Рефлексивного уровня

В какой момент вы начали нервничать? Когда вы заметили, что и другие нервничают?

В какой момент ситуация дошла до точки кипения?

Какие еще эмоции вы помните?

Вопросы Интерпретативного уровня

Итак, как вы можете объяснить то, что здесь происходит?

Почему это произошло?

Какие проблемы нам нужно решить? Какие составляющие у этих проблем?

Вопросы уровня Принятия решений

Что мы можем сделать, чтобы решить проблему?

Что мы можем сделать, чтобы исправить ситуацию?

Каким новым принципам и ценностям нам нужно следовать для этого?

Какие следующие шаги нам необходимо предпринять, чтобы вернуться к работе?

Заключение

Спасибо за вашу открытость в этом разговоре. Очень важно помнить, что решать подобные проблемы мы должны вместе. Руководитель может помочь разобраться, но первыми, кто предлагает решение, когда что-то идет не так, должны быть

F9   Обзор перемен на рынке

Ситуация
Перед тем как перейти к планированию, команда маркетингового отдела обсуждает поведение потребителей на рынке и то, как оно влияет на их бизнес.

Рациональная цель
Сгенерировать основные идеи как базис для маркетинговой стратегии.

Практическая цель
Расширить контекст для маркетингового планирования.

Советы
Эта беседа, как и остальные в этой книге, предполагает, что группа сотрудников обладает значительными знаниями и мудростью. Некоторые организации прибегают к услугам внешних консультантов для получения нестандартных идей. Консультанты знают много, но ведь группа – тоже.
Если группа не привыкла к такого рода беседам, будет полезно вкратце рассказать им о применяемом методе. Также полезно попросить каждого ответить на первый вопрос.

Другие применения
Этот тип беседы – сбор информации – может быть использован для анализа новостей и тенденций (беседы D5 и D6).

БЕСЕДА

Вступление
Давайте взглянем на наш рынок в более широкой перспективе, и на то, как крупные тенденции повлияли на бизнес-климат 00-х годов.

Вопросы Объективного уровня
Какие недавние события в деловом мире существенно повлияли на рынок?
Какие изменения в потребительских предпочтениях вы стали замечать в последнее время? Что люди покупают? Что им нравится, что не нравится?
Как они реагируют на различные факторы?
Как влияют на рынок глобализация, онлайн-маркетинг и другие крупные тренды?
Возможно, кто-то из вас читал таких авторов, как Фэйт Попкорн? Что они говорят о том, что популярно на рынке в 00х?
Какие новые тенденции появляются в бизнесе?
Какие новые формы продаж существенно влияют на ситуацию?
Кто является флагманом и образцовым участником этих событий и тенденций?

Вопросы Рефлексивного уровня
Что нас удивляет в этих переменах на рынке?
Как эти перемены влияют на нас в последнее время?
Какие из них вы считаете особенно интересными?
Какие из них вызывают у вас тревогу? Почему?

Вопросы Интерпретативного уровня
Как могут эти новые веяния повлиять на наш сегмент на рынке?
Какие преимущества есть у нашей компании в этой ситуации? А в чем мы уязвимы?
Какие нововведения могут от нас потребоваться?

Вопросы уровня Принятия решений
Какие у нас варианты реакции на эту рыночную ситуацию?
Какие идеи этой беседы нам нужно включить в планирование?
Кто желает подготовить отчет, который резюмирует эту беседу?

Заключение
Что же, я думаю, что этот разговор открыл нам новое видение ситуации на рынке, что поможет нам в подготовке маркетинговой стратегии.

F10 Анализ статистики сбыта

Ситуация
Команда отдела сбыта только что подготовила сравнительный анализ показателей продаж продукта в прошлом году в сравнении с предыдущими годами. Руководитель отдела проводит эту беседу со своими сотрудниками с целью проанализировать эту статистику.

Рациональная цель
Высказать мнения о результатах продаж в прошлом году в сравнении с предыдущими годами и сделать соответствующие выводы для формирования стратегии продаж в следующем году.

Практическая цель
Четко сформировать направление движения в следующем году и воодушевить всех для внедрения новых решений.

Советы
Один из способов провести эту беседу – создать три или четыре подгруппы. Каждая из них отдельно пройдет Объективный, Рефлексивный и Интерпретативный уровни беседы, после чего они снова соберутся вместе и расскажут друг другу о результатах своих обсуждений. После этого они могут отвечать на вопросы уровня Принятия решений как единая группа. В таком случае, в каждой подгруппе нужно выбрать докладчика перед началом беседы. Он должен будет делать пометки и одновременно участвовать в дискуссии.

Другие применения
Беседу можно адаптировать под обсуждение рекламной кампании.

БЕСЕДА

Вступление
Давайте уделим некоторое время анализу статистики продаж каждого нашего продукта в прошлом году. Вначале, давайте за пару минут ознакомимся с цифрами и графиками. Можно делать на них пометки – восклицательные и вопросительные знаки – и затем перейдем к обсуждению.

Вопросы Объективного уровня
Где вы поставили знаки восклицания?
Какие данные бросились вам в глаза? Что именно в них привлекло ваше внимание?
Что для вас стало полезной информацией в этом отчете?
(Пусть каждый ответит.)

Вопросы Рефлексивного уровня
Чем эта статистика вас радует?
Что в ней приятно удивляет?
Что тревожит?

Вопросы Интерпретативного уровня
Какие наши продукты и услуги продавались хорошо? Почему?
Какие – не так хорошо? Почему?
Глядя на эти графики продаж, скажите, какие продукты или услуги продавались лучше в этом году, чем в прошлом?
А что продавалось хуже, чем в прошлом году?
Что бы вы хотели прояснить? Что в этом отчете вам не понятно?
Какую закономерность вы заметили в наших продажах за прошлый год? Какие новые тенденции зарождаются, которые нужно поддержать?
Чем мы объясним эти новые тенденции?
Что нам нужно для их поддержки?

Вопросы уровня Принятия решений
Каким образом эта беседа влияет на нашу стратегию продаж в следующем году?
Что нам необходимо сделать?

Заключение
Это была познавательная беседа. Спасибо всем. Идеи, высказанные здесь, обязательно помогут нам в процессе планирования.

F11 Обсуждение проблемы делегирования

Ситуация
Каждый из руководящего звена индивидуально поговорил с генеральным директором о том, что они перерабатывают, испытывают возрастающее напряжение, и что это негативно влияет на их семейную жизнь. Директор предложил собраться вместе и выработать соответствующие решения, предполагая, что проблема может заключаться в их нежелании делегировать полномочия. Все согласились рассмотреть этот вариант.

Рациональная цель
Обменяться мнениями о ситуации и попытаться найти решение.

Практическая цель
Понять, что у них общая проблема, и что им следует поэкспериментировать с ее решениями.

Советы
Делегирование – это отличный совет директора и к нему нужно отнестись серьезно. Ведущему беседы следует уделить внимание возможным другим проблемным сторонам и дополнительным решениям ситуации, и не менее внимательно их рассмотреть.

Другие применения
Эта беседа может также использоваться с соответствующими правками для поиска путей работы с информационной перегрузкой.

БЕСЕДА

Вступление
Давайте поговорим о наших проблемах чрезмерной нагрузки и переработок, а также обсудим предложение директора решить их с помощью делегирования задач. Надеюсь, мы придем к решению. Я отмечу делегирование как одно из возможных решений, но я также хочу услышать и другие варианты.

Вопросы Объективного уровня
Давайте выделим пару минут и озвучим ситуацию друг другу. Как бы вы одним предложением описали наше положение? *(Спросите каждого.)*
Сколько часов в неделю работает каждый из нас?
Во сколько каждый из нас приходит в офис и в котором часу покидает его?
Сколько работы каждый из нас берет на дом?

Вопросы Рефлексивного уровня
Как вы реагируете на все это в конце дня? В начале дня?
Какой аспект ситуации пугает вас больше всего? Чем опасна такая ситуация?
Как часто вы делегируете работу другим сотрудникам?

Вопросы Интерпретативного уровня
Как мы оказались в такой ситуации?
Почему у нас столько работы? Откуда она берется?
Какие варианты решения вы видите?
Если мы примем делегирование как один из вариантов решения, какие задачи можно делегировать?
Какие задачи делегировать нельзя?
В чем недостатки делегирования?
Что это будет означать для наших сотрудников?
В чем преимущества делегирования?

Вопросы уровня Принятия решений
Что нам нужно делать по-другому каждый день, чтобы обеспечить делегирование задач?
С кем мы можем проконсультироваться по этому поводу, у кого есть опыт делегирования?
Какие еще могут быть решения наших управленческих проблем, кроме делегирования?

(продолжение на следующей странице)

F11 Обсуждение проблемы делегирования *(продолжение)*

Заключение

Что ж, я действительно рад/а, что директор подал нам идею собраться и обсудить все это. Спасибо за то, что помогли нам увидеть новые возможности. Нам нужно больше обсудить другие возможные решения проблем. Когда мы можем это сделать? Давайте снова встретимся в следующий вторник в этой переговорной в 3 часа.

МОМЕНТЫ, О КОТОРЫХ СЛЕДУЕТ ПОМНИТЬ УЧАСТНИКАМ БЕСЕДЫ

Участник может выполнять две основные роли: говорящего и слушающего. Слушание того, что говорят другие, так же важно, как и ваш собственный вербальный вклад в беседу.

Отвечайте на заданный вопрос, вместо того чтобы реагировать на чужие ответы. Подумайте над своим ответом.

Вслушивайтесь в суть ответов. Часто бывает, что участники, услышав первое предложение того, кто отвечает, сразу же говорят себе: «А, я знаю, что он скажет дальше, и знаю, с чего это началось». Очень важно внимательно дослушать говорящего до конца, чтобы понять, что он в действительности имеет в виду.

Избегайте ситуаций, при которых вы сначала хвалите чью-то мысль, а потом полностью забываете о ней. Бывает, участник начинает свой комментарий со слов «Я только хочу добавить кое-что к тому, что сказал Артур...», после чего говорит что-то противоположное тому, что сказал предыдущий участник. Или когда он говорит: «Я просто говорю то же, что и Артур», но на самом деле этот человек утверждает противоположное. В таком случае он поддерживает другого участника, а потом его же списывает со счетов.

F12 Обсуждение процесса поставки товара

Ситуация

Это беседа о крупном заказе, которую ведут между собой представители покупателя и поставщика, и согласовывают условия сотрудничества. Обе стороны знают, что отношения между поставщиком и покупателем могут стать очень запутанными. Если покупатель придерживается концепции ТВС (Точно в Срок) при покупке, а поставщик придерживается принципа «первым делом обслужить старых клиентов», то могут возникнуть крупные недоразумения. На эти переговоры корпорация «А» отправила торгового представителя, менеджера по продажам и управляющего производством. Компания «Б» представлена менеджером по закупкам и главой отдела доставки. Беседу ведет торговый представитель «А».

Рациональная цель

Создать схему эффективного сотрудничества двух сторон.

Практическая цель

Поднять на поверхность скрытые предположения, чтобы предотвратить возможные недоразумения.

Советы

Будет полезно записать на флипчарте ответы, касающиеся потребностей и ожиданий сторон. Эта информация должна находиться перед глазами участников во время беседы.

Другие применения

Эту беседу можно использовать для урегулирования проблем по договору сервисного обслуживания между двумя компаниями.

БЕСЕДА

Вступление

Я торговый представитель поставщика, компании «А». Нам выпала честь работать с вами. Для начала мы хотели бы прояснить, как идут операционные процессы в наших компаниях и насколько они отличаются, а также вместе подумать, как избежать возможных проблем. Предметом разговора является поставка шкафов во все ваши магазины. Я полагаю, что обе стороны готовы проявить гибкость для того, чтобы сделка была выгодной для всех, и мы могли избежать каких-либо возможных сложностей.

Вопросы Объективного уровня

Представитель «Б», скажите, какие у вас потребности и ожидания относительно этой покупки.

Второй представитель, у вас есть что добавить?

Представитель «А», какие потребности и ожидания у вас от этой сделки?

Второй представитель «А», что бы вы добавили?

Вопросы Рефлексивного уровня

Представители обеих сторон, как вы до этого вели подобные проекты?

Вопросы Интерпретативного уровня

С какими реальными преградами мы столкнулись? Чего нам будет стоить преодолеть их?

Что еще потребуется?

Вопросы уровня Принятия решений

Представитель «Б», скажите, какие решения вы услышали.

Представитель «А», какие решения услышали вы?

Что еще нам необходимо обсудить?

Заключение

Я думаю, что мы урегулировали основные моменты. Я уверен, на основании сегодняшних соглашений, мы сможем уладить остальные практические детали на встрече с закупщиком от «Б». Благодарю вас за уделенное время, дамы и господа. Это была очень продуктивная беседа.

F13 Обмен мнениями о переходном периоде в компании

Ситуация
Организация переживает переходный период, сопровождаемый сменой руководства, изменением миссии и кадровыми перестановками. Перемены – это уже свершившийся факт. Вопрос сейчас состоит не в том, чтобы противиться им, а в том, чтобы работать в новых условиях.

Рациональная цель
Получить общее понимание того, как творчески справиться с переменами.

Практическая цель
Поделиться своими опасениями, страхами и поддержать друг друга в этот переходный период.

Советы
Ключевой момент в данной беседе – поворот от отчаяния, разочарования и непонимания к способности рассмотреть возможности в этой ситуации.

Другие применения
Этот тип беседы может помочь людям понять, как можно творчески и нестандартно справляться с любой кризисной ситуацией на работе.

БЕСЕДА

Вступление
Мы подумали, что будет неплохо всем нам поговорить, поделиться нашими опасениями по поводу переходного периода, а также посмотреть, как мы можем помочь друг другу.

Вопросы Объективного уровня
Давайте каждый скажет немного о том, как эти перемены в компании повлияли на вашу жизнь.
Дарья, почему бы вам не начать?
С чего мы начинали? И куда движемся?
Как разные люди интерпретируют это?

Вопросы Рефлексивного уровня
Что вас удивило в процессе перехода?
В какой момент вы заметили, что людям нравится этот процесс?
А когда вы видели, что они расстроены?
Что вас особенно встревожило в разговорах, которые вы слышали?
Что больше всего угнетает в новостях о переменах?
Как изменилось ваше отношение к происходящим переменам в течение этой беседы?

Вопросы Интерпретативного уровня
Каким, вероятнее всего, будет влияние переходного периода на сотрудников?
Какие преимущества или возможности вы видите в организационных изменениях?
А в чем заключаются недостатки или опасности?

Вопросы уровня Принятия решений
Какие советы мы можем дать друг другу в том, как пережить этот переход?
Как мы можем поддержать друг друга в этот период?
Что для этого понадобится?
Какими будут наши первые шаги в систематизации поддержки друг другу?
Кто этим займется?

Заключение
Полагаю, эта беседа показала нам силу группового разума. Думаю, что эта беседа станет первым шагом на нашем пути перемен.

F14 Определение конкурентного профиля компании

Ситуация
На рынок зашла фирма-конкурент, предлагающая такие же услуги, как и вы. В вашей организации активно обсуждают вашу уменьшающуюся долю рынка, потерю конкурентного преимущества, увольнения и ухудшение дел в целом. Вы решили собрать своих менеджеров и обсудить с ними, чем ваша компания отличается от конкурентов, и насколько существенно это отличие.

Рациональная цель
Определить маркетинговые преимущества и имидж компании.

Практическая цель
Восстановить уверенность в будущем.

Советы
Если у вас есть время, можно рассматривать каждый элемент вопроса о специфических преимуществах как отдельный набор вопросов, например: «Какие преимущества имеет наш продукт? В чем преимущества нашего обслуживания?». Все ответы Интерпретативного уровня будет полезно записывать – для их дальнейшего использования маркетинговым отделом. Важно избегать какого-либо запугивания группы. Вы хотите, чтобы они проявили свою креативность, предложили новую концепцию и пришли к новой стратегии позиционирования преимуществ. Объективность и спокойствие ведущего беседы должны передаваться участникам.

Другие применения
Эта беседа может помочь компании определить свою уникальность на рынке.

БЕСЕДА

Вступление
В последнее время только и разговоров что о заходе «АБВ» в нашу нишу. Я подумал/а, что будет полезно нам обсудить это вместе и прийти к реальному пониманию того, какова наша конкурентная позиция. Вчера я передал/а всем вам рекламный буклет, годовой отчет, описание миссии и концепции «АБВ», а также попросила вас просмотреть эти материалы. Давайте обсудим эту информацию.

Вопросы Объективного уровня
Что мы знаем о «АБВ»? Что они продают? Какие услуги они предоставляют?

Как долго они этим занимаются?

Где они расположены?

Что мы знаем об их активах?

Как они определяют свою миссию?

Что мы знаем об их стиле работы?

Вопросы Рефлексивного уровня
Какой была ваша реакция, когда вы узнали новости о «АБВ»?

Какой была общая реакция нашего персонала?

Вопросы Интерпретативного уровня
По вашему мнению, почему они так отреагировали? Чем обоснована такая реакция?

Какие преимущества наша организация имеет в целом перед «АБВ»? Что есть у нас такого, чего нет у них?

Какие конкретные преимущества есть у нас по части продукта, услуг, продаж, рыночного присутствия, обслуживания клиентов, философии и ценностей?

В чем мы уступаем «АБВ»?

Какую опасность мы видим для себя в появлении «АБВ»?

Какие возможности вы в этом видите?

Вопросы уровня Принятия решений
Что нам нужно сделать, чтобы максимально использовать свои преимущества перед «АБВ»?

Как нам закрыть наши слабые места?

В каком новом свете нужно показать нашу организацию в этой ситуации?

(продолжение на следующей странице)

F14 Определение конкурентного профиля компании

(продолжение)

Какие конкретные шаги мы можем предпринять для восстановления морального духа нашей компании?
Какие следующие шаги мы как руководители должны сделать в ближайшие несколько дней?

Заключение

Что же, эта беседа успокоила меня. Обсудив все друг с другом, мы теперь имеем представление о том, куда нам нужно двигаться и как победить. Я сделаю для каждого из вас копию протокола этой беседы, чтобы вы могли рассказать об этом в своих отделах.

МОМЕНТЫ, О КОТОРЫХ СЛЕДУЕТ ПОМНИТЬ УЧАСТНИКАМ БЕСЕДЫ

Существует пять основных заповедей для Сфокусированной беседы:

1. Каждый обладает необходимым знанием.

2. Для принятия самого мудрого решения нам нужно знание каждого.

3. Неправильных ответов нет. (В каждом ответе есть своя мудрость.)

4. Целое более значимо, чем сумма его частей.

5. Каждый услышит других и каждый будет услышан.

F15 Создание поэтапного временного графика для проекта реструктуризации

Ситуация
Группа руководителей собралась, чтобы создать рабочий план реструктуризации их компании на следующие несколько месяцев. Они все много знают о том, что требуется компании, но по-разному видят решение практических проблем. Они знают, что весь персонал компании с нетерпением ждет их решений.

Рациональная цель
Собрать воедино всю имеющуюся информацию и перевести планирование на этап внедрения.

Практическая цель
Положить конец беспокойным раздумьям и принять ряд необходимых решений.

Советы
Записывайте на флипчарте ответы на вопросы Объективного и Рефлексивного уровня. На Интерпретативном уровне вы можете начать размещать ответы на временной оси на доске перед всеми. Если записывать отдельные виды работ на карточках, будет удобно двигать их по временной оси, определяя сроки.

Другие применения
Эта беседа может проводиться при любом крупном начинании, где необходимо распределить рабочую нагрузку и сроки, а также унять тревогу персонала в отношении будущего. Беседу можно применять при реструктуризации, реорганизации и модернизации предприятия.

БЕСЕДА

Вступление
У нас есть немного времени, чтобы создать рабочий план, который объединит всю имеющуюся информацию и позволит нам перейти к этапу внедрения. Николай согласился вести протокол беседы.

Вопросы Объективного уровня
Давайте сперва вспомним общую картину. Каких основных, самых важных целей мы хотим достичь с помощью этой реорганизации?
Чего мы уже достигли на первом этапе этого процесса?
Какие главные результаты нам нужно получить?
Кто был задействован на первом этапе процесса реструктуризации?
Какие ресурсы, исследования и документы у нас готовы по различным вариантам?

Вопросы Рефлексивного уровня
Что в работе над этим проектом вызывает у вас беспокойство?
Как бы вы описали настроение, царящее в нашей компании в этот период?
Какие аспекты человеческого фактора мы должны учитывать?

Вопросы Интерпретативного уровня
Какие объемы работ нужно будет сделать?
Какие важные решения нам нужно принять?
Как имеющиеся у нас ресурсы и человеческий фактор повлияют на сроки этих решений?
Давайте расположим эти решения на временной оси.

Вопросы уровня Принятия решений
Какие три-четыре этапа имеет следующий участок нашей работы?
Какие аналогии со спортом, досугом, природой могут помочь вам описать путешествие, в которое мы сейчас отправимся?
До кого мы должны донести всю эту информацию?

Заключение
Эта беседа несомненно помогла нам упорядочить хаос предстоящих нескольких месяцев, а также предоставила нам план, по которому мы будем работать в дальнейшем.

F16 Обсуждение лидерской роли руководителями-новичками

Ситуация

В компании только что повысили нескольких сотрудников до руководительского уровня. Старший менеджер собрал их вместе для обмена мнениями и опытом эффективного лидерства.

Рациональная цель

Дать новоназначенным руководителям возможность обменяться опытом того, как управляли ими самими, чтобы они извлекли для себя уроки того, что стоит и чего не стоит делать эффективному лидеру.

Практическая цель

Позволить новым руководителям осознать свою работу как площадку для обучения, на которой они могут поделиться своими знаниями и опытом, а также получить поддержку коллег.

Советы

Для запуска беседы, ведущий может рассказать свою собственную историю после того как задаст первый вопрос. Эти истории должны быть краткими и по сути. Ведущий беседы может смоделировать длину и тип такой истории на своем примере. Эта беседа может также проводиться с глазу на глаз.

Другие применения

Заменив некоторые фразы, эту беседу можно использовать для общения с новым советом директоров.

БЕСЕДА

Вступление

Поздравляю всех вас с новыми назначениями. Я подумал/а, что будет неплохо собрать вас вот так всех вместе несколько раз в течение нескольких следующих месяцев для проведения серии бесед, где вы будете учиться не у меня, а друг у друга. Сегодня я хочу, чтобы мы все рассказали об опыте управления нами. Некоторые из нас уже давно перешли на управленческий уровень, но у всех нас есть опыт пребывания под чьим-то руководством. Из этого опыта вы, несомненно, вынесли свои особые уроки относительно того, что следует делать эффективному лидеру, а чего – нет. Мне бы хотелось, чтобы сегодня все мы поделились этой мудростью друг с другом. Все, что я буду делать – это задавать вопросы. Кроме этого мне нечего сказать. Поэтому, пожалуйста, не стесняйтесь и говорите все, что думаете. Начнем с объективных вопросов. Мой коллега, Евгений, будет сидеть в стороне и записывать все, что вы говорите. После этого он оцифрует записи и передаст их вам, чтобы вы имели материал для справки в дальнейшем. Помните, в этой беседе нет неправильных ответов.

Вопросы Объективного уровня

Я хочу, чтобы каждый из вас вспомнил то время, когда вами руководил человек, чей стиль управления очень помогал вам в работе. Пусть каждый ответит на этот вопрос и приведет соответствующий пример. Я повторю вопрос: приведите пример эффективного управления вами.

Приведите пример, когда вами управляли неэффективно?

Вопросы Рефлексивного уровня

Какие ощущения оставил вам опыт эффективного руководства? А как вас заставляли чувствовать себя неэффективные руководители?

Вопросы Интерпретативного уровня

В чем разница между эффективным и неэффективным лидерством?

Назовите составляющие эффективного управления?

Какие составляющие неэффективного лидерства?

В чем заключается цель руководства людьми?

(продолжение на следующей странице)

F16 Обсуждение лидерской роли руководителями-новичками *(продолжение)*

В какие ловушки можно попасть при этом?

Чего требует от руководителя эффективное лидерство?

Какие изменения в себе могут потребоваться человеку, чтобы он стал эффективным руководителем?

Вопросы уровня Принятия решений

Какие следующие шаги вы видите для себя на пути к тому, чтобы стать лучшим руководителем?

Какого рода помощь и поддержка вам может понадобиться в следующие месяцы?

Как вы предлагаете нам это вам предоставить?

Какие следующие шаги необходимо сделать, чтобы все это организовать?

Заключение

Это была очень стимулирующая беседа. Ваши высказывания полны идей. Евгений позаботится о том, чтобы вы получили копии всего, что было сказано здесь этим утром. Я советую вам держать эти записи под рукой, во время вхождения в роль руководителя в течение следующих месяцев.

МОМЕНТЫ, О КОТОРЫХ СЛЕДУЕТ ПОМНИТЬ УЧАСТНИКАМ БЕСЕДЫ

«Сначала стремитесь понять, потом – быть понятым» - так звучит пятый навык Стивена Кови («Семь навыков высокоэффективных людей»). В действительно хорошей беседе, в которой участвуют, скажем, 20 человек, если один человек говорит, 19 других действительно стараются понять все, что говорит этот человек. То же касается каждого комментария в беседе. Хорошая беседа предполагает, что каждый участник вовлечен в то, что говорят другие, и никто не остается в стороне.

И фасилитатор, и участники должны следить, чтобы никто не делал комментариев, направленных просто на привлечение всеобщего внимания или на то, чтобы вызвать раздражение в группе. Если это допустить, слушатели и фасилитатор поддаются раздражению и не воспринимают остальное значение реплики этого человека. Они прекращают слушать, тем самым упускают всю суть того, что говорится. Процесс слушания уходит в неправильном направлении.

F17 Оценка результатов обучающего мероприятия

Ситуация

Руководство компании отправляло большую группу сотрудников на обучающий семинар. Руководители разных отделов, с чьей деятельностью было связано обучение, собрались оценить, насколько хорошо сотрудники применяют полученные знания в своей работе. Эта беседа ведется для определения того, насколько хороша эта программа обучения, и стоит ли запланировать такое же обучение для других сотрудников.

Рациональная цель

Получить общее понимание того, как обучение повлияло на сотрудников.

Практическая цель

Определить успех обучения, судя по изменениям в поведении сотрудников и их эффективности выполнения задач.

Советы

Эта беседа займет по меньшей мере час, если предположить активное участие группы. Но вам могут не понадобиться все эти вопросы. Если у вас есть 20-30 минут, отберите 5-7 ключевых вопросов, но убедитесь, что они представляют все четыре уровня: несколько Объективных и Рефлексивных, пару Интерпретативных и конечно же вопросы из уровня Принятия решений.

Другие применения

Подобная беседа может использоваться для оценки конференции, которую посетили несколько сотрудников.

БЕСЕДА

Вступление

Мы собрались здесь этим утром в связи с тренинговой программой, которую прошли многие наши сотрудники месяц назад. Мы хотим понять, насколько хорошо прошло это обучение, и какое влияние оно оказало на работу его участников. Особый интерес представляют ваши наблюдения за сотрудниками – в первую очередь, за изменениями в их поведении, а также в эффективности их работы. Все ваши личные комментарии останутся конфиденциальными. В описание этого воркшопа мы включим только безличные ответы.

Вопросы Объективного уровня

Для начала, давайте вспомним сам семинар – из каких частей он состоял?

Сколько человек из вашего отдела прошли это обучение?

Какие комментарии о программе вы получили от участников?

Какие перемены вы заметили в сотрудниках после их обучения?

Вопросы Рефлексивного уровня

Что радует вас в переменах, которые вы заметили?

Какие результаты удивили вас или озадачили?

Вопросы Интерпретативного уровня

Какие изменения в поведении сотрудников вы заметили? Что они делают теперь иначе, после участия в тренинге?

Как проявляется повышение эффективности работы персонала? Можете привести пример?

В чем эффективность не повысилась?

Каким образом улучшилось обслуживание клиентов? Приведите пример.

В чем вы заметили большую инициативность? Можете привести примеры?

Какие проблемы, на ваш взгляд, помогла решить программа?

Какие проблемы остаются нерешенными?

Какие факторы помогали или мешали сотрудникам применять то, чему они научились?

(продолжение на следующей странице)

F17 Оценка результатов обучающего мероприятия
(продолжение)

Вопросы уровня Принятия решений

Основываясь на услышанном, как вы резюмируете влияние обучающей программы на работу этих сотрудников?

Какое положительное влияние она оказала?

Чего не удалось достичь?

Как мы смотрим на то, чтобы запланировать эту программу для обучения других сотрудников?

Какие следующие шаги нужно предпринять для этого?

Заключение

Ваши наблюдения за сотрудниками и влиянием обучения на их работу важны и очень полезны. Я передам вам протокол нашей беседы в ближайшее время. На нашей следующей встрече одним из пунктов повестки дня будет внедрение следующих решений, которые вы предложили.

МОМЕНТЫ, О КОТОРЫХ СЛЕДУЕТ ПОМНИТЬ УЧАСТНИКАМ БЕСЕДЫ

Еще один момент, которого не следует допускать, это отрицание мнения или присутствия других участников. Очень просто найти причины, которые будут подавлять участие других людей. «Она всего лишь секретарь – что она может знать?», или «Начальство просто добавляет нам лишней работы». В таких случаях в процессе беседы высказывания других отрицаются, считаются неправильными, нереальными, фальшивыми, которым нельзя доверять.

Другое допущение, которое может возникнуть: неразговорчивым людям нечего сказать. Часто это случается потому, что они просто не могут вставить и слова или они слишком робкие для того, чтобы высказываться, пока их не попросит ведущий беседы. Фасилитатор может сказать: «Я смотрю, что говорят всего четыре или пять человек из группы. Я думаю, мы заинтересованы в том, чтобы узнать мнение каждого участника группы. Я хочу услышать всех.»

Некоторых людей из-за их позиции (секретарь, уборщик, «принеси-подай») могут не воспринимать всерьез и не давать им возможности высказать свое мнение. В таком случае фасилитатор или любой участник дискуссии, который это заметит, должны поднять этот вопрос и пригласить человека поучаствовать в обсуждении.

F18 Создание руководящих принципов для совместной работы

Ситуация
Новая рабочая группа только начинает свою работу. В нее входят люди из разных отделов, с разной рабочей культурой. Они хотят создать руководящие принципы для совместной работы, поскольку уже имели неудачный опыт в подобных рабочих группах.

Рациональная цель
Разработать руководящие принципы на основании опыта членов группы для регулирования совместной работы.

Практическая цель
Вселить уверенность в том, что их совместная работа может быть эффективной и не вызывать стресса.

Советы
Ограничьте время для Объективного уровня. На этом этапе дискуссия может слишком затянуться. На уровне Принятия решений, если у вас набирается больше двенадцати принципов, может быть уместным сгруппировать их и дать им названия. Или вы можете взять список предложенных принципов и попросить группу проранжировать их по важности.

Другие применения
Эта беседа может также применяться для создания руководящих принципов для любого рода совместного предприятия.

БЕСЕДА

Вступление
Мы собираемся разработать руководящие принципы, для того чтобы наша совместная работа была продуктивной и не вызывала стресс. Я хочу, чтобы вы вспомнили ситуацию, когда вам нужно было действовать совместно с другими людьми. Оно может быть как успешным, так и не успешным.

Вопросы Объективного уровня
Скажите, чтобы я увидел, оказавшись в той ситуации?
Что бы я услышал?
Какие выражения я бы увидел на лицах людей?
Кто принимал участие в процессе, а кто нет?

Вопросы Рефлексивного уровня
Что было самой лучшей частью того опыта?
Что было наихудшей?
Какое настроение было у людей под конец встречи?

Вопросы Интерпретативного уровня
Какое поведение участников обеспечило успех совместной работы? Каким образом?
Какое поведение мешало совместной работе? Каким образом?
Что мы узнали о факторах, способствующих сотрудничеству между людьми?
Что препятствует совместной работе?

Вопросы уровня Принятия решений
Какой один четкий принцип совместной работы мы можем вывести из услышанного?
Какой еще очевидный принцип напрашивается? (Важно, чтобы ваши ответы основывались на вашем опыте.)
Какой принцип менее очевиден?
Какие еще принципы мы не упомянули?

Заключение
Благодарю вас за ваши предложения. Я резюмирую все сказанное, напишу на доске, и по ходу работы мы посмотрим, релевантны ли они, и достаточно ли их в нашей ситуации.

Раздел G

Беседы на личные и праздничные темы

Во времена крупных перемен будущее принадлежит тем, кто способен учиться. Те, кто научился чему-то, как правило, оказываются оснащенными всем необходимым для жизни в мире, который больше не существует.

Eric Hoffer: *Reflections on the Human Condition*

Всецело поглощенное производством и управлением, человечество утратило точки соприкосновения со многими аспектами реальности. Его существование будто «заимствовано» и истощено. Поэтому, торжества – это не только роскошь жизни. Они предоставляют человеку возможность определить правильное отношение к времени, истории и вечности.

Harvey Cox: *Feast of Fools*

В этом разделе предложены следующие беседы:

G1. Анализ дня
G2. Извлечение уроков из непростой жизненной ситуации
G3. Размышления на тему личностного роста
G4. Внутренние размышления фасилитатора во время проведения сессии
G5. Размышления над согласием вести дополнительный проект
G6. Празднование большого успеха
G7. Празднование выхода сотрудника на пенсию: индивидуальная беседа

G8. Празднование выхода сотрудника на пенсию: групповое обсуждение

G9. Празднование дня рождения сотрудника

G10. Беседа с сотрудником месяца

Большинство бесед в этой книге межличностные: они ведутся между двумя и более людьми. Но первые пять бесед в этом разделе – внутренние. Это беседы, которые вы ведете с собой. Вы задаете вопросы, и вы же на них отвечаете. Такие размышления вредоставляют широкие возможности для личной рефлексии по поводу событий и проблем рабочей среды.

Первые три примера используют метод беседы в качестве инструмента для личного обучения и развития. Четвертая беседа несколько иная. Она принимает форму внутреннего диалога фасилитатора в случае если во время беседы, которую он ведет в группе, что-то пошло не так, как ожидалось. Метод беседы здесь использован как анализ проблем и решений. Номер пять, «Размышления над согласием вести дополнительный проект», предлагает пример внутреннего диалога, который происходит когда человеку нужно сделать непростой выбор в жизни.

Беседы второго типа в этом разделе касаются праздничных случаев в организационной среде. Эффективные команды чтят своих членов и их достижения. Они делают это творческим, значимым, часто праздничным способом. Болмэн и Дил в их книге «Руководить с душой» (Bolman, Deal «*Leading with Soul*») изображают роль символов и ритуалов в жизни организаций:

Организации, чья жизнь не имеет символического аспекта, становятся пустыми и бесплодными. Магия торжественных случаев жизненно важна в привнесении ценности в коллективную жизнь… Без ритуалов и церемоний любой переходный период остается незавершенным нагромождением событий. «Жизнь становится бесконечной чередой дней недели». Когда ритуал и церемония искренни и отлажены, они разжигают воображение, пробуждают идеи и достигают сердца. Церемония сплетает прошлое, настоящее и будущее в безграничный гобелен жизни.

Во многих пособиях по ведению бизнеса и управлению комментируется серьезная и встревоженная манера, в которой работают организации. Понимая последствия чрезмерной серьезности и стресса, некоторые компании придумали должность «менеджера по поднятию настроения» или «массовика-затейника», чтобы обеспечить достаточное количество периодических, в некоторой мере сумасшедших, событий, призванных разрядить атмосферу в нужные моменты.

Традиционные организации устраивают стандартные банкеты, церемонии

DeForest) говорит о так называемых сознательных празднованиях:

…события, которые отмечают важные моменты, поднимают сознательность участников на высший порядок реальности… Сознательные празднования происходят из самоосознания, и используются, чтобы помочь людям раскрыть их потенциал и расширить их знание связи между материальной и духовной жизнью. Они – современный канал связи с духовным измерением организации. Это также связь с прошлым – доступ к многовековой истории и мудрости – и связь с будущим – видением и мечтами. (Adams, John D (Ed.): *Transforming Leadership*, p.216)

В организации происходит множество праздничных событий, и в этом разделе мы сфокусировались на четырех из них: день рождения, выход на пенсию, командная победа и чествование сотрудника месяца.

G1 Анализ дня

Ситуация

Вы выделили несколько минут для того, чтобы обдумать прошедший день и записать ответы на ряд вопросов.

Рациональная цель

Сформировать свое мнение о событиях этого дня и определить их значение.

Практическая цель

Извлечь уроки из непростых ситуаций, в которых вам довелось прилагать немалые усилия, и из ваших побед.

Советы

Эти и другие вопросы вы можете заготовить себе где-нибудь на задней обложке ежедневника. Эту процедуру необходимо повторять ежедневно в одно и то же время – сидя за столом на работе, по дороге домой, или уже дома. Главное – выработать у себя привычку ежедневно формировать впечатление о прожитом дне, поскольку это является залогом непрерывного обучения в течение всей жизни. Ежедневные записи в дневнике с анализом прожитого дня помогут зафиксировать ценность вашей жизни.

Другие применения

С некоторыми изменениями вопросы из этой беседы могут быть использованы для выражения впечатления о мероприятии, которое вы только что посетили.

БЕСЕДА

Вступление

Я открываю страницу с вопросами и готовлюсь записывать ответы на них.

Вопросы Объективного уровня

Какие эпизоды, события, разговоры сегодняшнего дня я помню? Что я сегодня делал? Что мне сегодня говорили?

Вопросы Рефлексивного уровня

Каким был эмоциональный настрой этого дня? На что был похож этот день – на неуклюжего носорога или на легко струящийся поток? Какой образ передает для меня эмоциональный тон этого дня? Что было интересного сегодня? Что было скучным, неважным? С чем мне пришлось побороться? Ради чего была эта борьба?

Вопросы Интерпретативного уровня

Чему я сегодня научился? Какие идеи, уроки этого дня мне следует запомнить?

Вопросы уровня Принятия решений

В какого рода ситуации в будущем я мог бы использовать уроки сегодняшнего дня? Какое название я бы дал этому дню? (*Попробуйте дать поэтичное название, которое бы описало ваши ответы.*) Какие не завершенные сегодня дела мне придется доделывать завтра?

Заключение

Я просматриваю свои ответы. Есть ли что-то еще, что я хотел бы записать?

G2 Извлечение уроков из непростой жизненной ситуации

Ситуация
У вас на работе (или дома) только что произошел инцидент, который действительно стал для вас потрясением. Вы понимаете, что вам нужно время обдумать произошедшее.

Рациональная цель
Разобраться, что значит этот инцидент, и извлечь из него уроки.

Практическая цель
Позволить этому событию изменить вас.

Советы
Записывайте свои ответы в дневник, чтобы можно было потом к ним обратиться. Если вы ограничены во времени, выберите по одному вопросу на каждом уровне.

Другие применения
Такую беседу можно проводить с вашим другом или родственником после какого-то крупного и значимого события в их жизни. Полезно также проводить с собой такую беседу в конце каждой недели.

БЕСЕДА

Вступление (себе)
Моя жизнь полна разных событий. Некоторые из них приятные, некоторые болезненные, некоторые трагичные, а некоторые интригующие. Все они что-то значат, и из каждого можно извлечь полезный урок. С этим событием я тоже могу разобраться.

Вопросы Объективного уровня
Сегодняшнее событие действительно стало для меня потрясением. Что произошло?
Какие его основные составляющие?
С чего все началось? Как развивалось? Чем закончилось?
В чем суть этого события?
Какая в нем моя роль? Какие роли были у других людей?

Вопросы Рефлексивного уровня
Что я чувствовал, когда это происходило? После того как закончилось?
Какие другие события моей жизни я могу ассоциировать с этим?
Что заставило меня встрепенуться и прозвучало в голове сигналом «Внимание!»?

Вопросы Интерпретативного уровня
Что это событие значит для моей жизни?
Как я после этого изменился?

Вопросы уровня Принятия решений
В чем заключается «И что?» этого события для моей жизни?
Чего оно от меня требует?
Какое решение мне нужно принять?
Как бы я назвал это событие?

G3   Размышления на тему личностного роста

Ситуация
Эта беседа – подход в саморазвитии, сконструированный по принципу метода беседы. Вопросы были разработаны вашим наставником, чтобы вы отвечали на них в своем дневнике. Процесс этот занимает несколько дней.

Рациональная цель
Определить, какие новые шаги мне нужно сделать на пути моего личностного роста.

Практическая цель
Провести самоанализ.

Советы
Объективные вопросы в этой беседе очень личные. Для того чтобы отвечать на них непредвзято, нужна определенная дисциплинированность. Ответы на эти вопросы могут завести вас на все четыре уровня. Можете попробовать представить, что стоите рядом с собой и смотрите как объективный наблюдатель. Для этой беседы настоятельно рекомендуется записывать ответы. Полезно оставлять поля рядом с вашими ответами, чтобы там делать пометки для последующего использования.

Другие применения
Эта схема может использоваться в качестве вопросов для дневника подростка.

БЕСЕДА

Вступление
Я рад/а, что мне представилась такая возможность для личностного роста, и я обещаю отвечать на каждый вопрос как можно честнее.

Вопросы Объективного уровня
Как другие люди в разное время оценивали мои таланты и потенциал?
Какую обратную связь я получал/а от своего начальника, наставника или коллег?
Какой образ из тех, которыми я себя описываю, преобладает?
Как еще я себя вижу время от времени?

Вопросы Рефлексивного уровня
Какое эмоциональное состояние для меня нормально?
На что я бурно реагирую?
Что меня вдохновляет? Что меня демотивирует?
Что вызывает у меня грусть и тревогу?
Противоречат ли мои ответы на вопросы этого уровня тому образу, в котором я себя вижу?
Какая тенденция или взаимосвязи прослеживаются на данный момент в моих ответах?

Вопросы Интерпретативного уровня
Что я знаю про свой тип личности?
Как я оцениваю свои способности?
В чем преимущества моего стиля поведения?
В чем его слабые стороны?
Какие вызовы, появляющиеся передо мной, побуждают меня развивать другие аспекты моей личности?
От каких старых ценностей мне нужно отказаться, чтобы освободить место для новых?
Какие новые ценности мне нужно принять?
Каким будет мой образ, когда он вберет в себя эти ценности?
В каких видимых аспектах моего стиля будет проявляться мой новый образ и новые ценности?

(продолжение на следующей странице)

G3 Размышления на тему личностного роста *(продолжение)*

Вопросы уровня Принятия решений

Какой символ мне сейчас нужно придумать, чтобы напомнить себе о новом имидже, ценностях и стиле, согласно которым я буду теперь действовать?

Какая информация мне будет регулярно требоваться, чтобы питать мой новый имидж и ценности?

Заключение

Через неделю я перечитаю все, что написал, сделаю пометки на полях о том, что я наблюдал, и назначу встречу со своим наставником, чтобы обсудить мои ответы.

МОМЕНТЫ, О КОТОРЫХ СЛЕДУЕТ ПОМНИТЬ УЧАСТНИКАМ БЕСЕДЫ

Как правило, нужно добиваться, чтобы каждый участник ответил на первый вопрос. Это нужно для того, чтобы «растопить лед» во всех присутствующих в комнате. Пусть это будет простой вопрос, ответить на который никому не составит труда. Если первый вопрос звучит как: «Когда вы читали этот отчет, какие утверждения привлекли ваше внимание?», скажите что-то вроде: «Для ответа на первый вопрос, давайте начнем с Натальи, и потом все по очереди. Наталья, какие утверждения привлекли ваше внимание?» (После того как Наталья ответит, посмотрите на следующего участника и ждите, пока он ответит.)

G4 Внутренние размышления фасилитатора во время проведения сессии

Ситуация

Проведя половину фасилитационной сессии планирования, фасилитатор понимает, что в группе наступил кризисный момент. Вопросы попали «на минное поле», и участники начали взрываться эмоциями в отношении друг друга. Фасилитатор пытается быстро сообразить, как урегулировать ситуацию.

Рациональная цель

Определить проблему и разобраться с ней.

Практическая цель

Ответственно разобраться с ситуацией.

Советы

Этот внутренний диалог необходимо провести быстро, если нужно вернуть группу в русло конструктивного обсуждения.

Другие применения

Эта беседа может использоваться в любой ситуации, в которой требуется наблюдение, оценка, взвешивание фактов и принятие решения. Ее также можно проводить между встречами с советом директоров в контексте более длительного процесса.

БЕСЕДА (ВНУТРЕННЯЯ)

Вступление

Это кризисный момент. Нужно что-то делать.

Вопросы Объективного уровня

Что на самом деле происходит?

Какие слова и выражения были высказаны?

Что я знаю о предпосылках этой ситуации? Какой фоновой информацией я обладаю?

Вопросы Рефлексивного уровня

Как я реагирую на это?

Какая реакция наблюдается в группе?

Вопросы Интерпретативного уровня

Почему мы реагируем таким образом?

Какие могут быть причины у этой ситуации?

Каких принципов, ценностей мне следует придерживаться в продолжение этой беседы?

Вопросы уровня Принятия решений

Что я могу сделать в соответствии с этими ценностями?

Какой мой следующий шаг?

Заключение

(*Сделайте следующий шаг.*)

G5 Размышления над согласием вести дополнительный проект

Ситуация
Руководитель предложил сотруднику подумать над тем, чтобы взять дополнительный проект. Сотрудник обещал серьезно над этим подумать и разработал нижеследующий набор вопросов для того, чтобы решить, стоит ли ему брать на себя эти обязательства. Ответы на эти вопросы он решил давать письменно.

Рациональная цель
Сделать обзор ситуации в целом, а также увидеть перспективы выполнения этих обязательств, оценить мотивирующие факторы и опасности, взвесить все обстоятельства, преимущества и недостатки – и в результате принять решение.

Практическая цель
Принять ответственное решение, полностью осознавая все возможные последствия.

Советы
Может быть полезно оформлять ответы на эти вопросы в виде мозговой карты. Возможно, вам потребуется обсудить это с кем-то, затем снова вернуться к отдельным частям этой беседы.

Другие применения
Эта беседа полезна каждый раз, когда человеку нужно принять сложное решение.

БЕСЕДА

Вступление
В этой ситуации нет предопределенного решения. Я могу принять предложение, но могу и отказаться. Я хочу рассмотреть все факторы, и потом решить – да или нет.

Вопросы Объективного уровня
В чем заключаются обязанности, которые мне предлагают взять на себя? Какие задачи сюда включены?

Какие навыки необходимы для этого?

Сколько времени и энергии это отнимет?

Кто еще будет вовлечен в это, кроме меня?

Когда конечный срок и сколько часов в день я могу выделить на этот проект?

Кто еще будет задействован в этом проекте?

Вопросы Рефлексивного уровня
Что мне подсказывает интуиция?

Какие недостатки я вижу? Вижу ли я перспективы?

Есть ли преимущества принимать назначение?

Какие новые возможности откроет для меня этот проект?

Какие риски могут сопутствовать ему? Стоит ли этот проект того, чтобы идти на эти риски?

Как согласие взять этот проект повлияет на мою текущую работу?

Вопросы Интерпретативного уровня
Какие идеи начинают посещать меня по поводу этого решения? О чем говорят мои ответы?

Если я соглашусь, с какими последствиями я должен быть готов столкнуться?

Если я откажусь, о чем я могу сожалеть?

Вопросы уровня Принятия решений
Итак, на что указывают мои ответы? Каково мое решение?

Если я не готов решить прямо сейчас, когда крайний срок для этого? Нужно ли мне еще с кем-то проконсультироваться на этот счет?

Заключение
Я рад, что смог так рационально подойти к принятию этого решения. Я знаю, что скажу начальнику.

Или же, мне нужно поговорить с А, после чего я снова честно отвечу для себя на эти вопросы, и только тогда приму решение и озвучу его начальнику.

G6 Празднование большого успеха

Ситуация
Команда успешно завершила проект и тут же была вознаграждена еще одним более крупным контрактом. Они хотят это отметить. Руководитель отдела заказал фуршет: шампанское и закуски, а офис празднично украсили. Все собрались, и руководитель произнес тост, после чего предложил всем вместе обменяться впечатлениями от этой победы.

Рациональная цель
Извлечь уроки из успешного проекта.

Практическая цель
Отдать должное команде и поблагодарить всех за отличную работу.

Советы
Некоторые сотрудники могут захотеть сказать тост после этой беседы.

Другие применения
Подобную беседу можно проводить для выражения впечатлений от достижений команды или отдела в прошлом квартале.

БЕСЕДА

Вступление
Мы - организация, которая не прекращает учиться, поэтому мы всегда пытаемся извлекать уроки из наших побед, ошибок и неудач. Мне бы хотелось, чтобы вы все поделились своими впечатлениями от этого успешного проекта.

Вопросы Объективного уровня
Коллеги, которые работали над проектом с самого начала, поделитесь с нами как вы достигли такого успеха?
Расскажите нам в нескольких словах о том, как это происходило.
Кто-то хочет что-нибудь добавить?

Вопросы Рефлексивного уровня
Что вы испытывали в момент победы?
С какими разочарованиями вам пришлось столкнуться, чтобы достичь такого результата?
Что было самой большой преградой?

Вопросы Интерпретативного уровня
Чему вас научила сама победа?
Чему вы научились на пути к этой победе?

Вопросы уровня Принятия решений
Как бы вы назвали эту победу? Как-нибудь поэтично, может быть?
Какой совет вы бы хотели дать сотрудникам этого отдела?

Заключение
Что же, это было великолепно. Я действительно очень рад быть частью этой команды и присутствовать на этом мероприятии.
Я еще раз поздравляю всех вас и беру с вас обещание, что это будет одна из многих больших побед, которые вы одержите.

G7 Празднование выхода сотрудника на пенсию: индивидуальная беседа

Ситуация
Сотрудник выходит на пенсию после долгих (или не очень долгих) лет работы в этой компании. На праздновании этого события руководитель, привлекая коллег, просит всеобщего внимания и начинает беседу с новоиспеченным пенсионером, а вся группа слушает.

Рациональная цель
Отметить уход сотрудника на пенсию.

Практическая цель
Дать человеку возможность рассказать о годах, проведенных в компании, и поразмышлять над своим будущим вне этой компании.

Советы
В этой ситуации возможны два варианта беседы. Первый – беседа при всей группе с сотрудником, выходящим на пенсию, о временах, которые он провел в компании, и о его планах на будущее. Второй вариант – беседа с группой о сотруднике. Важно не смешивать эти два варианта. Смотрите беседу G8.

Другие применения
Эту беседу можно использовать, с некоторыми изменениями, в случае значительных переходных периодов в жизни.

БЕСЕДА (С СОТРУДНИКОМ, ВЫХОДЯЩИМ НА ПЕНСИЮ)

Вступление
Для нас честь собраться здесь, чтобы отметить приближающийся выход на пенсию Марии Ивановны. Мне кажется, будет здорово нам всем послушать, что скажет Мария Ивановна о времени, проведенном в нашей компании, и о ее планах на будущее. Мария Ивановна, выходите сюда, чтобы все могли вас видеть.

Вопросы Объективного уровня
Мария Ивановна, как долго вы с нами работаете?

Какие должности вы занимали?

Что вы помните из самых первых своих дней в компании?

Вопросы Рефлексивного уровня
Какие моменты за все время, проведенное здесь, были для вас самыми радостными?

Какой проект был для вас самым сложным?

А что было самым забавным из того, что случалось с вами здесь?

В какой момент вам казалось, что вот-вот уволитесь, но вы не сделали этого?

Вопросы Интерпретативного уровня
Что значит для вас эта организация?

Что означало для вас работать здесь все эти годы?

Что для вас означает этот уход?

Вопросы уровня Принятия решений
Что вы с нетерпением ждете, чтобы сделать на пенсии?

Какими планами вы можете с нами поделиться?

Чего вы хотите достичь на следующем этапе своей жизни?

Заключение
Мария Ивановна, от имени всех присутствующих, я хочу сказать вам, как много значат годы, проведенные вами здесь для всех нас и для компании в целом. Мы желаем вам всего самого наилучшего в годы пенсии и, в знак нашей признательности, примите, пожалуйста, этот подарок. *(Вручите подарок.)* Мы всегда будем рады видеть вас, если возникнет желание прийти сюда на несколько часов, побыть наставником менее опытных сотрудников и поделиться с ними своей мудростью. Просто дайте нам знать, и мы все организуем.

G8 Празднование выхода сотрудника на пенсию: групповое обсуждение

Ситуация
Сотрудник компании, Василий Петрович , выходит на пенсию после долгих (или не очень долгих) лет работы в компании. Коллеги считают, что следует «что-нибудь организовать», чтобы поблагодарить этого человека за его достижения и выразить уважение. Они решают устроить для Василия Петровича вечеринку с презентацией, и сейчас собрались поговорить о его вкладе в успех компании.

Рациональная цель
Отметить уход сотрудника.

Практическая цель
Выразить сотруднику признательность и пожелать успехов в будущем.

Советы
Вопросы уровня Принятия решений могут быть обращены непосредственно к Василию Петровичу , призывая его поделиться своими планами на будущее. Эта беседа отображает второй вариант празднования его выхода на пенсию. Первый включает вопросы, адресованные самому выходящему на пенсию сотруднику, а не всей группе.

Другие применения
Эта беседа может быть несколько адаптирована для масштабного празднования дня рождения, получения награды или для празднования значительного переходного момента в жизни.

БЕСЕДА (В. С ГРУППОЙ)

Вступление
Это большая радость – собраться здесь, чтобы почтить выход на пенсию Василия Петровича. В этой беседе мы хотим выразить нашу признательность Василию Петровичу и показать, как много он значит для нас. Эти вопросы адресованы всем присутствующим. Отвечать может каждый. Пожалуйста, просто присоединяйтесь к высказываниям – руку поднимать не нужно.

Вопросы Объективного уровня
Когда вам впервые довелось непосредственно работать с Василием Петровичем ?

Как долго Василий Петрович здесь работает?

Кто может рассказать короткую историю из опыта совместной работы с ним?

Вопросы Рефлексивного уровня
Что вас всегда удивляло в Василие Петровиче?

Когда вы думаете о Василие Петровиче, какие ассоциации у вас возникают?

Какие забавные моменты, связанные с ним, вам вспоминаются?

В каких проектах он участвовал – из тех, что вы помните?

Что вам запомнилось из того, что Василий Петрович говорил вам?

Вопросы Интерпретативного уровня
Что для нас всех значило пребывание Василия Петровича в этой компании?

Какой вклад он сделал в успех этой организации?

Чего будет не хватать после его ухода?

Вопросы уровня Принятия решений
Что мы пожелаем ему на пенсии? Какие надежды выразим по поводу его будущей жизни?

Заключение
Что же, я думаю, мы от души высказались о том, как много значит для нас Василий Петрович, и каким ценным сотрудником он был. Василий Петрович, мы желаем вам всего самого наилучшего!

G9 Празднование дня рождения сотрудника

Ситуация
Персонал компании собрался, чтобы отпраздновать день рождения коллеги.

Рациональная цель
Создать повод для того, чтобы отметить уникальный вклад этого человека в успех команды.

Практическая цель
Предоставить людям возможность лично поблагодарить коллегу за его вклад в общий успех.

Советы
Перед тем как планировать такое празднество, следует получить на это разрешение от человека, особенно если такое вы делаете впервые. Беседа может быть очень короткой - достаточно пяти минут. Как фасилитатор, будьте готовы и сами давать ответы на вопросы Рефлексивного уровня и начать говорить пожелания – чтобы избежать неловкого молчания.

Другие применения
Подобная беседа может проводиться с человеком, покидающим компанию. Еще, ее можно адаптировать и использовать руководителю для анализа года совместно с сотрудником.

БЕСЕДА

Вступление
Сюрприз, сюрприз!
Спойте «Happy Birthday». Пусть все возьмут угощения.

Вопросы Объективного уровня
Хорошо, а теперь нам нужно поговорить с Татьяной.
Татьяна, какие ключевые события произошли в твоей жизни за прошлый год – на работе, в семье и в других твоих кругах общения?
Как коллеги Татьяны, какие эпизоды с ней мы запомнили?

Вопросы Рефлексивного уровня
Что забавного мы помним, что касается Татьяны?
Над какими проектами Татьяна работала?

Вопросы Интерпретативного уровня
Татьяна, чего ты с нетерпением ждешь от нового года своей жизни?

Вопросы уровня Принятия решений
Что мы пожелаем Татьяне?

Заключение
Татьяна, с Днем рождения, и всего тебе самого лучшего в твоем новом году!

G10 Беседа с сотрудником месяца

Ситуация

Наталья Петрова была названа сотрудницей месяца за ее усилия в превращении одной из комнат нашего офиса для хранения почты в прибыльное направление. Она превратила внутреннюю процедуру в новый источник прибыли, предложив почтовые услуги и услуги печати нескольким новым клиентам. Во время вручения ей награды в присутствии многих других сотрудников, вице-президент компании просит Наталью ответить на несколько вопросов о том, как ей это удалось.

Рациональная цель

Представить достижение Натальи в качестве примера инициативности для других сотрудников.

Практическая цель

Поблагодарить Наталью за ее вклад и побудить других присутствующих внедрять подобные инициативы.

Советы

Покажите эти вопросы Наталье заранее, чтобы перед аудиторией прозвучали подготовленные ответы.

Другие применения

Эта беседа может использоваться для любого интервью, цель которого – понять чей-то успех.

БЕСЕДА

Вступление

Наталья, для начала расскажите, пожалуйста, как вас посетила эта идея?

Чего вам стоило воплотить ее в жизнь? - расскажите нам пару историй.

Вопросы Рефлексивного уровня

Что вы чувствовали, когда решили заняться этим?

В какие моменты вы теряли уверенность?

Вопросы Интерпретативного уровня

Что вы теперь знаете о том, как осуществлять задуманное?

Вопросы уровня Принятия решений

Можете поведать нам о своей следующей идее? Что вы планируете делать дальше?

Заключение

Что ж, спасибо за то, что поделились своим мыслями. Меня всегда впечатляет творческое видение людей и их нацеленность на результат, и мне всегда интересно, кто будет следующим сотрудником месяца и за какие достижения. Давайте еще раз поаплодируем Наталье за ее лидерский подход.

Часть III

Приложения

Приложение A

Список Рефлексивных и Интерпретативных вопросов

Рефлексивные и Интерпретативные вопросы могут быть наибольшей сложностью для человека, готовящего беседу. Практикующие этот метод часто жалуются на то, что придумать подходящие Рефлексивные вопросы довольно сложно. Некоторые фасилитаторы, чувствительные к потребностям бизнес-среды, хотят получить примеры Рефлексивных вопросов без слова «чувствовать» в них. Но как можно иначе задать Рефлексивный вопрос? Чтобы облегчить ваш труд, в этом приложении мы приводим список Рефлексивных вопросов, составленный Гордоном Харпером из ICA Сиэтл.

Подобным образом могут возникать и трудности в создании Интерпретативных вопросов или дополнительных вопросов в конце беседы. Во второй части этого приложения находится список Интерпретативных вопросов, который может вам пригодиться.

Список Рефлексивных вопросов Харпера

• Какой подобный опыт у вас имеется? Как это было? Когда вы видели успех подобного предприятия/идеи? Когда вы видели, что подобное предприятие/затея провалились?

• Когда вы увидели новые связи между этими цифрами? Что для вас в этом прояснилось? Что еще не прояснилось? Что вам еще сложно понять во всем этом?

- Какие события или истории из прошлого приходят вам на ум, когда вы слышите это? Какую старую пословицу это вам напоминает? Какие строки из песен вспоминаются? Или фраза из кино?

- Что сейчас кажется вам самым важным в этом эксперименте? Что во всем этом проекте раздражает или подавляет вас больше всего?

- Что кажется вам новым и свежим во всем этом? Что кажется вам старым, истертым? Что из того, что вы видите, заставляет вас сказать: «Что ж, наконец-то они сделали это правильно!»?

- Что удивило вас в этом отчете? Что в нем кажется вам обнадеживающим? В чем вы увидели для нас новые возможности или открытия? Что вызывает у вас недоверие? Что вас беспокоит в этом отчете? Где вы видите вызов?

- Что вы заметили в себе, пока читали это? Что вас поразило? А когда вы хмурили брови? Где вы заметили, что закатываете глаза, читая? А когда вы начали ерзать в кресле? В какой момент вы почувствовали, как у вас ускорился пульс? Или упал? В каком месте вам пришлось прекратить чтение, потому что ваше внимание ушло в другом направлении?

- А где вам захотелось воскликнуть: «Совершенно верно!» во время этой беседы? Что стало для вас открытием? Что поразило? С чем бы вы не согласились?

- Что вам особенно понравилось из этого опыта? Какой аспект этого опыта вы хотели бы полностью забыть? К чему вам пришлось приложить максимальные усилия? В чем было легко?

- Что в этом фильме заставило вас улыбнуться ? Что вызвало смех? Что заставило загрустить? Что вас особенно впечатлило? В какой момент вы испугались? Оскорбились? Когда было противно? Что вас заворожило? Очаровало? Озадачило? Вызвало скуку? Смущение?

Список интерпретативных вопросов, использованных в этой книге

- О чем это на самом деле? Назовите три-четыре аспекта, о которых здесь идет речь. Какие ключевые утверждения были сделаны здесь? Что было предельно ясно? В чем из сказанного вы улавливаете зарождающуюся тенденцию? Какое название мы можем дать этой тенденции? Какие старые образы ставит под сомнение это событие? Какое минисобытие было внутри этого происшествия? Насколько это важно?

- Что стало поворотным моментом в…? Какую новую выгодную позицию это для нас открыло? Какое новое видение вам открылось в результате происшедшего? Что вы поняли во время того, что происходило? Какое новое представление обо всем этом у вас формируется? Как бы вы назвали все это?

• Каким образом это было выгодно лично вам? Другим? Насколько это оправдало ваши ожидания? Как вы примените то, чему научились? Как могут измениться люди после такого опыта?

• Если бы мы снова принимали участие в подобном мероприятии, что бы мы сделали иначе? Насколько это похоже на предыдущую форму? В чем заключаются сильные и слабые стороны этого? Что нам нужно сделать, чтобы поддерживать сильные стороны и преодолеть слабости?

• Как можно подытожить проблемные моменты, с которыми следует разобраться? Какие вызовы стоят перед нами относительно этого? В чем заключаются ключевые вопросы или проблемные зоны? В чем нам потребуется помощь? Какие вопросы нам нужно проработать как целостной группе? Каковы еще последствия этого? Какие вопросы долгосрочной перспективы сейчас вас беспокоят? Что нам нужно для того, чтобы подготовить все ответы за следующие несколько дней? Какие первые шаги нам нужно предпринять?

• Насколько подробно мы рассмотрели проблему, которая возникла с этим проектом? Какие идеи у нас появились относительно причин этой проблемы? Какие еще причины нам нужно учитывать? Чего нам будет стоить удержать этот проект в его изначальном направлении или вернуть его туда? Какой урок мы намерены извлечь из всей этой ситуации?

• Что мы рекомендуем? Как, на ваш взгляд, соотносятся между собой различные части отчета? Какие основные положения содержатся в нем? Какие вопросы, возражения или препятствия поднимают для вас эти положения? Какие из озвученных вопросов, возражений и препятствий потребуют наиболее осторожных и продуманных ответов? Можем ли мы применить эту информацию в своей работе? Какие ресурсы нам потребуются, чтобы разобраться с этим?

• В чем, на ваш взгляд, заключаются причины этих сложностей? Какие модели вы наблюдаете в этой ситуации? Вы замечали, как другие люди справляются с такими проблемами? Какие у нас варианты? Каких ключевых принципов следует придерживаться? В чем преимущества и недостатки каждого варианта? Какой прорыв нужно совершить в проекте?

• Каких новых идей требует это событие? Что в этом новостном сообщении действительно ново? Какое общее влияние это окажет на организацию? Какие важные решения нам потребуется принять? Что нам потребуется делать иначе? Насколько масштабный это проект, по-вашему? Что это значит для нас в следующие нескольких недель/месяцев?

Диалогический метод Бома

Предположим, мы способны свободно делиться мнениями, без непреодолимого стремления навязывать свое видение или подстраиваться под чужое, не искажая себя и не занимаясь самообманом. Разве это не станет настоящей революцией в культуре?

David Bohm: *Changing Consciousness*

В конце своей жизни физик Дэвид Бом занимался исследованием процесса мышления в групповом диалоге. Сперва он работал в Лондоне с Патриком де Маре, который рассматривал диалог как групповую терапию. В своей биографии Бома Дэвид Пит так пишет о концепции де Маре: «Де Маре верил, что на этапах собирательства и охоты, когда люди жили и путешествовали в группах по тридцать-сорок человек, и когда появлялось социальное и психологическое напряжение, это улаживали с помощью диалога. Сила группы исчезла только с ростом размера и сложности человеческого общества. Но человеческие особи психологически не очень хорошо приспособлены для жизни в сложных обществах, верил де Маре, и требуют постоянной активной социальной терапии. ». (Peat, David: *Infinite Potential*, p. 286) Идеи де Маре привлекали Бома.

Бом присоединился к дискуссионной группе терапевтов. Там он обнаружил новый способ проецирования своих идей на сознание. Его интересовали такие случаи, как, например: Стивен разговаривает со Стеллой, и она делает комментарий, который Стивену кажется глупым, предвзятым и абсолютно неправильным. Стивен пытается поправить ее, но получает враждебный ответ. Стивен пытается сохранить спокойствие, но они оба погружаются в горячий спор. Банальность этого паттерна подавляла Бома. И эта модель казалась ему еще более катастрофической, если она наблюдалась между народами.

Дэвид Пит продолжает:

Проводя диалоги в группах, Бом определил способ замедления процесса мышления и проявления его для внешнего наблюдателя. Он нашел решение, которое искал годами, и которое не относилось к трансформации человеческого сознания. Когда два человека ссорятся, зачастую это происходит потому, что слово, выпущенное одним, запускает серию сложных внутренних реакций в другом, вызывая изменения в «мозговой погоде», как он выразился. Даже когда мы ведем себя разумно, наше мышление все равно находится в ловушке своей собственной химии. Основная проблема заключается в том, что сам процесс происходит так быстро, что мы не замечаем игру между импульсом и ответом». (Peat, David: *Infinite Potential*, p, 287)

Бом рассматривал работу диалога на нескольких уровнях. На самом глубоком уровне он демонстрирует трансформационную силу коллективного разума. На следующем уровне он выставляет напоказ процесс мышления, таким образом замедляя его настолько, что этот процесс становится видимым. Это позволяет выразить множество точек зрения, некоторые из которых представляются в необсуждаемом виде, с использованием таких слов, как «всегда», «никогда», «полностью» или «никакой».

Целью Диалога (Бом называл эту практику с большой «Д», чтобы обозначить эксперимент в коммуникации, который он первым совершил) было создать такую среду, в которой могла бы удерживаться сознательная коллективная сосредоточенность. Каждый слушатель должен иметь возможность дать обратную связь каждому спикеру и остальным в группе, и выразить те допущения и невысказанные последствия, которые могут избегаться.

В теории Бома не делается попытка убедить других в точке зрения говорящего. Группа отпускает потребность в конкретных результатах. Суждения откладываются в сторону. Нет и попытки защищать одни суждения, нападая на другие. Скорее, есть желание открыть двери новому восприятию реальности, и видеть точки зрения других, создавая климат доверия и открытости. Участники должны слушать общее мнение и задавать вопросы для получения дополнительных идей.

Отпустив потребность в определенных предустановленных результатах, можно увидеть важные моменты, которые часто остаются нераскрытыми на множестве распланированных встреч. Участники чувствуют, что они вовлечены в изменение и расширение всеобщего понимания. Появляется общее для них всех состояние сознания, которое выпускает креативность и идеи за пределы того, что обыкновенно доступно индивидам и группам, которые взаимодействуют более привычными способами. Развивается безличное общение, которое начинает превосходить поверхностное содержание разговора.

В своем лучшем проявлении такой Диалог представляет собой духовную практику и духовный феномен. Отсюда и происходит максима Бома: «изменение смысла – это изменение бытия».

Бом продолжил организовывать группы для проведения Диалогов в разных странах. Появившись благодаря импульсу Бома, сегодня группы, в которых проводятся Диалоги, функционируют по всему миру.

Те, кто применяет этот метод, говорят, что Диалог лучше всего работает при количестве участников от 20 до 40 человек, которые сидят в кругу лицом друг к другу. Группа такого размера позволяет образовываться разным подгруппам или субкультурам, которые могут наблюдать друг за другом, а это позволяет раскрыть некоторые общие невысказанные допущения или привычки в коммуникации. Слушать – так же важно, как и говорить.

При разработке Диалога с самого начала утверждается продолжительность сессии. Оптимальное время – около двух часов. Чем регулярнее может встречаться группа, тем более значимой и обширной может быть территория, которую они исследуют. Диалогу нужно время, чтобы запуститься. Для этого требуется не одна встреча. Требуется настойчивость и упорство.

Диалог – это неизбежно беседа равных людей. Любая попытка контролировать кого-то противоречит самой цели Диалога. Но на ранних стадиях необходимо некоторое направление, чтобы помочь участникам понять скрытые различия между Диалогом и другими формами групповых процессов. Как правило, необходим по крайней мере один, а лучше два опытных фасилитатора. Их роль – указать на проблемные и спорные ситуации, которые могут быть в группе. Но эти лидеры также принимают участие в дискуссии.

Дэвид Пит резюмирует различные мнения, которые высказывались по поводу метода Бома. Некоторым кажется, что группы Диалога основываются на социальной трансформации. Другие утверждают, что групповой диалог должен быть адаптирован под немедленные практические цели, например, управление людьми или умение решать проблемы.

Отчеты разных практиков метода свидетельствуют, что многие люди считают метод Бома действительно полезным.

В заключение следует отметить, что Бому, как и другим восприимчивым людям, было известно о почти что физическом принципе, который руководит непрерывным групповым диалогом и продвигает его по этапам. Сначала царит неразбериха, в которой намешаны диссонанс, опасения и конфликт. Потом группа постепенно ощущает возрастающую слаженность, пока не достигается некий момент «Так вот в чем дело!», и зарождается новый уровень коллегиальности, где сам опыт Диалога становится важнее, чем непосредственное содержание этого разговора.

Такой тип диалогического опыта возможен в любой группе, которая находится на пути к осознанию и небезразличию.

В продолжение темы могут быть полезны следующие источники:

Bohm, David: *Unfolding Meaning: A Weekend of Dialogue with David Bohm,* Arc Paperbacks, New York, 1987

Bohm, David: "On Dialogue", from David Bohm Seminars, P.O. Box 1452, Ojai CA 93023

Isaac, William: "Dialogue: The Power of Collective Thinking, in *The System Thinker*, Vol. 4, No. 3, Pegasus Communications, Cambridge, 1993

Comments about Dialogue on the Internet: Misc. Business Facilitators Newsgroup

Приложение C

Сила беседы применительно к искусству

Сьюзан Лангер в своей книге «Проблемы искусства» Susanne Langer, "*Problems of Art*", говорит о силе искусства пробуждать идеи, развивать способность чувствовать и вдохновлять мечты. Искусство может делать это все с теми, кто может его действительно воспринять. Все это может казаться довольно неплохой теорией, но как можно воплотить это все в жизнь?

Как говорилось во введении к этой книге, метод Сфокусированной беседы имел широкий диапазон применений в работе ICA за последние 45 лет. Он использовался с маленькими детьми для выражения впечатлений от сказок и стишков. Многие из них содержат глубокие жизненные истины, если основательно их проанализировать в серьезной беседе.

В начальной и средней школах метод беседы использовался для интерпретации историй и толкования определенных разделов литературы.

Преподаватели в высших учебных заведениях использовали этот метод для изменения всего предназначения интерпретации и критики в искусстве. Когда группа смотрит на картину, балетную постановку или пьесу, ее спрашивают: «Где нечто подобное проигрывается в вашей жизни?» Это сразу же открывает для них дверь в новую реальность. *(См. Введение)*

Изначально Сфокусированная беседа была разработана для того, чтобы позволить людям интерпретировать произведения искусства: картины, кино, поэзию, хореографию, музыку. Ниже, например, представлена беседа, созданная для обсуждения картины, а именно «Герники» Пикассо.

Беседа о картине

На стене перед группой висит большой плакат с репродукцией картины. Фасилитатор проводит беседу, используя план ниже.

Введение

Великое искусство позволяет нам прочувствовать, действительно «пережить» наш жизненный опыт. Искусство всегда играло революционную роль в общественном прогрессе. Когда вы имеете дело с искусством, вы не спрашиваете, что оно значит. Вы сами определяете его значение. Беседа о произведении искусства, которую мы сейчас проведем, - это метод, который мы как группа и как отдельные личности можем использовать для того, чтобы определить значение этой картины. Эта беседа создает некий триалог между зрителем, художником и картиной.

БЕСЕДА

Вопросы Объективного уровня

1. Посмотрите на картину. Какой объект вы видите?
2. Очертания каких форм вы видите?
3. Какие цвета выделяются для вас?

Вопросы Рефлексивного уровня

4. Какие цвета вы бы добавили?
5. Какие цвета вы бы убрали?
6. Разделите картину на две части. Какую часть вы бы оставили?
7. Какую часть вы бы выбросили?
8. Какую музыку вы бы послушали, созерцая эту картину?
9. Что вы чувствуете, глядя на эту картину?
10. Какое настроение передает картина? Или: какой звук вы слышите от картины? Давайте вместе воспроизведем этот звук: раз, два, три!
11. Представьте, что репродукцию этой картины вам подарила ваша тетя. Где бы вы повесили ее у себя дома?
12. Что бы вы чувствовали, живя с такой картиной?

Интерпретативные вопросы

13. Что изображено на картине? Что там происходит?
14. Какой фильм это вам напоминает?
15. Где вы видели что-то подобное?

Вопросы уровня Принятия решений

16. Где изображенное здесь проявляется в вашей жизни?
17. Что бы вы сказали этой картине, если бы у вас была возможность сказать ей лишь пару слов?

Заключение

Эту беседу вызвала «Герника» Пикассо, на которой он изобразил ужас масштабной бомбардировки города Герника в Стране Басков в ходе гражданской войны в Испании в 1930х годах.

Что происходит в этой беседе? Сперва участники определяют свое видение того, что изображено на этой картине. Они сравнивают свои наблюдения. Каждый комментарий привлекает внимание группы к новому элементу картины, которая находится перед ними.

Далее следуют вопросы, которые вызывают эмоциональную реакцию. Больше половины вопросов этой беседы рефлексивные. Они проявляются в эмоциональных реакциях косвенно (через цвета, звуки, эмоции).

До сих пор, эта беседа – то, что может сделать хороший преподаватель по искусствоведению. А после этого начинаются вопросы, которые «копают глубже»: «Что происходит? Где вы видели, чтобы такое происходило?» Люди говорят: «Я вижу нечто подобное каждый день, когда проезжаю определенный район города», или «Я вижу это каждый раз, когда иду в неотложное отделение скорой помощи». Людей озаряет, что эта картина относится к жизни вокруг них.

Следующий вопрос словно выхватывает у них из-под ног землю: «В чем это проявляется в вашей жизни?» Многие будут пытаться уйти от ответа на этот вопрос. Они знают, что если ответят на него, их отношение к искусству больше никогда не будет таким, как прежде. Другие скажут: «Ужасная встреча на прошлой неделе», или «Я вижу это, когда мои родители ругаются».

Заключительный вопрос отображает то, как участники относятся к жизни, показанной на картине. Здесь могут быть совершенно разные ответы. Некоторые скажут: «Убирайся отсюда!». Другие: «Это ад!», «Как вы попали в этот беспорядок?». Другие скажут просто «Да», или «Это должно измениться».

Когда такой тип беседы используется для обсуждения впечатления от картины, фильма, танца или поэзии, есть вероятность, что произойдет что-то невероятное. Определенное произведение искусства может отобразить реальные жизни наблюдающих его людей. Оно способно передавать сознание каждого человека группе.

Приложение D

Принц Пяти Оружий

(Эта история относится к беседе D1 в разделе D)

Получив в качестве знака отличия титул Принца Пяти Оружий, наш герой принял от своего учителя пять видов оружия, поклонился и, вооруженный таким образом, зашагал по дороге, ведущей в город его отца, царя. На его пути находился дремучий лес. Люди предостерегли принца. «Господин, не входите в этот лес, – сказали они, – в нем живет великан-людоед по имени Липкие Волосы; он убивает всех, кого увидит».

Но принц был самоуверен и бесстрашен, как косматый лев. Он вошел в лес, невзирая ни на что. Когда он добрался до его середины, навстречу ему вышел сам великан-людоед. Он вырос перед принцем внезапно, ростом с пальмовое дерево, а голова у него была большая, как дом с колоколообразной крышей, с глазами огромными, как жертвенные чаши, и с двумя клыками, большими, как гигантские луковицы или бочки; у него был ястребиный клюв; брюхо его было покрыто пятнами; руки и ноги его были темно-зеленого цвета. «Куда ты направляешься? – грозно спросил он. – Остановись! Ты моя добыча!»

Принц Пяти Оружий ответил безо всякого страха, с большой уверенностью в своем умении и мастерстве, которым он недавно обучился. «Людоед, – сказал он, – я знал, что делаю, когда вошел в этот лес. Подумай хорошо, прежде чем нападать на меня; ибо моя ядовитая стрела пронзит твою плоть, и ты упадешь, не сойдя с места!»

201

Пригрозив таким образом людоеду, молодой принц вложил в свой лук стрелу, пропитанную ядом, и выпустил ее. Она прилипла прямо к волосам людоеда. Тогда принц одну за другой выпустил в него пятьдесят стрел. И все они прилипли прямо к волосам людоеда; тот стряхнул их все до единой, и они попадали к его ногам, а сам он приблизился к молодому принцу.

Принц Пяти Оружий пригрозил великану-людоеду во второй раз и, вытащив свой меч, нанес ему мастерский удар. Меч, длиной в тридцать три дюйма, прилип прямо к волосам людоеда. Тогда принц ударил его копьем. Но и оно прилипло к волосам людоеда. Увидев это, принц ударил людоеда булавой, которая также прилипла к волосам людоеда.

Увидев, что и булава прилипла, принц сказал: «Господин людоед, ты никогда прежде не слышал обо мне. Я Принц Пяти Оружий. Когда я вошел в этот лес, в котором ты обитаешь, я надеялся не на лук и подобное оружие; когда я вошел в этот лес, я надеялся лишь на себя. И сейчас я разобью тебя и сотру тебя в прах!» Заявив так о своей решимости, с громким криком он ударил людоеда правой рукой. И его рука прилипла прямо к волосам людоеда. Он ударил его левой рукой. Но и она прилипла. Он ударил правой ногой. Она также прилипла. Он ударил левой ногой, но и она прилипла. Тогда принц подумал: «Я разобью его своей головой и сотру его в прах!» И он ударил великана головой. Но и она также прилипла прямо к волосам людоеда.

Принц Пяти Оружий попал в ловушку пять раз и, прочно прилипнув пятью частями тела, повис на великане-людоеде. Но, невзирая на все, он не утратил отвагу. Что ж до великана-людоеда, то он подумал: «Это не простой человек, это человек благородного происхождения, это лев, а не человек! Ибо, хотя такой великан-людоед, как я, поймал его, он не дрожит и не трясется! За все время, что я поджидаю путников на этой дороге, мне еще никогда не встречался человек, подобный ему! Почему, скажите на милость, он не боится?» Не отваживаясь съесть принца, он спросил: «Юноша, почему ты не боишься? Почему ты не дрожишь от страха смерти?»

«А почему, людоед, я должен бояться? Ведь всякая жизнь неизменно имеет свой конец. Да кроме того, в животе у меня еще одно оружие – удар молнии. Если ты съешь меня, то это оружие ты переварить не сможешь. Оно разорвет твои внутренности в клочья и убьет тебя. В этом случае мы погибнем оба. Вот почему я не боюсь!»

«Этот юноша говорит правду», – подумал людоед, охваченный ужасом перед смертью. «Мой желудок не сможет переварить даже такого маленького, как фасолина, кусочка плоти этого человека-льва. Я отпущу его!». И он отпустил Принца Пяти Оружий.

Некоторые версии этой истории говорят, что Принц Пяти Оружий научил людоеда быть Служителем.

Примечание: Это один из множества мифов, окружающих детство Будды. Отрывок взят из книги Джозефа Кемпбелла «Тысячеликий герой» Joseph Campbell "The Hero with a Thousand Faces".

Проведение неформальной беседы

Некоторые беседы требуют более неформальной обстановки, например:

- беседа с двумя или тремя людьми
- беседа с глазу на глаз с другим человеком, особенно когда фасилитатор должен одновременно задавать вопросы и принимать участие в ответах на них
- определенная культурная среда, где неформальность высоко ценится.

В этих обстоятельствах обстановка будет сильно отличаться. Стулья могут стоять по кругу, без никаких «сцен» перед аудиторией. В других случаях беседа может происходить во время прогулки или во время вождения машины.

Если вы одновременно и фасилитатор и участник, записывайте ответы на флипчарте или на листе. Откройте беседу словами: «Почему бы нам не обсудить эти вопросы и эту ситуацию?» Таким образом, список вопросов выступает в качестве «объективного наблюдателя». Часто бывает важно дождаться подходящего времени, когда вокруг минимум отвлекающих факторов.

Заранее продумать вопросы здесь – так же важно, как и в более формальной Сфокусированной беседе.

Один из способов неформально вести беседу – начинать вопросы с таких слов, как «Интересно…», чтобы минимизировать сходство с простым опросником. Другой способ – дать импульс вашим собственным ответом, а затем задать открытый вопрос и дальше продолжать следующим образом:

1. Я слышал, что Марина говорила об этом. А что еще вы слышали? *(Объективный уровень)*

2. Что радует меня в том, что предложила Марина, это потенциальное влияние этого проекта. Что меня беспокоит, это стоимость. Какие еще у кого реакции? *(Рефлексивный уровень)*

3. Некоторые последствия этого решения, похоже, заставят нас превзойти себя. Какие еще будут последствия? *(Интерпретативный уровень)*

4. Из всего этого для меня становится очевидно, что нам необходим пилотный проект. Какое решение мы, по-вашему, принимаем? *(уровень Принятия решений)*

Такие неформальные беседы могут быть довольно каверзными – фасилитатору нужно поддерживать баланс между своими ролями ведущего беседы и активного участника.

Institute of Cultural Affairs International (ICAI)

www.ica-international.org

Цель этого международного сообщества – предоставить возможность устойчивого развития для отдельных людей, сообществ и организаций.

Каждое представительство ICA функционирует автономно, подерживая друг друга по всему миру. В частности, международные представительства ICA совместно работали над программой по ВИЧ/СПИДу в Африке и над возможностями человеческого развития в соответствии с культурой местных общин. Представительства ICA проводят совместные курсы, используют общие методы и эксперименты. Для получения более подробной информации и адресов локальных представительств ICA, пожалуйста, посетите сайт: www.ica-international.org.

В разных странах были созданы отдельные организации, которые продвигают методы ICA во многих общественных секторах. ToP, или Технология Партисипативной Фасилитации, - бренд, объединяющий методы, которые разработали в ICA за последние 40 лет. Эти методы доказали свою эффективность в раскрытии способности переосмысления будущего и осознания собственных взглядов и видения – применительно к людям, сообществам и организациям. Существуют программы сертификации по ToP, продолжают разрабатываться различные методы и курсы, публикуются книги.

С этой целью ICA-Канада создала компанию ICA Associates Inc. Более подробная информация на сайте: www.ica-associates.ca

Наши новые и давние коллеги активно помогают организациям в своих странах, и собираются вместе большими и малыми группами, чтобы отпраздновать, поделиться уроками и историями трансформаций.

ICA International
The Canadian Institute of Cultural Affairs (ICA Canada)
ICA Associates Inc.
401 Richmond St. West, Suite 405
Toronto, Ontario
Canada M5V 3A8
Telephone: (416) 691-2316
E-mail: ica@ica-associates.ca

Кто разработает эти беседы для меня?

Что если вам нужно, чтобы одну из этих бесед «подогнали» конкретно под вас? Возможно, у вас нет времени или вам недостает уверенности самостоятельно разработать беседу.

ICA Associates Inc. предлагает персональный коучинг для фасилитаторов в подобных ситуациях. Мы можем разработать беседы для вас в качестве элемента наших менторских услуг.

Эти услуги включают:

- помощь от разработки фасилитационных бесед до планирования отдельных мероприятий, таких как воркшоп или крупное собрание
- ответы на ваши вопросы по поводу применения этих методов
- помощь в оценке и предоставлении обратной связи
- книги, видеозаписи и конференции.

Для получения более подробной информации посетите на наш сайт: www.ica-associates.ca Подобные услуги предоставляют и представительства ICA. Смотрите ica-international.org

Авторы этой книги также очень заинтересованы в вашем опыте использования любой из этих бесед и в том, какое влияние эта беседа оказала на группу или рабочую обстановку в компании в целом. Что она изменила? Мы будем очень рады получить новые, созданные вами беседы, если вы пожелаете поделиться ими.

ICA Canada / ICA Associates Inc.
401 Richmond St. West, Suite 405, Toronto, Ontario M5V 3A8, Canada
Telephone: (416) 691-2316 • E-mail: ica@ica-associates.ca

Ведение Сфокусированной беседы. Резюме

1. Обстановка

Выберите подходящую обстановку для беседы – помещение, в котором участники смогут разместиться вокруг стола, будет идеальным. Позаботьтесь о том, чтобы беседу не прерывали. Если вам может понадобиться флипчарт в ходе беседы, убедитесь, что он готов. Если в беседе будет обсуждаться некий документ, позаботьтесь, чтобы у каждого участника была своя копия. Все в таком месте должно говорить: «Это важно».

2. Приглашение

Пригласите участников занять свои места. Вы при этом занимаете позицию «сидя на стуле» в передней части комнаты. Ждите, пока все рассядутся.

3. Привлеките внимание группы и скажите вступительное слово

Пока группа собирается, неизбежно будут возникать неформальные разговоры. Если участники никак не могут прекратить болтать между собой, дождитесь естественного перерыва и тогда начинайте говорить. Это гораздо лучше, чем упорно пытаться успокоить группу. В большинстве случаев участники успокоятся, как только вы скажете: «Давайте начнем». Затем озвучьте вступительное слово о том, почему эта группа здесь сегодня собралась, какая тема и любой другой контекст, который может понадобиться.

4. Первые вопросы

Как правило, полезно, чтобы на первый вопрос ответил каждый участник. Ответы должны плавно литься, один за другим, и должны быть короткими. (Остановите того, кто попытается выделиться или толкнуть речь). Такой комментарий, как: «В этой беседе нет неправильных ответов» - может расслабить группу.

Вам может понадобиться напомнить участникам о том, что здесь каждый может открыто и свободно высказать свое мнение, чтобы каждый присутствующий мог его слышать.

Ответы группы обращены к вам как к лидеру или к середине стола, то есть, к общему вниманию. Но каждый участник должен иметь возможность услышать все ответы.

5. Следующие вопросы

Следующие вопросы адресуйте всей группе. Отметьте, что кто угодно из участников может ответить, словами: «А теперь, пусть кто-нибудь ответит на этот вопрос». Это сообщит им о том, что вы не будете пускать этот вопрос по кругу, и что кто угодно может отвечать в любом порядке. Полезно подтверждать и поддерживать ответы («Хорошо», «Отлично», «Да») – только не переусердствуйте. Простой кивок головы также может подойти.

6. Если сбились с темы, что делать?

Если участники сбились с темы и начали разговаривать о другом, заметьте, что да, это важная тема; затем кратко резюмируйте то, что группа сказала до сих пор, и повторите вопрос или переходите к следующему.

7. Длинные или абстрактные ответы

Если кто-то затягивает свой ответ или говорит пространно, попросите этого человека привести конкретный пример: «Александр, вы могли бы привести конкретный пример того, о чем говорите?». Это приостановит говорящего и позволит всем остальным в группе понять, о чем он говорит.

8. Если начинается спор, что вам делать?

Если участники начинают спорить друг с другом, напомните группе о необходимости уважать все точки зрения, что каждый обладает мудростью, и что у каждого есть свой элемент паззла, который требуется собрать. Затем спросите, думает ли кто-нибудь иначе.

9. Как сделать так, чтобы группа отвечала на поставленный вопрос

Убедитесь, что группа отвечает на поставленный вопрос, а не просто реагирует на то, что говорит один из участников. Вы можете сказать следующее: «Я понимаю вашу мысль, но мне неясно, каким образом она отвечает на заданный мною вопрос…»

10. Закрытие беседы

Для того чтобы завершить беседу, вы можете использовать предложенные здесь слова или составить свое собственное заключение, чтобы поблагодарить людей за участие или чтобы утвердить решения по поводу следующих шагов. Если вы делали пометки во время беседы, скажите группе, как вы будете их использовать, и заверьте участников, что сделаете копии ваших записей для их использования.

Приложение I

Создание Сфокусированной беседы				ICA Canada ©
Фокус и цель	**Мозговой штурм по вопросам**	**Подготовьте вступление**	**Подготовьте заключение**	**Поразмыслите**
Проверьте: действительно ли Сфокусированная беседа – тот инструмент, который вам нужен? Если да: **1. Сфокусируйте беседу:** Установите ориентиры, в пределах которых будет общаться группа. **2. Запишите намерение беседы:** *а. Рациональная цель:* что лидер надеется достичь с помощью этой беседы. *б. Практическая цель:* внутреннее влияние, которое беседа должна оказать на участников. **3. Объективные вопросы должны иметь конкретный начальный пункт:** например, если ваша беседа назвывается «Улучшение командных отношений», ваш первый Объективный вопрос должен	**4. Проведите мозговой штурм:** подумайте о таких вопросах, коорые реализуют Рациональную и Практическую цели. Записывайте вопросы в произвольном порядке – так, как они приходят вам не ум. Пишите карандашом. Пусть вопросы льются потоком. Пометьте каждый вопрос буквой – О, Р, И или П. **5. Выберите:** в свете ваших Рациональной и Практической целей, выберите вопросы, которые наилучшим образом выполнят свою миссию. Вычеркните остальные. Перенесите вопросы в 4 колонки, озаглавленные О-Р-И-П. **6. Передвигайте вопросы:** меняйте порядок вопросов в пределах уровней до тех пор, пока они не составят непрерывный поток. Записывайте вопросы на стикерах, чтобы их было легче передвигать. **7. Проверьте еще раз:** посмотрите, нужны ли подвопросы в определенных местах, и убедитесь, что вопросы открытые и не предполагают никаких ответов.	**9. Внимательно подготовьте вступительные слова:** они должны содержать: • *Приглашение:* пригласите группу к участию в беседе • *Фокус:* назовите тему беседы • *Консенсус:* относит беседу к групповому согласию и плану • *Контекст:* указывает на причину, почему это делается именно сейчас, относится к заинтересованности группы в стоящей задаче. • *Предупреждение возражений:* пресечь возражения до	**10. Запишите слова, которыми вы завершите беседу.** Они могут включать: • благодарность группе за предоставленную информацию • указание того, как будут использованы ответы • слова, призванные успокоить встревоженных участников • озвучивание нерешенных вопросов и определение времени для их рассмотрения.	**11. Подумайте о группе и о себе:** Выделите время и проанализируйте группу, что с ними происходит в последнее время, в каком стиле стоит вести беседу, чтобы позволить им решить проблему. Подумайте о себе, о своих наклонностях, слабостях и сильных сторонах. Сделайте себе примечание о привычках, которых стоит избегать во время беседы. Наконец, не забудьте провести анализ после мероприятия. Здесь также можно применить четыре уровня. Ключевые вопросы здесь: Удалось ли мне достичь моих целей? Что я буду делать
отношениях, а о чем-то другом, например, собрание на прошлой неделе.	беседы у себя в голове: задавайте вопросы и сами на них отвечайте. Вносите соответствующие правки.	того, как они появятся.		придется еще раз вести подобную беседу?

Библиография

A. Книги

Adams, John D. ed.: *Transforming Leadership: From Vision to Results*, Miles River Press, Alexandria, Virginia, 1986

Belden, G., Hyatt, M. and Ackley D.: *Towards the Learning Organization*, self-published, Saint Paul, MN, 1993

Block, Peter: Stewardship: *Choosing Service Over Self-Interest*, Berret-Koehler Publishers, San Francisco, 1993

Bolman, Lee G. and Deal, Terrence E.: *Leading With Soul: An Uncommon Journey of Spirit*, Jossey-Bass Publishers, San Francisco, 1994 б

Buber, Martin: *Pointing the Way: Collected Essays*, Humanities Press International, Inc., New Jersey, 1957

Campbell, Joseph: *The Hero with a Thousand Faces*, University Press, Princeton, New Jersey, 1972

Collins, James C. and Porras, Jerry I.: *Built to Last: Successful Habits of Visionary Companies*, HarperBusiness, New York, 1997

Covey, Stephen R.: *The Seven Habits of Highly Effective People: Restoring the Character Ethic*, Simon and Schuster, New York 1989

Covey, Stephen R.: *Principle-Centred Leadership*, Simon and Schuster, New York, 1990

Cox, Harvey: *The Feast of Fools: A Theological Essay on Festivity and Fantasy*, Harvard University Press, Cambridge, Massachusetts, 1969

de Bono, Edward: *Parallel Thinking,* Penguin Group, Toronto, 1994

de Bono, Edward: *Practical Thinking*, Trinity Press, London, 1971

Dalla Costa, John: *Meditations on Business: Why "Business as Usual' Won't Work Anymore*, Prentice-Hall Canada, Scarborough, Ontario, 1991

Dalla Costa, John: *Working Wisdom: The Ultimate Value in the New Economy*, Stoddart, Toronto, 1995

Dewey, John: *Art As Experience*, Minton, Balch & Co., New York, 1934

Eliot, T.S.: *Collected Poems*, Harcourt Brace Jovanovich, New York, 1964

Ellul, Jacques: *The Technological Society*, New York, Vintage Books, 1964

Goleman, John: *Emotional Intelligence*, Bantam, New York, 1995

Goodman, Gerald and Esterly, Glenn: *The Talk Book*, Rodale Press, Emmaus, Pennsylvania, 1988

Hall, Brian P.: *Values Shift: A Guide to Personal and Organizational Transformation*, Twin Lights Publishers, Rockport, Massachusetts, 1994

Handy, Charles: *The Empty Raincoat: Making Sense of the Future*, Hutchinson, London, 1994

Harman, Willis and Hormann, John: *Creative Work: The Constructive Role of Business in Transforming Society*, Knowledge Systems, Inc., Indianapolis, 1990

Hesse, Hermann: *Journey to the East*, Noonday Press, New York, 1956

Howard, V.A. and Barton, J.H.: *Thinking Together: Making Meetings Work*, William Morrow and Co., Inc., New York, 1992

Jaques, Elliott and Clement, Stephen: *Executive Leadership*, Cason Hall and Co., Arlington, Virginia, 1991

Jenkins, Jon: *International Facilitator's Companion*, DigiTAAL, Groningen, The Netherlands, 1997

Kaner, Sam: *Facilitator's Guide to Participatory Decision-Making*, New Society Publishers, Gabriola Island, B.C. 1996

Kazantzakis, Nikos: *The Saviours of God: Spiritual Exercises*, Simon and Schuster, New York, 1960

Kloepfer, John: *The Art of Formative Questioning: A Way to Foster Self-Disclosure*, (PhD. thesis) Duquesne University, 1990

Langer, Susanne K., *Problems of Art*, Simon and Schuster, New York, 1985

Mahesh, V.S.: *Thresholds of Motivation: Nurturing Human Growth in the Organization*, Tata McGraw-Hill, New Delhi, 1993

Maslow, Abraham: *Toward a Psychology of Being*, Van Nostrand, New York, 1968

Nelson, Jo: *The Art of Focused Conversation for Schools: More than 100 Ways to Think Clearly in Schools.*, 3rd Edition, iUniverse, Bloomington, 2011

Nirenberg, John: *The Living Organization: Transforming Teams into Workplace Communities*, Pfeiffer and Co., Toronto, 1993

Owen, Harrison: *Spirit: Transformation and Development in Organizations*, Abbott Publishing, Potomac, Maryland, 1987

Peat, David: *Infinite Potential: The Life and Times of David Bohm*, Addison Wesley, New York, 1996

Renesch, John (ed.): *New Traditions in Business: Spirit and Leadership in the 21st Century*, Berrett-Koehler Publishers, San Francisco, 1992

Ross, Rupert: *Returning to the Teachings: Exploring Aboriginal Justice*, Penguin Books, Toronto, 1996

Saul, John Ralston: *The Unconscious Civilization*, Anansi Press, Concord, Ontario, 1995

Schein, Edgar: *Process Consultation: Lessons for Managers and Consultants Vol. II*, Don Mills, 1987

Senge, Peter M.: *The Fifth Discipline: The Art and Practice of the Learning Organization*, Doubleday, New York, 1990

Senge, Roberts, Ross, Smith and Kleiner: *The Fifth Discipline Field Book: Strategies and Tools for Building a Learning Organization*, Doubleday, New York, 1994

Spencer, Laura: *Winning Through Participation: Meeting the Challenge of Corporate Change with the Technology of Participation*, Kendall/Hunt Publishing Company, Dubuque, Iowa, 1989

Stanfield, R. Brian: *The Workshop Book: From Individual Creativity to Group Action:*, iNew Society Publishers, Gabriola Island, 2002

Stanfield, R. Brian: *The Courage to Lead: Transform Self, Transform Society:*, 2nd edition, iUniverse, Bloomington, 2013

Staples, William: *Transformational Strategy: Facilitating ToP Participatory Planning*, iUniverse, Bloomington, 2013

Thurow, Lester: *The Future of Capitalism*, W. Morrow, New York, 1996

West, George Randall: *Creating Community: Finding Meaning in the Place We Live:* iUniverse, Bloomington, 2013

Wheatley, Margaret: *Leadership and the New Science*, Berrett-Koehler, San Francisco, 1992

Williams, R. Bruce: *More Than 50 Ways to Build Team Consensus*, Skylight Publishing Inc., Palatine, Illinois, 1993

В. Статьи

Argyris, Chris: "Good Communication That Blocks Learning," *Harvard Business Review*, July-August 1994

Crick, Robert: "An Experiment in Structured Conversation", Middlesex Polytechnic, UK, 1973

Watts, Jean and Kloepfer, John: "Basic Discussion Method for Group Integral Formation," manuscript, June 1997

Heifetz, Laurie, "The Work of Leadership," *Harvard Business Review*, January/February, 1997

Holmes, Duncan: "Proactive Public Meetings," *Edges,* January 1996

ICA CentrepointeS: "The Art Form Method" on *Golden Pathways* CD-ROM, Chicago, 1996

Postman, Neil: "Science and the Story We Need", Internet Essay

Printed in the United States
By Bookmasters